Para Ana Cecília, João Francisco, Maria Luíza e Letícia.

Sumário

Prefácio 1
Introdução 5

1 O Grupo Banco Mundial 15
2 As agendas do GBM para o desenvolvimento 67
3 Crise e ajustamento: o Grupo Banco Mundial na formulação do Consenso Periférico 119
4 Os anos 1990 e a construção do consenso latino-americano 185
5 Economia, poder e influência externa 255

Referências 267

PREFÁCIO

Este livro é o resultado de um longo tempo de espera e observação. Parte substantiva é formada por minha tese de doutorado, a qual procurei manter na íntegra, em respeito ao estímulo intelectual que me moveu no período de sua realização e ao leitor, que encontrará o retrato de uma época, tal qual descrito naquele contexto.

Quando iniciei meus estudos sobre os programas de ajustamento estrutural, minha principal preocupação era encontrar pistas que ajudassem a entender o que acontecia em meu país e na América Latina. Vivia-se naqueles anos (1980-1990) um processo de mudanças no plano do imaginário coletivo, no qual uma importante alteração do complexo **Estado/sociedade civil** era verificada. Essa mudança tinha relação com a emergência e consolidação do neoliberalismo na região.

Algo me dizia que, para entender um fenômeno com efeito de transbordamento – que se espalhava pelo continente –, algo mais importante, externo ao espaço geográfico local, estava em movimento. Ao mesmo tempo, eu procurava entender como se dava a relação de influência externa no plano doméstico, ou seja, em que medida esse plano doméstico, no caso dos países periféricos, era condicionado pelo plano externo.

A formação como economista me levou à análise do campo econômico e, mais precisamente, da Economia Política Internacional. Na época, meados dos anos 1990, começava minha carreira como professor na Universidade Federal do Mato Grosso do Sul (UFMS) e logo me aproximei de questões internacionais ao lecionar disciplinas da área, como Economia Internacional e Economia da América Latina.

Embora soubesse do potencial do instrumento econômico para a análise do fenômeno em foco, tinha ciência de seus limites, relacionados à guinada da Ciência Econômica em direção a uma disciplina instrumental, pouco reflexiva e distante da análise de fenômenos reais. O processo científico me aproximava dos estudos da Sociologia e da Política, campo em que procurei desenvolver minhas inquietações, embora sem me afastar de meu interesse primordial: entender o mundo sob o olhar da Economia Política.

A intenção de desenvolver esse projeto me levou a procurar o professor Sebastião C. Velasco e Cruz, da Universidade Estadual de Campinas (Unicamp). Com ele pude traçar a estratégia de estudos que resultaria em minha tese de doutorado junto ao Programa de Ciências Sociais da instituição. Na Unicamp, procurei cercar meu objeto cursando disciplinas no Instituto de Filosofia e Ciências Humanas (IFCH) e também no Instituto de Economia (IE). Durante essa experiência, aproximei-me dos estudos da Política Internacional.

Ao finalizar o projeto de doutorado, acabei me transferindo da Universidade Federal de Mato Grosso do Sul (UFMS) para a Universidade Federal de Santa Catarina (UFSC), onde atualmente leciono. Nesta instituição, dei prosseguimento a meus projetos de pesquisa, cada vez mais próximos do campo das Relações Internacionais, e, desde minha chegada, em 2006, liderei (como autor dos projetos pedagógicos e presidente de Comissões) a criação dos cursos de graduação e mestrado na área.

A proximidade com as Relações Internacionais e a continuidade do estudo das instituições internacionais me permitiram continuar trabalhando com um grupo de professores que teve papel decisivo para a publicação deste livro: Sebastião C. Velasco e Cruz, Tullo Vigevani e Reginaldo Moraes. Devo a eles, companheiros de trabalho e de pesquisa no Programa de Pós-graduação em Relações Internacionais San Tiago Dantas (Unesp/Unicamp/PUC-SP), com o qual tive a honra de colaborar, a existência desta publicação.

Também agradeço aos companheiros do Instituto Nacional de Ciência e Tecnologia de Estudos sobre os Estados Unidos (INCT-INEU), organização que representa uma importante criação institucional para o fortalecimento das Relações Internacionais no Brasil, e do Centro de Estudos de Cultura Contemporânea (Cedec).

Creio que seja perceptível o longo período decorrido entre as primeiras inquietações e a publicação desta obra. Suponho que o tempo, no processo de pesquisa, bem como no processo de criação de um modo geral, não obedeça a uma cronologia precisa. Minha dedicação a outros projetos, e as contingências da vida pessoal, adiaram o lançamento deste livro. Mas acredito que o adiamento não tenha prejudicado a obra, mais o autor. De qualquer maneira, o tempo me permitiu sair do contexto e observá-lo a distância, para concluir que muito do que foi escrito permanece como matéria de interesse.

O mundo em que vivemos pede que continuemos a dedicar nossos esforços aos estudos da cooperação e do conflito e ao entendimento das trajetórias de desenvolvimento para que consigamos mitigar a miséria em todas as dimensões. Meu ânimo está mais que nunca renovado, quando se trata de contribuir para essa perspectiva, mesmo que a contribuição seja modesta diante do escopo dos desafios colocados.

Sou grato a todos que me apoiaram financeiramente, ao Conselho Nacional de Desenvolvimento Científico e Tecnológico (CNPq), aos institutos e às universidades já mencionados e, sobretudo, àqueles com quem pude compartilhar minha vida acadêmica nesses anos de universidade. Agradeço à Universidade da Califórnia Santa Barbara (UCSB) e ao professor Benjamin Jerry Cohen por me receberem como Pesquisador Visitante durante o período em que faço as últimas revisões desta obra.

Tenho muita esperança de que o campo das Relações Internacionais seja um terreno generoso para que investigadores como eu, interessados na Economia Política Internacional, possam desenvolver seus trabalhos. Creio que tenhamos um bom contributo a fazer e muito a ganhar. A aproximação entre a Economia e a Política pode ser bastante proveitosa para o entendimento das Relações Internacionais.

A publicação desta obra fecha um ciclo. Nele deixei muito de mim e aprendi enormemente. Por tudo isso, meu olhar é otimista, embora muitas vezes a razão nos leve à crueza do pessimismo analítico.

Jaime Cesar Coelho
Santa Barbara, Califórnia
Junho de 2012

Introdução

> *Se estivermos tentando descobrir por que um governo particular decide adotar (ou não) uma reforma particular num determinado período, então fatores domésticos – políticos e institucionais – provavelmente prevalecerão. Igualmente, também pode ser o caso quando muitos programas do Banco ou do Fundo não alcançam o sucesso esperado, seja no papel seja no espírito. Mas, se a questão for verificar o porquê das políticas do terceiro mundo terem sido tão diferentes entre os anos 1980 e os anos 1970, então os fatores internacionais tomam grande dimensão.* (Stallings, 1992, p.43.)

As duas últimas décadas do século XX foram marcadas por profundas mudanças no campo político e econômico, representando uma ruptura nas relações internacionais, ou no sistema constituído a partir da Segunda Guerra Mundial.

Essa ruptura se inscreve na dissolução da bipolaridade entre os blocos socialista e capitalista, este sob clara liderança dos Estados Unidos, nação que une o poder do dinheiro ao poder das armas em uma composição superior dentro do sistema de estados. Ruptura também com as políticas econômicas desenvolvimentistas na periferia e, no centro, de inspiração keynesiana.

Em certo sentido, a ruptura se insere em um contexto macroestrutural de continuidade, apesar da oposição que os termos carregam. Refiro-me à continuidade de um amplo processo de internacionalização que marcou a gênese do regime fordista de acumulação e que trouxe consigo uma interdependência crescente no tocante à ação dos estados soberanos. Se essa continuidade é plena de contradições – como parece –, é outra questão.

O importante é que um processo anterior, pelo qual relações sociais foram sendo universalizadas por meio da exportação do capital, em suas diversas formas, está contido no presente movimento da acumulação. Mais importante ainda: esse é um processo que envolve "soberanias" ou, dito de outra maneira, que envolve relações de poder que nada têm de desinteressadas.

A complexa transformação pela qual vem passando o sistema de estados nacionais não fez desaparecer as assimetrias no plano das relações internacionais, tampouco sepultou o domínio do dinheiro e das armas. Nesse aspecto, parece claro que os Estados Unidos tenham emergido como a força máxima do mundo Pós-Guerra Fria. Saíram fortalecidos do conflito, conseguiram manter os rumos do sistema monetário internacional sob seu domínio e permaneceram como força maior no plano militar. Já a semiperiferia, que logrou, durante o fordismo, atingir determinado grau de industrialização, mergulhou em um amplo processo de ajuste.

Uma observação rápida sobre o Pós-Segunda Guerra Mundial, levando em consideração a liderança norte-americana no sistema de estados, indica dois períodos de clara hegemonia, entre 1945-1973 e 1980-2001.

Este livro foi escrito entre o período que vai dos exuberantes anos 1990 ao início do declínio norte-americano, a partir da primeira década do século XXI. O conteúdo focal está na análise da relação dos Estados Unidos com os países periféricos e semiperiféricos latino-americanos. Interessa saber, portanto, quais os mecanismos de poder, na Economia Política Internacional, que operam no sentido do exercício hegemônico.

Para tanto, destacam-se aqui os mecanismos institucionais das interações internacionais, ressaltando o papel do Grupo Banco Mundial (GBM). A análise da atuação do grupo está centralizada nos programas de ajustamento estrutural, os quais representaram um enquadramento político (normativo) da periferia sistêmica à ordem neoliberal dos anos 1980-1990.

As sociedades neoliberais, comandadas por práticas a que o Banco Mundial chamou de "boa governança", devem agora se basear num sentido mais comercial do mundo e de suas motivações, visando erradicar a antiga ordem *coletivista* [referência às experiências autointituladas socialistas da Guerra Fria, grifo meu]. Em maior ou menor grau, novas formas de individualismo possessivo e de atomização social emergiram no mundo inteiro. As instituições sociais foram redefinidas para criar o que chamei de civilização de mercado emergente – uma cultura unitária de desenvolvimento socioecológico e da mentalidade, associada a um neoliberalismo disciplinador. (Gill, 2007, p.14)

Esse mecanismo disciplinar tomou o nome, a partir da ação das instituições de Bretton Woods, de "ajustes". "Ajustar" pode significar: adaptar, acomodar, harmonizar. Quem se ajusta, portanto, se harmoniza com algo, concorda com determinadas orientações ou então se acomoda àquilo que lhe é sugerido. Também pode apresentar outros significados, como: regularizar (contas), estreitar, apertar, acertar. Quem ajusta, portanto, regulariza determinada situação, tira as folgas (estreitando as peças), entra em um rumo certo. Em inglês, o termo parece assumir significado semelhante: "*to bring to agreement: settle*". (The New Merriam-Webster Pocket Dictionary, 1971, p.7.)

Os significados do termo implicam aceitação de que os processos de ajustamento sejam adaptativos e envolvam a dimensão da persuasão, bem como de uma estrutura de recompensas (*pay-off structure*) que influencia e, em determinados casos, determina a tomada de decisão em aderir ou não às regras de certo regime. Há nisso tudo uma complexa equação relacionada a uma função que tem como variável fundamental a autonomia, que diz respeito, portanto, ao grau de vulnerabilidade e sensibilidade dos países às flutuações econômicas internacionais (Keohane; Nye, 2001).

Se o campo econômico é, por excelência, aquele em que as discussões sobre o ajustamento ganharam destaque, é no político que o processo ganhou forma. Antes de qualquer coisa, estamos diante de situações nas quais "soberanias" se encontram. Tratamos da tomada de decisão no sistema de estados, em que toda soberania é relativa porque comporta negociações, interdependências e a aceitação de que cada passo dado por um membro deva ser pensado em função das reações que provoca nos demais.

Assim sendo, posso regressar ao parágrafo inicial desta introdução e aclarar o campo deste estudo, com os supostos que lhe são pertinentes. Ao analisar as transformações ocorridas e as que estão em andamento no plano das Relações Internacionais, pressupomos que, na atual conformação da Economia mundial, o Estado nacional continua a cumprir uma função-chave nas tomadas de decisão. Admitimos as mudanças ocorridas – tais como a crescente formação dos blocos regionais – como reacomodações na balança de poder entre os diferentes estados. Assumimos como ideia de força a noção de assimetrias de poder, a partir da qual os espaços são produzidos de acordo com os interesses daqueles que disputam o domínio no plano econômico, político e cultural e, para isso, usam os instrumentos de que dispõem – muito embora também saibamos que os resultados de um jogo não são apresentados desde seu início e que, portanto, os atores são moldados pelas estruturas, assim como por elas são afetados, em um ambiente de incertezas.

Aqui, a separação entre Economia e Política, em campos diferentes, perde sentido. Há uma intercessão entre os campos que exige do pesquisador uma análise integrada. Tomando o campo econômico como o espaço da produção material e o político como o das relações de poder, ambos se condicionam. Por um lado, um estado terá sua soberania aumentada à medida que dispuser de instrumentos de persuasão e dissuasão maiores que os outros. Na mesma direção, sua capacidade de criação de riqueza estará condicionada aos instrumentos de poder de que disponha. Entretanto, o econômico e o político não podem ser reduzidos um ao outro: há, de fato, uma distinção entre ambos, posto que o político compreende outras dimensões que não só as relações de produção em si.

A política é ação permanente e dá origem a organizações permanentes, na medida em que efetivamente se identifica com a economia. Mas esta também tem sua distinção, e por isso pode-se falar separadamente de economia e de política e pode-se falar da "paixão política" como um impulso imediato à ação, que nasce no terreno "permanente e orgânico" da vida econômica, mas supera-o, fazendo entrar em jogo sentimentos e aspirações em cuja atmosfera incandescente o próprio cálculo da vida humana individual obedece a leis diversas daquelas do proveito individual etc. (Gramsci, 1988a, p.14)

Interessa-nos, nesse aspecto, entender as transformações econômicas a partir dos meios políticos que as possibilitaram. Os mecanismos de persuasão, os instrumentos de força e o conjunto dos ajustes aos poucos introduzidos são os objetos de interesse deste livro. O espaço geográfico ao qual estaremos atentos é a América Latina, continente que assumiu, em suas diversas dimensões, as políticas de ajustamento propostas pelos países centrais.

Por último, nosso foco de interesse: o Grupo Banco Mundial. Compreender as teses defendidas por essa organização multilateral e os mecanismos pelos quais elas puderam ser postas em prática no continente latino-americano são os objetivos específicos deste material.

Ao eleger a referida instituição como ator relevante do processo de transformação das duas últimas décadas do século XX, proponho que a crescente internacionalização do processo de produção, circulação e financiamento do capital tem provocado uma externalização dos processos de decisão da periferia em direção aos países centrais, hipótese que nos remete aos argumentos iniciais do estruturalismo cepalino e à tradição marxista da análise periférica.

A confirmação desse suposto implica uma diminuição, consentida, da soberania dos estados periféricos ou uma diminuição da capacidade de controle, a partir da determinação das políticas domésticas, dos rumos do desenvolvimento, o que tem reforçado o poder das instituições que servem de instrumento dos interesses do estado hegemônico – no caso, os Estados Unidos da América. O aumento do grau de influência externa (*leverage*) reforça a estrutura assimétrica do poder no sistema de estados. Daí a dinâmica da reprodução das desigualdades, inseparável da construção de uma narrativa, de um aparato simbólico que lhe sustente.

Assim chegamos a uma hipótese derivada que reside em afirmar a existência de um processo de reprodução desigual por meio de uma intermediação simbólica, levada a cabo pelas instituições de Bretton Woods, em especial o GBM.

A estrutura deste livro passa pela construção do objeto em foco, desde uma perspectiva que engloba a análise da gênese institucional, do papel do GBM, de suas amarras estruturais e do exercício do poder de influenciar o destino de várias nações.

A obra trata de um período de ampla dominação e liderança dos Estados Unidos da América e de seus parceiros da tríade. Nesse contexto, procura-se lançar luz aos mecanismos pelos quais parte importante dos países em desenvolvimento foi capturada por promessas não cumpridas. Trata de um período que representou, para alguns países, entre eles o Brasil, um grande processo de aprendizado, de que somente aquele que emite a moeda de curso internacional pode viver sob déficits interno e externo.

Todos os países capturados pelos programas de ajustamento, da América Latina à Ásia, que souberam aprender com isso, saíram fortalecidos após os anos de ajuste. Esses anos foram sucedidos por tempos de incerteza, com a emergência de novos atores e de países semiperiféricos ao topo da pirâmide internacional. O mundo pós-ajustes nos conduz a um mundo pós-hegemônico, de crescente multipolaridade e com resultados indefinidos. Os ajustes, por caminhos previamente desconhecidos, foram o fim de uma era, embora muitos de seus elementos tenham sido internalizados nas práticas internacionais.

Os capítulos tal qual apresentados procuram construir os elementos dispersos da vida institucional e da dinâmica da reprodução das desigualdades, com suas contradições, seus avanços e seus recuos em um todo coerente, conduzindo à noção de totalidade. Tenho consciência de que essa é uma tarefa que forçosamente deixa de considerar a riqueza das relações de poder na dimensão microssocial, o que conduz a um discurso que, ao buscar a coerência, empobrece a multiplicidade dos fatos sociais em sua dimensão real do espaço da vida. Não obstante, aqui há uma opção metodológica ligada a uma tradição de análise nas Ciências Sociais, que não renuncia à tentativa de construção das grandes narrativas e que rejeita a hipótese de que, ao fazê-lo, necessariamente, se incorre em uma análise estática e mistificadora do real.

A busca da coerência, a construção de hipóteses e a produção de uma narrativa são, aparentemente, tarefas inalienáveis do pesquisador. Uma história sem narrativa é uma coleção de impressões, que não deixa de ter valor, mas que também não se insere no domínio do explicativo.

Certo está que as explicações aqui inseridas não revelam a riqueza do todo social, bem como não resultam na produção de princípios universais, válidos para a totalidade dos contextos. Isso seria uma contradição com a dimensão histórica que pretendemos assumir e uma manifestação de presunção caricata do positivismo religioso. Portanto, supomos que a história não está pré-determinada por leis imutáveis que resultam em um processo finalístico, destituindo as relações sociais da ação consciente e voluntária dos atores políticos.

Também não se trata de um trabalho histórico, e sim de usar a história como ferramenta para análise do presente, das relações de poder, no âmbito da pesquisa da instrumentalização institucional como mecanismo de dominação.[1]

A análise é abrangente em termos temporais, espaciais e de escopo. Tratamos de duas décadas, recorrendo no mais das vezes a outras décadas como histórias estruturantes daquilo que queremos apresentar. Lidamos com um continente, quando a realidade nos mostra que essa é uma construção abstrata ainda muito distante do que pressupõem as identidades entre povos razoavelmente diferentes. Embora isso tudo nos conduza a uma série de omissões, temos recortes precisos, focos razoavelmente ajustados e uma intenção construída sobre algumas ideias-força.

Assumo, desde já, que este material se inscreve no campo da crítica. Quem procurar aqui um "elogio" ao *status quo*, ao estabelecido, irá se deparar com a frustração. Talvez o mesmo sentimento atinja aqueles que procuram elaborar uma análise crítica da realidade em que vivemos. Nesse ponto, o conteúdo foge a meu controle e passa ao campo do escrutínio público.

Este livro não busca soluções para a manutenção da ordem existente, mas o entendimento de sua funcionalidade, na perspectiva de sua transformação.

---

[1] Nisso partilhamos a perspectiva apontada por Polanyi (s.d., p.4): "este não é um trabalho histórico; o que estamos buscando não é uma sequência convincente de eventos conhecidos, mas uma explicação de suas tendências em termos de instituições humanas. Nós devemos nos sentir livres para nutrirmo-nos com as cenas do passado com o único objetivo de elucidar os problemas do presente; nós devemos fazer análises detalhadas de períodos críticos e quase que desconsiderar completamente largas sequências temporais; nós devemos invadir o campo de diferentes disciplinas na perseguição de um simples objetivo".

A teoria crítica, por certo, não nega os problemas do mundo real. Ela busca ser tão prática quanto as teorias da solução de problemas [teorias que buscam resolver os problemas da ordem; observação do autor], mas seu recorte prático transcende o recorte puramente prático [do ponto de partida do problema; observação do autor]. A teoria crítica vai ao encontro de uma escolha normativa em favor de uma ordem política e social diferente da ordem prevalecente, mas limita o arco de suas escolhas de ordens alternativas às transformações possíveis no mundo existente. Um objetivo principal da teoria crítica, portanto, é esclarecer o arco de alternativas possíveis. [...] Nesse sentido, a teoria crítica pode ser um guia para a ação estratégica por trazer à tona uma ordem alternativa, enquanto que a teoria da solução de problemas é um guia para a ação tática a qual, de forma intencional ou não, sustenta a ordem existente. (Cox, 1986, p.210)

Parto do princípio de que não existem intelectuais descomprometidos.[2] Os que assim se colocam diante do mundo enganam a si ou então aos outros. Muitas vezes, faz parte da construção simbólica da dominação esse tipo de representação. Apresentar-se neutro, asséptico, destituído de interesses que não aqueles próprios da investigação científica ou então, o que é pior, fazer-se portador de uma verdade irrefutável. Nas Ciências Sociais, talvez seja esse o melhor caminho para a farsa, para a ilusão. Mas os mercadores de ilusões, ou então, os ilusionistas do mercado, ganharam muito terreno nos tempos da "exuberância irracional".

Minha intenção é que este livro sirva como mais um ponto de referência para quem se interesse pelo campo das Relações

---

[2] A tarefa do intelectual, na perspectiva gramsciana que adotamos, consiste, em grande medida, na elaboração do consenso, na produção e intermediação simbólica, que em última instância é o trabalho da persuasão. Disso não se depreende que o intelectual é um construtor de imagens distorcidas, de discursos enganadores, muito embora isso seja uma prática comum dos intelectuais orgânicos na produção ideológica do imaginário social. O que julgo importante destacar é que o intelectual, embora consista em uma categoria especial da sociedade, guarda vínculos estruturais, que se materializam em discursos estruturantes, os quais ajudam a constituir o grupo ou a classe em si, em grupo de ação coletiva, de ação concreta na vida social. "A relação entre os intelectuais e o mundo da produção não é imediata, como é o caso nos grupos sociais fundamentais, mas é 'mediatizada', em diversos graus, por todo o contexto social, pelo conjunto das superestruturas, do qual os intelectuais são precisamente os 'funcionários' " (Gramsci, op.cit., p.10).

Internacionais, pela Economia e pela Política. Que dele se possa tirar alguma informação adicional, que permita a elaboração de novas análises e de novos trabalhos na imensa construção que é o entendimento das relações de poder na economia mundial. A multidisciplinaridade no tratamento das relações internacionais é um desafio, mas também uma necessidade. Busquei ao máximo, dentro de meus limites, agregar conhecimentos de diferentes campos de análise.

> Resumidamente, não há como escapar da multidisciplinaridade para o entendimento da mudança e dos produtos da economia política internacional. Geografia, demografia, sociologia, direito, antropologia têm valorosos *insights* como contributos. Em muitos assuntos, tais como a compreensão dos princípios científicos por detrás da inovação tecnológica, é não só valorosa, como indispensável. Estou apenas sugerindo que nos dias atuais não nos é mais permitido o conforto separatista da especialização nas ciências sociais, e, embora difícil, a tentativa deve ser feita como síntese e como uma mistura imperfeita, como sabemos que os resultados também o serão. (Strange, 1997, p.XVI)

De algum modo, minha tarefa foi facilitada pelo recorte institucional. A análise se restringe ao campo econômico das organizações internacionais. A escolha se justifica por minha formação como economista, mas não só. Também parte da suposição de que as relações de poder têm fortes vínculos com a acumulação e a distribuição da riqueza.

Também há na escolha do objeto e na observação empírica, uma escolha metodológica, pela qual se acredita que a observação de fatos concretos possa resultar em *insights* teóricos, diferentemente do que ocorreria em uma perspectiva puramente dedutivista.

Por fim, cabe acrescentar que este livro está dividido em cinco capítulos. No Capítulo 1, "O Grupo Banco Mundial", fazemos uma descrição do GBM, de como ele se organiza, do contexto histórico em que foi criado e de suas atribuições e, portanto, de seus vínculos com o sistema de estados.

No Capítulo 2, "As agendas do GBM para o desenvolvimento", buscou-se verificar a temática do desenvolvimento ao longo da história do banco e a relação entre os temas, os projetos e o poder no interior da instituição. Também é feito um avanço na tentativa de identificar a relação entre a hierarquia interna da instituição e a hierarquia entre os diferentes estados nacionais.

Em seguida, no Capítulo 3, "Crise e ajustamento: o Grupo Banco Mundial na formulação do Consenso Periférico", descreve-se e analisa-se a gênese dos programas de ajustamento estrutural, dentro do contexto da crise periférica, em especial da crise da dívida latino-americana. Mais que isso, infiro como os programas de ajuste na periferia são consequência de um amplo processo de ajuste no centro da acumulação.

No Capítulo 4, "Os anos 1990 e a construção do consenso latino-americano", analisou-se a emergência do que se convencionou chamar "consenso latino-americano". Aqui é enfatizado o papel do GBM nessa elaboração simbólica e os desdobramentos das políticas adotadas em termos de relações de poder e influência externa.

Por fim, o Capítulo 5, "Economia, poder e influência externa", representa uma síntese ao relacionar a economia, o poder político e a influência externa no contexto das análises elaboradas ao longo do livro; ou seja, foram perseguidos os elementos de destaque na relação entre o GBM e a América Latina nas décadas de 1980 e 1990.

1
O GRUPO BANCO MUNDIAL

Este capítulo tem o objetivo de descrever sucintamente o Grupo Banco Mundial (GBM), ou seja, sua composição, sua organização, seus mecanismos de tomada de decisões, sua origem de recursos e suas funções gerais (do grupo e das afiliadas). O GBM é composto de cinco organizações: (1) o Banco Internacional para a Reconstrução e o Desenvolvimento (Bird); (2) a Associação Internacional de Desenvolvimento (AID); (3) a Corporação Financeira Internacional (CFI); (4) a Agência Multilateral de Garantias de Investimentos (Amgi); e (5) o Centro Internacional para Conciliação de Divergências nos Investimentos (Cicdi).

O Bird e a AID são as organizações mais conhecidas do GBM, tanto pela importância histórica, posto que o Bird é o banco propriamente dito, quanto pelas funções que exercem, relacionadas ao desenvolvimento. Mais recentemente, a CFI vem aumentando sua participação no grupo, influenciada pela onda de expansão das atividades privadas que acompanham os processos de desregulamentação e liberalização mundo afora.

Enquanto o Bird provê assistência técnica e crédito para os países de renda média, prioritariamente, a AID aloca recursos facilitados para os países mais pobres. Já a CFI tem como função dar suporte às atividades relacionadas ao setor privado. A Amgi procura encorajar o investimento estrangeiro nos países em desenvolvimento mediante garantias contra riscos não comerciais, além de oferecer serviços aos governos para atrair investimentos privados, disseminando informações e oportunidades. Por fim, o Cicdi procura promover o investimento internacional por meio da conciliação e da arbitragem de disputas entre investidores estrangeiros em seus países hospedeiros.

No Quadro 1.1, a seguir, apresentamos as respectivas datas do início das atividades de cada um dos organismos do GBM.

Quadro 1.1: Organismos do Grupo Banco Mundial e data de fundação

Organismo	Ano da Criação
Bird	1946
CFI	1956
AID	1960
Cicdi	1966
Amgi	1988

Fonte: Organização do GBM, 2012. Disponível em www.worldbank.org. (Acesso em 2 jun. 2012).

É possível estabelecer uma divisão desses cinco organismos em dois grupos: (1) um relacionado às atividades mais amplas do desenvolvimento, ou seja, atividades que tratam dos diversos aspectos do desenvolvimento, formado pelo Bird e pela AID; e (2) outro com atividades mais específicas, voltadas para o fomento do setor privado, formado pela CFI, Cicdi e Amgi.

O Bird é responsável pela formulação ideológica ou produção simbólica,[1] e dele tanto o segundo grupo quanto a AID são produtos. Nesse aspecto, a divisão institucional do GBM permite visualizar a importância conferida ao setor privado em sua estratégia de ação. Pelo menos o CFI, o Cicdi e a Amgi têm funções diretamente relacionadas à expansão do setor privado.

---

[1] Entendo por "produção simbólica" o conjunto da produção intelectual do GBM: ideias, informações, assistência institucional e, portanto, o arcabouço da política de influência (persuasão) do GBM.

Economia, poder e influência externa

O modo de atuação do GBM varia de acordo com cada período histórico e com as prioridades dadas à questão do desenvolvimento, mas grosso modo se sustenta sobre dois aspectos: a intermediação financeira e o que será chamado neste livro de "intermediação simbólica".

Essa intermediação simbólica está relacionada à construção de um quadro de referências internalizado pelos atores em seus processos interativos. É como uma força externa que impulsiona a produção de imagens coletivas, é institucionalizada por meio de políticas públicas e de formalização de acordos, de regras de conduta e de princípios.

O processo de institucionalização só é possível porque há uma dimensão persuasiva que estabelece tipos de interação que não se reduzem precipuamente a jogos de soma zero. A intermediação simbólica, sob uma perspectiva funcional, é o escopo processual da ação do GBM. Muito mais que dinheiro, o banco negocia adesão a contratos, em um sentido mais amplo, a interesses dos atores relevantes no sistema de estados.

A origem dos recursos é dividida da seguinte maneira: (1) captação de recursos junto ao setor financeiro privado, (2) receitas próprias provenientes do capital empregado pelos países e (3) rendas/receitas obtidas pelo mecanismo da intermediação e de assistência técnica.

Desde o início das atividades do Bird, a contribuição dos países foi estabelecida em 20% do total de recursos, sendo os 80% restantes provenientes de outras fontes, fundamentalmente privadas.

O segundo aspecto da intermediação é de suma importância para este material, pois trata da produção de ideias, de informações, ou seja, de *ideologia*. O GBM parece ter papel de destaque no conjunto de instituições que tratam da questão do desenvolvimento, pois conta com uma série de publicações – que vão das pesquisas realizadas, passando por uma revista do grupo, até seu Relatório Anual sobre o Desenvolvimento.[2] Além disso,

---

[2] No primeiro semestre de 2011, o GBM lançou o Global Development Prospects com a finalidade de produzir estudos sobre as perspectivas do desenvolvimento internacional a partir da premissa de que o sistema internacional caminha para uma ordem multipolar, baseada em polos de crescimento e em um regime financeiro internacional que caminha para um padrão multimonetário (WDP, 2011).

17

presta assistência aos países receptores na elaboração e execução de projetos e participa ativamente na formação intelectual de quadros, muitos dos quais irão compor o *staff* do grupo e terão passagem pelos governos dos países de origem.

Essas duas dimensões da intermediação – que estão interligadas – são os instrumentos pelos quais o GBM exerce influência nas políticas domésticas dos países receptores. Como suas fontes principais de recursos são o mercado financeiro privado e os governos dos países centrais, muito de seu modo de agir e pensar está condicionado às regras ou normas de conduta exigidas pelos credores. Essa é uma questão que nos remete às origens do Bird.

1.1 O GRUPO BANCO MUNDIAL: SUAS ORIGENS

A constituição do GBM está diretamente relacionada à dinâmica da Segunda Guerra Mundial, pois tanto ele quanto o FMI são produtos do conjunto de articulações, conversações e encontros dos países aliados na tentativa de criar uma ordem internacional que privilegiasse a estabilidade financeira e promovesse o intercâmbio comercial.

Segundo Mason e Arsher (1973), as primeiras iniciativas para a criação de um banco multilateral foram tomadas em 1941 pelo governo norte-americano. Naquele ano, ainda no início do conflito, o então assessor do secretário do Tesouro dos Estados Unidos, Mr. Dexter White, redige um documento sugerindo que a instituição fosse criada, com o seguinte título: *"Suggested program for inter-allied monetary and bank action"*.

Em 1942, um segundo documento é apresentado por Dexter White: *"Proposal for a united nations stabilization fund and a bank for reconstruction and development of the united and associated nations"*.

A questão central se referia à criação de um sistema capaz de possibilitar mecanismos ágeis de intermediação para a reconstrução dos países afetados pela guerra, bem como restabelecer um ambiente internacional estável do ponto de vista comercial e financeiro.

De acordo com White:

Não importa quanto tempo dure a Guerra nem quem ganhará, nós deveremos ser confrontados com três problemas inescapáveis: prevenir a disrupção das taxas de câmbio e o colapso monetário e do sistema de crédito; assegurar a restauração do comércio internacional; suprir o imenso volume de capital que será necessário para a reconstrução mundial, para o alívio e a recuperação econômica. (White, p.15)

No ano de 1943, as negociações ganham fôlego, com o secretário do tesouro dos Estados Unidos, Henry Morgenthau, enviando uma carta para 37 países, na qual propunha a criação de um fundo de estabilização. No mesmo ano, Morgenthau escreve *"Preliminary draft outline of a proposal for a united nation bank for reconstruction and development"*.

As discussões preliminares para a realização da conferência têm como pano de fundo a passagem da hegemonia britânica, que vinha perdendo força desde a crise do padrão ouro (*gold standard*) e do tumultuado período entre-guerras, para a dominância norte-americana. Bretton Woods é, então, muito mais um produto dos acertos entre Inglaterra e Estados Unidos que uma ampla concertação do sistema de Estados.

Cabe lembrar que na geopolítica mundial do momento, poucos eram os países em condições de impor qualquer veto aos Estados Unidos. A União Soviética, embora aliada dos esforços de guerra, já visualizava que Bretton Woods representaria um fórum privilegiado para a expansão dos interesses norte-americanos, bem como a criação de uma arquitetura para o exercício do poder de influência dos Estados Unidos; tanto que, apesar de participar do encontro em 1944, não aceita compor os quadros do FMI nem do Bird.

Essa conformação política deixa para a Inglaterra e para os Estados Unidos um posto de destaque nas discussões. Poderíamos supor que após a passagem gradual de um poder hegemônico para outro, a conferência selaria os rumos desse processo. A questão da moeda é central nesse entendimento: qual seria o equivalente geral das relações internacionais e qual regime de câmbio entraria em vigência a partir daí são aspectos cruciais no entendimento das relações entre poder e riqueza na órbita das relações internacionais. Uma medida disso são as discussões entre

Dexter White e J. M. Keynes nas preliminares da conferência. À época, Keynes é nomeado representante do governo inglês nas negociações e suas propostas encerram a preocupação daquela nação com o avanço dos Estados Unidos no futuro pós-Guerra (Skidelsky, 1999).

Em 1943, em um encontro em Washington, são apresentadas as propostas de Keynes, que resumidamente apontavam para a criação de uma instância multilateral que tratasse precipuamente dos assuntos monetários (International Currency Union), uma espécie de banco central das nações, e dos assuntos de comércio. Além disso, a propositura contemplava a criação de uma moeda internacional, o Bancor.

Para os Estados Unidos, a criação de uma instituição como essa representaria perda do poder de influência. E mais: a criação de uma moeda que rivalizasse com o dólar era vista como provocação, pois o governo norte-americano tinha claro que a intocabilidade territorial de que havia desfrutado durante a Guerra e o avanço na conquista de mercados nos trinta anos precedentes ao conflito colocavam o país em uma privilegiada situação de credor mundial quando houvesse a resolução definitiva do conflito.

A resposta norte-americana viria pela proposta de criação do FMI e, posteriormente, da criação do Bird. Tal qual formuladas, essas instituições claramente teriam a supremacia dos Estados Unidos, posto que em ambas o poder do voto deveria ser proporcional ao montante de cotas. Após uma série de discussões, a proposta norte-americana triunfaria.

No ano seguinte, aconteceria a reunião de Bretton Woods, da qual sairiam as propostas de criação do Bird e do FMI.

1.2 BRETTON WOODS E O *EMBEDDED LIBERALISM*

A Conferência de Bretton Woods, que inauguraria um novo ambiente econômico internacional no pós-guerra, teve, como salientamos, o período de intensa instabilidade política e econômica do entre-guerras e a passagem da hegemonia britânica para a norte-americana como pano de fundo. Dela participaram cerca de quatrocentos delegados de 44 países aliados.

Um dos aspectos centrais da instabilidade econômica do entre-guerras era a falta de um regime monetário-cambial que garantisse o consenso entre as principais nações no jogo das relações internacionais. A definição de um regime cambial internacional tem a ver com os processos políticos que evolvem a disputa entre os diferentes estados nacionais. Podemos supor, então, que a ausência de regras estáveis na economia internacional expressava a falta da clara liderança de uma nação ou de um grupo de nações no sistema internacional.

Como afirma Gilpin (2000, p.116):

> Um sistema funcional requer uma liderança forte por parte de uma nação ou grupo de nações com interesse em manter o sistema. O líder precisa assumir a iniciativa de resolver os mais altos problemas técnicos bem como prover e administrar a moeda chave usada como reserva internacional, sustentar as transações econômicas e prover liquidez. [...] Embora esta liderança possa, em teoria, ser exercida por duas ou mais nações, ou mesmo por uma organização internacional, tem sido historicamente exercida por um poder econômico e militar dominante, como a Grã-Bretanha no final do século XIX e os Estados Unidos no pós-Segunda Guerra Mundial. Nada surpreendente que as regras que governam o sistema monetário internacional tenham, em geral, refletido os interesses desses poderes econômicos líderes.

É certo que o poder de emissão confere ganhos de senhoriagem e um enorme poder de influência sobre as demais nações, mas a hegemonia é uma função da confiança e, no tocante ao regime monetário, isso significa que deve haver credibilidade da nação emissora em garantir o valor da moeda. A história dos regimes monetários ajuda a entender as relações de poder no plano internacional e permite visualizar os interesses dos grupos dominantes na dinâmica da acumulação.

Segundo Eichengrenn (1996), a cronologia do entre-guerras, relativa ao padrão monetário internacional, pode ser dividida a partir do marco da crise de 1929. Na década de 1920, a flutuação do câmbio entre as principais moedas, ao mesmo tempo em que criava um ambiente liberalizante, provocava uma série de distorções e instabilidades no sistema de fluxos internacionais.

Essa instabilidade e os processos hiperinflacionários, principalmente o alemão, levariam à tentativa de volta ao padrão ouro que predominara antes da Primeira Guerra Mundial. Em 1925, a Inglaterra restauraria a paridade ouro-libra esterlina, sendo seguida por 45 países até 1929. A tentativa duraria cerca de cinco anos, quando, em 1931, por força de desequilíbrios no balanço de pagamentos, a Inglaterra abandonaria o padrão ouro.

É importante estarmos atentos ao fato de a tentativa de restabelecer o padrão monetário anterior à Primeira Guerra encontrar obstáculos na alteração dos fluxos de comércio verificados após o conflito. Vários mercados cativos dos ingleses, na América Latina e na Ásia, haviam sido transferidos para os norte-americanos e japoneses. A Inglaterra, em outros termos, não tinha mais a supremacia econômica e passava a enfrentar problemas em seus fluxos de pagamento.

As dificuldades europeias geraram um mercado promissor para os emprestadores americanos. Porém, quando, em 1928, os Estados Unidos elevaram suas taxas de juros para conter a especulação na bolsa, cujas ações vinham se valorizando de forma *exuberante*, os estragos se fizeram sentir. A crise de 1929 só viria a dar o último empurrão no padrão ouro.

Nesse mesmo ano, Argentina, Austrália, Brasil e Canadá desvalorizaram suas moedas. A suspeita de que as taxas de câmbio estavam em patamares insustentáveis nos países centrais levou à corrida pelo ouro, agravando o fluxo de recursos e criando pressões sobre o sistema de crédito. As tentativas de conter a fuga de recursos pelo aumento das taxas de juros só agravavam o problema.

Em 1932, o sistema monetário internacional foi dividido em três blocos: (1) o bloco ligado ao padrão ouro, na área de influência dos Estados Unidos; (2) a área esterlina, com os países que atrelaram suas moedas à libra; e (3) países do Leste e Centro Europeus, liderados pela Alemanha, onde prevalecia o controle cambial (Ibid.).

Essa divisão teria pouco fôlego, pois ainda se sustentava sob a tentativa de fixação de paridade parcial sem um sistema internacional coordenado. Como resultado, em 1933, os Estados Unidos, com problemas no balanço de pagamentos, desvalorizaram o câmbio e iniciaram uma série de desvalorizações competitivas. As taxas de juros puderam experimentar um recuo, mas se instalava uma guerra comercial, com suas consequências em termos políticos e sociais.

A junção de políticas protecionistas com taxas de câmbio flutuantes opunha os estados nacionais entre si e exercia forte pressão sobre a estabilidade política internacional.

Mesmo que o conflito comercial não tenha sido o responsável direto pelas nuvens escuras da Guerra sobre os céus Europeus, flutuações na taxa de câmbio que criaram os conflitos comerciais não ajudaram muito a cultivar um clima de cooperação entre os países que partilhavam interesse em conter as ambições expansionistas germânicas. (Ibid., p.91)

Seguindo as conclusões de Einchengrenn, o sistema monetário internacional do entre-guerras foi marcado por três características: (1) a tensão entre diferentes objetivos econômicos no sistema de estados; (2) a livre mobilidade de capitais; e (3) a transição da hegemonia britânica para a dos Estados Unidos.

A Conferência de Bretton Woods lida exatamente com esses problemas e reflete o crescente poderio norte-americano e a decadência do poderio britânico. As principais características acordadas em Bretton Woods tinham como referência a busca por um sistema monetário internacional estável, em que o câmbio exerceria papel central.

Buscava-se estabelecer uma paridade entre o dólar e o ouro, que serviria de referência para as demais taxas de câmbio. A necessidade de fixação de uma taxa de referência estava alicerçada na experiência das desvalorizações competitivas do entre--guerras. Na mesma direção, permitia-se aos governos nacionais exercer controle sobre o movimento de capitais, dando maior flexibilidade ao manejo das políticas domésticas.

Do ponto de vista do ordenamento institucional internacional, a criação do FMI buscava dotar o sistema de um instrumento que monitorasse os balanços de pagamentos, na tentativa de evitar a ocorrência de desequilíbrios conjunturais, produto de problemas de liquidez. Ao mesmo tempo, o Bird proveria créditos para a recuperação das economias atingidas pela guerra, sendo a tarefa do desenvolvimento, ao menos inicialmente, relegada a um plano secundário.

Essas medidas estavam interligadas e tinham a intenção de possibilitar aos estados nacionais um ambiente macroeconômico estável que garantisse políticas de emprego, evitando os efeitos sociais e políticos desastrosos verificados no entre-guerras. Poderia-se afirmar que se privilegiava a estabilidade doméstica em detrimento dos interesses de curto prazo da alta-finança internacional. No mesmo sentido, a estabilidade doméstica representava uma barreira contra o avanço do comunismo e, consequentemente, possibilitava a criação de um ambiente externo equilibrado.

> Taxas de câmbio ancoradas porém ajustáveis eram possíveis somente porque o controle de capitais insulava os países que buscavam proteger suas moedas dos movimentos desestabilizadores e proviam espaço necessário para ajustes ordeiramente organizados. Recursos do FMI proporcionavam uma linha extra de defesa para países que tentavam manter âncoras cambiais em face das pressões de mercado. A supervisão do Fundo desencorajou determinadas mudanças nas paridades e controles que poderiam ter conduzido a abusos do sistema. (Ibid., p.94)

Do ponto de vista político, os ajustes deflacionistas, característicos do padrão ouro, acarretavam custos sociais muito elevados e, portanto, eram politicamente inaplicáveis no pós--Guerra. Havia também o elemento adicional do avanço da esquerda em toda a Europa, o que, de certo modo, diminuía a possibilidade de políticas de corte mais liberal. O controle dos fluxos financeiros e o das taxas de câmbio não eram, portanto, medidas econômicas isoladas; ao contrário, tinham um caráter político em sua essência.

A ordem capitalista que emergia a partir de Bretton Woods era claramente uma ordem restringida no tocante à livre mobilidade do capital – em outras palavras, a liberdade econômica encontrava limites no contexto político e social.

> Diante da escolha entre criar uma ordem financeira liberal e construir um sistema de taxas de câmbio estáveis e um comércio liberal, os tomadores de decisão nos primeiros anos do pós-Guerra geralmente concordavam que a liberdade financeira deveria ser sacrificada. (Helleiner, 1994, p.5)

O *embedded liberalism* consistia no produto dessas escolhas. O regime internacional[3] passava a refletir a mudança no interior dos estados nacionais, na correlação de forças de cada espaço doméstico e no tipo de estado que emergiria a partir da Segunda Guerra Mundial.

> A essência do liberalismo constrangido (...) é permitir uma forma de multilateralismo que seja compatível com os requerimentos da estabilidade doméstica. Presumivelmente, então, governos comprometidos com isso buscariam encorajar uma divisão internacional do trabalho que, enquanto multilateral na forma e refletindo alguma noção de vantagens comparativas (e consequentemente ganhos de comércio), também prometia minimizar os custos disruptivos do ajustamento doméstico, bem como qualquer tipo de vulnerabilidade política e econômica nacional advinda da diferenciação funcional internacional. (Ruggie, s.d., p.214)

Dessa arquitetura surgem o Estado de Bem-Estar e as políticas desenvolvimentistas na periferia do sistema. Havia amplo consenso de que o mercado, por si só, não era capaz de alcançar os objetivos de pleno emprego, que estavam no horizonte do pacto entre capital e trabalho que surgiria no pós-Guerra.

Por outro lado, os objetivos do pleno emprego e da segurança social eram vistos como alicerces para a manutenção do sistema capitalista. Isso abria espaço para o planejamento e para a intervenção estatal, quando se fizesse necessário. Expressões dessa realidade são o Full Employment Act (1946) nos Estados Unidos, o sistema de planejamento *indicativo* na França e a ideia do *mercado social* na Alemanha (Gilpin, op. cit.).

---

[3] Por regime internacional entende-se o conjunto de princípios, normas, regras e instituições que moldam as expectativas e o comportamento dos atores nas relações internacionais. Para uma discussão mais acurada sobre o assunto ver Ruggie (s.d).

É nesse contexto que surge o GBM, inicialmente um instrumento para a recuperação dos países atingidos pela Guerra, embora nas discussões de Bretton Woods a palavra "desenvolvimento" tenha entrado em pauta por pressão dos países periféricos.

De acordo com Kapur, Lewis e Webb (1997), na preparação da conferência e mesmo durante ela, pouca atenção foi dada à criação do Bird. Quase todas as discussões giraram em torno da criação do FMI. Inicialmente, a delegação inglesa era contra a criação do Bird, pois acreditava que o veículo para a reconstrução deveria vir por meio de ajuda financeira e não de empréstimos conferidos pelo sistema financeiro, mesmo que estes fossem facilitados. Como os Estados Unidos relutavam em oferecer recursos sem uma contrapartida financeira, em função das resistências do Congresso norte-americano, o próprio Keynes, que chefiava a delegação inglesa, passou a aceitar a criação do grupo.

As delegações de países periféricos, notadamente México, Venezuela e Índia, pressionaram para que a questão do desenvolvimento fosse colocada no mesmo patamar que a da reconstrução. Esses apelos foram efetivamente incluídos nos acordos da criação do Bird, porém, diferentemente dos organismos ligados à ONU, nesse caso o poder de decisão estabelecia uma clara supremacia das nações mais ricas.

É importante considerar que o chamado "mundo em desenvolvimento" não era tão bem definido em termos da hierarquia dos estados como atualmente. Boa parte dos países africanos e asiáticos ainda vivia sob o regime colonial e alguns países da América Latina tinham renda *per capita* maior que a de países da Europa. No meio acadêmico, também eram escassos os trabalhos que tratavam especificamente das questões do desenvolvimento.

Apesar de a pobreza não ocupar lugar de destaque na agenda de Bretton Woods, o aparecimento da Guerra Fria influenciaria as discussões sobre as regiões pobres, que passariam a ser tratadas como áreas de segurança em meio às disputas ideológicas.

> Com a emergência da Guerra Fria entre 1946 e 1947, atenção começou a ser dada às áreas pobres da Europa, e então a outras regiões, assim como a segurança nacional moveu-se de uma questão específica da bomba atômica, no imediato pós-Guerra, para uma política de contenção, e subsequentemente para uma competição por alianças entre filosofias políticas. (Ibid., p.66)

A entrada da questão do desenvolvimento nas discussões do Bird é de fundamental importância, pois na medida em que se desenvolvem os acontecimentos do pós-Guerra, com o aparecimento do Plano Marshall e a mudança de estratégia dos Estados Unidos, com relação aos países europeus e ao Japão, o Bird fica efetivamente restrito às questões do desenvolvimento.

1.3 BIRD: OS ARTIGOS DO ACORDO DE FUNDAÇÃO

Para entender as funções e a organização formal do GBM é necessário que sejam observados os artigos do acordo de fundação do grupo.

Em seu Artigo I estão descritos cinco objetivos. O primeiro deles diz respeito a assistir a reconstrução e o desenvolvimento dos países-membros, mediante o incentivo ao investimento do capital produtivo, tanto no que se refere à reconstrução dos países atingidos pela Segunda Guerra Mundial quanto para dotar de recursos os países menos desenvolvidos.

Chama atenção a ênfase ao capital produtivo como sujeito do desenvolvimento. Dois aspectos estão relacionados nessa assertiva. Em primeiro lugar, a dinâmica econômica internacional que se evidencia a partir do acordo de Bretton Woods, em que o setor produtivo tem papel de destaque em relação às outras esferas do capital. Em segundo lugar, é importante levar em conta que, naquele momento, a dinâmica da acumulação de capital, sob a hegemonia dos Estados Unidos, obedecia a um progressivo deslocamento, no plano das relações econômicas internacionais e da esfera comercial e financeira para a esfera produtiva.

O processo de exportação do capital ganha contornos mais definidos a partir da década de 1950, quando se entende a exportação do capital como a exportação do modo de produção capitalista (Michalet, 1983), com todas as implicações daí decorrentes. A transnacionalização da produção, que tem origem na expansão *off-shore* das empresas norte-americanas, conduz à expansão de relações sociais, de estilos de vida, de padrões tecnológicos característicos do centro cíclico (Prebisch, 2000b);

enfim, de uma série de relações típicas do regime fordista (Harvey, 1989).[4]

O Parágrafo 2º do Artigo I destaca, primeiramente, o papel primordial que deverá ser reservado ao setor privado na execução de seu objetivo primeiro. O segundo objetivo é promover o investimento estrangeiro privado por meio de garantias ou participação nos empréstimos e outros investimentos feitos por investidores privados; e quando o capital privado não estiver disponível em termos razoáveis, suplementá-lo em condições apropriadas, utilizando-se fundos próprios ou de terceiros.

A promoção do investimento estrangeiro privado, como já mencionado, evidencia como o Bird se colocava afinado aos ventos que sopravam naquele momento. A utilização de capital próprio ou de terceiros coloca o GBM na condição de intermediário financeiro, capaz de aportar recursos para investimentos em que o mercado não está em condições de fazê-lo, seja por imperfeições dele mesmo, seja pelas condições atípicas da economia internacional no imediato pós-Guerra.

Para o setor financeiro privado, mesmo que a instituição possa aparecer como competidora no processo de intermediação, surge a possibilidade de aportar recursos em condições de menor risco. Para os países periféricos, isso significava ter acesso a recursos que, na ausência de garantias, seriam negados pela finança internacional. Por outro lado, mas no mesmo sentido, a concessão de garantias por parte do GBM outorgava a ele um poder de fiscalização, mesmo que direcionado para questões setoriais relacionadas a projetos específicos, junto aos países tomadores de recursos. Esse poder, como veremos adiante, irá progressivamente ganhando maior dimensão, culminando nos programas de ajuste estrutural, três décadas e meia após a formalização do acordo de Bretton Woods.

O terceiro objetivo revela parte da natureza da arquitetura da economia internacional idealizada pelos formuladores de Bretton Woods. Visa a promover o crescimento equilibrado do

---

[4] Harvey (1989) descreve de forma bastante precisa o contexto e a natureza do regime fordista, estabelecendo uma necessária relação entre técnica, relações sociais de produção e contrato social. Essas são partes constitutivas e indissociáveis de um regime de regulação.

comércio internacional e a manutenção do equilíbrio do balanço de pagamentos, para tanto encorajando o investimento internacional no desenvolvimento de recursos produtivos, bem como assistindo o crescimento da produtividade, das condições de vida e das condições de trabalho nos territórios dos países-membros.

Está subjacente a esse objetivo a ideia tão cara às teorias do comércio internacional, de que o investimento estrangeiro seria capaz de promover a equalização dos níveis de renda entre os diferentes países.[5] Inicialmente, poderia se apor a ideia de que o objetivo de promover o equilíbrio do balanço de pagamentos representaria uma superposição de funções entre o Bird e o FMI. Mas uma análise mais cuidadosa deve levar em consideração que o FMI tem como tarefa atuar no curto prazo, com problemas relacionados à liquidez sistêmica.

No caso do GBM, o que está em questão é a crença de que os investimentos estrangeiros, em setores produtivos, teriam a capacidade de aumentar a produtividade média da economia hospedeira, promovendo um deslocamento positivo da fronteira de produção, ao mesmo tempo em que os deslocamentos dos fatores no plano internacional funcionariam como no plano interno; ou seja, dentro de um esquema de equilíbrio geral, a tendência seria a melhoria da alocação, ganhos de produtividade e equalização dos preços dos fatores.

O termo "longo prazo", tão presente nas funções do GBM, faz notar o caráter estrutural das questões relacionadas ao desenvolvimento. Do mesmo modo, a ênfase em projetos que visem a atender objetivos de longo prazo destaca o caráter de uma instituição vinculada a objetivos outros que não os de atendimento de interesses conjunturais, mas de estratégias de desenvolvimento. Mesmo que, na prática, muitas vezes os objetivos econômicos de longo prazo cedam espaço para interesses políticos mais imediatos, ou concertos políticos relacionados aos interesses dos departamentos de estado, chancelarias e organismos definidores das estratégias internacionais dos países-membros.

---

[5] Referimo-nos a um dos quatro teoremas fundamentais da teoria neoclássica do comércio internacional, o da "equalização dos preços dos fatores", que tem como base os estudos de dois economistas suecos: Eli Heckscher e Bertil Ohlin (Gonçalves et al, 1998).

Os objetivos quatro e cinco ressaltam a importância dos investimentos internacionais, dos empréstimos conjuntos entre o GBM e outros agentes e da utilização de outros canais que permitam agilizar a execução de projetos de acordo com os princípios do GBM, quais sejam, a observância do papel do capital privado no processo de desenvolvimento, a ênfase no capital produtivo, a reconstrução dos países afetados pela guerra, a expansão das relações de trabalho consideradas adequadas à melhoria das condições de vida e o desenvolvimento de um ambiente de comércio e pagamentos internacionais favorável ao equilíbrio do balanço de pagamentos. Além disso, e não menos importante, o Bird, em seu Artigo V, ressalta que os objetivos devem ser perseguidos levando-se em consideração os efeitos no ambiente dos negócios dos territórios dos países-membros.

O Artigo II trata das questões relativas à composição do Bird e ao capital para sua constituição. O Parágrafo 1º da seção estabelece que, para aceder ao Bird, os países devem ser membros do FMI. Esse vínculo ratifica a ideia de que os membros devem obedecer a determinadas regras de conduta, as quais, no caso do FMI, estão relacionadas ao equilíbrio do balanço de pagamentos.

Durante a vigência do acordo de Bretton Woods (1945-73), essas regras estavam alicerçadas no padrão dólar-ouro e, a partir de então, os mecanismos de supervisão tiveram de se adaptar ao regime de câmbio flutuante, enquanto as regras de conduta foram se aproximando cada vez mais do espírito de Wall Street. Essa aproximação fica mais evidente com o crescente processo de liberalização que ocorre a partir dos anos 1980, que representa a ascensão do mercado como instância preferencial de regulação das relações econômicas, políticas e sociais.

Na arquitetura de Bretton Woods, as tarefas relativas ao Bird se diferenciavam das funções do FMI no sentido de que ao primeiro caberia o financiamento do desenvolvimento, enquanto ao segundo ficavam destinadas as questões relativas ao curto prazo da saúde financeira internacional, como prover liquidez para países com problemas no balanço de pagamentos. Com a crise de Bretton Woods e o abandono do padrão ouro-dólar, o FMI passa a ter uma atuação mais estreita junto aos países periféricos, agindo como órgão supervisor e regulador dos credores internacionais.

No tocante à divisão de funções entre o Bird e o FMI, notamos o aparecimento de alguns atropelos históricos, principalmente a partir da introdução dos programas de ajuste estrutural em que superposições de funções parecem acontecer. Cada vez mais, o FMI serve como emprestador de última instância do sistema financeiro internacional, ao mesmo tempo em que, dada a magnitude das crises recentes, o GBM também cumpre esse papel.[6] As seções seguintes do Artigo II tratam da composição do capital inicial do GBM. Nelas são estabelecidas as regras de participação para a constituição das cotas dos países-membros. Ficou estabelecido que 20% do capital de cada membro deveria ser depositado em dólar ou ouro e o restante na moeda corrente do país, com uma cláusula de salvaguarda para a manutenção do valor da moeda corrente em caso de desvalorização. A provisão para o capital inicial deveria alcançar o equivalente a US$ 10 bilhões (em valores correntes).

A utilização de dólar ou ouro já pronunciava o regime monetário que vigoraria no pós-Guerra, regime este que expressava o crescente poder dos Estados Unidos como regente e maestro dos novos usos e costumes na hierarquia do sistema de estados. A utilização do dólar colocava por terra as aspirações da Inglaterra, que sob a representação de Keynes havia proposto a criação de uma moeda internacional.

O Artigo III versa sobre as provisões gerais para empréstimos e garantias. Aqui são estabelecidas as agências dos países-membros com função de tratar empréstimos e garantias. Nelas estão nominados os bancos centrais, os tesouros e as agências de cunho fiscal. Entre as condições para o banco conceder ou participar de garantias ou empréstimos, destacam-se:

1) quando o tomador não é o governo, as agências governamentais – as quais o GBM se reserva o direito de escolher como legítimas para negócios dessa natureza – devem prover as necessárias garantias para com as obrigações do contrato, seja no pagamento do principal como dos juros e serviços correspondentes ao empréstimo;

---

[6] Referimo-nos às crises cambiais da segunda metade dos anos 1990. Também é importante salientar que, do ponto de vista do estrito cumprimento do estatuto do GBM, não lhe caberia prover créditos de liquidez, porém os recursos entram nos pacotes sob outras rubricas, como políticas sociais compensatórias.

2) o GBM deve se certificar de que o tomador, nas condições prevalecentes de mercado, recorra ao empréstimo na ausência de outras fontes cujos custos sejam razoáveis para sua capacidade de pagamento;
3) uma comissão, conforme previsto no Artigo V, Seção 7, deve submeter um relatório recomendando o projeto, após estudo cuidadoso sobre seus méritos;
4) os encargos, tempo de duração e serviços do empréstimo devem estar de acordo com as características do projeto;
5) ao fazer ou garantir um empréstimo, o GBM deve prestar especial atenção às perspectivas de pagamento do tomador ou do agente da garantia; nesse sentido, o GBM deve ter prudência no atendimento dos interesses de qualquer membro; e
6) os empréstimos e as garantias do GBM, salvo circunstâncias especiais, devem ser destinados aos projetos específicos para reconstrução e desenvolvimento.

A utilização dos empréstimos ou recursos em que haja garantias do GBM deve ser destinada exclusivamente a fins especificados nos contratos, nos quais devem ser considerados critérios econômicos e de eficiência, sem que interfiram considerações de ordem política ou não econômica. Certamente, esse critério, contido na Seção 5 do Artigo III, merece uma série de ressalvas. Parece claro que, pela natureza da instituição, ou seja, dado o caráter multilateral e sua forma de composição, o Bird não estará totalmente insulado das pressões políticas, ainda mais se considerarmos que boa parte de sua existência transcorreu no *calor* da Guerra Fria.

Atualmente, como a agenda do GBM abrange uma série de questões que, muito embora guardem relação com o campo econômico, o extrapolam, é bastante evidente que questões de ordem política tenham ganhado grande relevância. Os programas de ajustamento estrutural de segunda geração[7] tratam de aspectos relacionados ao ambiente institucional, portanto, das regras e normas que regulam as relações sociais. Os condicionamentos do GBM também transcendem os aspectos meramente técnicos dos projetos e envolvem grandes questões de caráter macroeconômico e político-institucional.

---

[7] Sobre a divisão e a gênese dos ajustes estruturais, ver Salama e Valier (1994).

É importante levar em consideração, conforme expresso na Seção 1 do Artigo IV, que o GBM somente pode tomar empréstimos ou garantir a tomada de empréstimos com a anuência do país onde os fundos são constituídos ou em cuja moeda são denominados os contratos. Isso confere um poder maior aos Estados Unidos na estrutura de decisões do GBM, posto que neste país boa parte dos empréstimos é contraída e, acima de tudo, que o processo de internacionalização financeira corresponde ao aumento do poder de influência do dólar, o que significa que a maior parte dos contratos financeiros, principalmente a partir dos anos 1970, passaram a ter o dólar como moeda de referência.

A Seção Final do Artigo IV é, certamente, a mais polêmica de todo o acordo, uma vez que trata das relações entre uma agência multilateral e a soberania de cada um de seus estados-membro. Vale a pena reproduzi-la na íntegra:

> O Banco e seus funcionários graduados não interferem em assuntos politicos de qualquer membro; tampouco devem ser influenciados em suas decisões pelo caráter político de seus membros ou pelas preocupações políticas dos mesmos. Somente considerações econômicas devem ser relevantes em suas decisões, e estas considerações devem ser tomadas imparcialmente no sentido de se alcançar o que está estabelecido no capítulo I.

A discussão sobre a natureza e a efetiva aplicação dessa seção merecerá especial atenção ao longo deste livro, mas cabem algumas considerações preliminares. Em primeiro lugar, valeria destacar o que se entende por critérios econômicos e políticos e, em segundo, se é possível fazer uma separação nítida entre essas duas dimensões na ação coletiva.

Se partirmos do princípio de que é possível uma separação entre os campos, ao menos no plano analítico, isso não significa dizer que não haja interseções. Do ponto de vista analítico, poderíamos conferir ao campo econômico o conjunto de critérios baseados na eficiência e na eficácia. Por esse caminho, tomaríamos como referência de avaliação as análises de custo-benefício. Como exemplo hipotético, pensemos na construção de uma ponte em um país qualquer. Por uma avaliação cuidadosa, os técnicos do Bird encarregados do projeto chegaram à conclusão de que a ponte deveria ser construída na região norte do país. Por critérios de custo-benefício, o retorno da aplicação na região seria vantajoso, pois novos investimentos seriam atraídos para a localidade, em função da redução dos custos de transporte. Além disso, as populações ali residentes seriam beneficiadas pelo aumento das trocas comerciais entre as partes integradas, assim como por outras externalidades produzidas pelo projeto. Agora, imaginemos que nesse país o presidente é proprietário de grandes extensões de terra em uma região erma e que o preço desse ativo poderia sofrer forte valorização após a execução do projeto, mas que os benefícios privados do presidente seriam auferidos em detrimento dos benefícios coletivos – que poderiam ser alcançados caso o projeto fosse executado na região escolhida pelos técnicos. A decisão do Banco deveria ser a escolha cujos benefícios se mostram maiores em relação aos custos, ou seja, em nosso exemplo, a opção escolhida feita pelos técnicos.

Para complicar um pouco mais o exemplo, um tanto quanto prosaico, podemos agregar ao modelo de análise o fato de o país imaginário estar localizado em uma região conflagrada, onde existem vários interesses em jogo. O país imaginário é considerado pelos países mais importantes na hierarquia do GBM uma *nação amiga*, ou seja, nas disputas internacionais, é um aliado. Isso significa supor que, no caso de posição contrária aos interesses do presidente, esses países teriam muito a perder.

O dilema resultante do modelo está em definir quais custos serão maiores e quais benefícios, prioritários. Sim, porque há uma diferenciação interna entre custos e benefícios, ao menos em um primeiro momento. Aqui, não se trata mais de uma análise de custo-benefício com critérios puramente econômicos, ainda que a racionalidade econômica esteja implícita.

Nesse exemplo, a lógica da racionalidade não está quebrada, mas deve ser adaptada ao mundo real, no qual o político e o econômico são conjuntos com forte interseção. Nesse aspecto, constitui-se uma hierarquia no plano dos benefícios. Se os interesses geoestratégicos forem considerados prioritários, entra em cena uma decisão tipicamente *realista*.[8]

---

[8] Para uma análise do realismo sugerimos: "Realism, neorealism and the study of world politics" (Keohane, 1986). Uma interessante abordagem sobre as clivagens da teoria das relações internacionais é feita por Fonseca Jr. (1994).

É preciso ter em mente que no exemplo surgem algumas questões metodológicas importantes. Aqui se supõe que a estrutura de uma organização internacional não possua total insulamento diante dos fatos que marcam a dinâmica das relações internacionais. Se admitimos que essas são marcadas não somente pela cooperação, mas também pelo conflito, o que é facilmente observável em uma perspectiva histórica, também temos de levar em consideração que tais conflitos podem, e necessariamente vão, marcar os processos de tomada de decisão no interior da organização.

Além disso, supomos que os conflitos envolvam partes que manejem graus diferenciados de recursos econômicos e militares, cujas assimetrias se manifestam na constituição de um sistema hierárquico de estados. Essa diferenciação resulta em uma estratificação em termos da posição que cada estado ocupa nas relações de poder e essa hierarquia estará manifesta na organização interna do GBM.

Tomamos, então, um exemplo em que os interesses de um membro influenciaram a decisão do GBM. Ao tomar a decisão em favor do presidente, a instituição acabou reforçando um estado patrimonialista e deixou de lado os critérios técnicos do relatório. Isso ocorre porque, em última instância, havia uma hierarquia no plano dos interesses, prevalecendo uma tomada de decisão que, no curto prazo, se mostrava equivocada, mas que, em termos da estrutura do sistema de estados, era mais vantajosa.

Outra hipótese pode ser construída levando em conta uma situação na qual países com maior poder de veto na estrutura do GBM passam a colocar seus interesses particulares na obtenção de benefícios que lhes são convenientes. Seria o caso típico do exercício da influência externa sobre uma nação soberana. Aqui sugerimos que os programas de ajustamento estrutural se enquadram perfeitamente. O pressuposto para adoção de um programa desse tipo é a fragilidade do país. Um país só recorre a recursos dessa natureza quando outras fontes estiverem esgotadas. Foi o caso da América Latina durante os anos 1980, após a eclosão da crise da dívida, cuja consequência imediata foi a interrupção dos fluxos de créditos voluntários para região.

Os programas de ajustamento estrutural implicam uma série de condicionalidades que extrapolam muito os critérios puramente econômicos, como já observamos. Dessa forma, podem ser utilizados pelas nações mais desenvolvidas como instrumentos de pressão externa para mudanças que lhes sejam vantajosas.

Mesmo que supuséssemos que os interesses externos são fundamentalmente humanitários e convergentes com os objetivos maiores de desenvolvimento, teríamos de levar em consideração o fato de haver um exercício efetivo do poder de influência que a hierarquia internacional confere a determinados estados. Além disso, os caminhos do desenvolvimento são controversos e mudam conforme as transformações na dinâmica da acumulação e na percepção dos atores envolvidos.

De qualquer modo, supomos que a organização interna do GBM tende a refletir a estrutura de poder do regime internacional e, indo além, que ela reforça essa conformação da estrutura de poder. Isso é feito por meio de símbolos partilhados pelos interesses dominantes, que se transformam em produtos concretos quando ocorre a efetivação de um conjunto de prescrições de política econômica. Tais políticas encontram campo fértil na *fraqueza das nações*, que não conseguem mobilizar recursos para enfrentar a pressão externa exercida pelas nações mais poderosas.

Com isso, entretanto, não queremos sugerir que não haja contradições entre as nações mais ricas, muito menos que o sistema de estados seja estático. De fato, em um sistema hierarquizado, no qual operam instrumentos de dominação, também deve haver espaço para a ascensão de algumas nações – essa deve ser, ao menos, uma promessa permanente nos jogos de persuasão. De outra parte, as nações mais ricas nem sempre estão de acordo, posto que mesmo na camada superior do sistema de estados há certo grau de competição.

Por essa perspectiva, nos afastamos definitivamente da ideia de que o banco é uma organização *asséptica*, total ou parcialmente infensa aos ataques virulentos do campo político. Assim nos referimos ao campo político na tentativa de reproduzir o pano de fundo de algumas análises econômicas, que enxergam na economia, ou no mercado propriamente, o espaço ideal para a tomada de decisões, uma vez que nele as relações são impessoais. Aquilo que diz respeito às pressões políticas teria, então, uma função desviante e perturbadora.

Economia e ideologia caminham lado a lado, uma não existe sem a outra. Saber quem determina o quê ou qual esfera tem predominância na vida societária é um jogo sem fim, já que são corpos interdependentes. Pode-se sustentar que sob o capitalismo, no âmbito de uma economia monetária, a esfera econômica assuma grande relevância, pois os espaços da vida são permeados por relações mercantis, as quais engendram e são permeadas por relações de poder – e poder e dinheiro são um binômio inequívoco da dinâmica do capitalismo.

O GBM tem muito a ver com tudo isso. Para dar um passo adiante e entender suas relações externas, deve-se analisar a organização interna do grupo, com ênfase às relações internas de poder e ao processo de tomada de decisão. É o que faremos a seguir.

1.4 ORGANIZAÇÃO INTERNA E TOMADA DE DECISÃO

A organização e a administração do Bird está contemplada no Artigo V do acordo. A estrutura do Bird é dividida entre um conselho de governadores, diretores executivos e um presidente. Na parte administrativa, encontram-se os escritórios, os departamentos e seus respectivos quadros funcionais.

O conselho de governadores é composto de um governador e um suplente indicados por cada país-membro, com um mandato de cinco anos, havendo a possibilidade de recondução,[9] e escolhe-se um dos governadores como seu presidente. São atribuições exclusivas do conselho: (1) admitir novos membros e definir a condição da admissão; (2) aumentar ou diminuir o estoque de capital; (3) suspender um membro; (4) dirimir questões interpretativas sobre o acordo; (5) estabelecer acordos de cooperação com outras organizações internacionais; (6) decidir sobre a suspensão permanente das atividades do Bird ou sobre a distribuição de suas ações; (7) determinar a distribuição das receitas do Bird; e

---
[9] No pósfácio deste livro, trataremos das recentes modificações na distribuição do poder de voto do Bird e do FMI.

(8) determinar a remuneração dos diretores e o salário e os termos de contrato do presidente.

O conselho se reúne uma vez ao ano ou quando convocado por governadores ou diretores executivos. Nestes casos, o encontro pode ser convocado por solicitação de cinco diretores ou por membros que detenham 25% do total de votos.

O voto na estrutura do Bird é em função das cotas de cada país. Quanto maior a contribuição ou o capital de um país, maior seu poder de decisão. Segundo o acordo, cada membro detém 250 votos mais um por cota adicional.

Quanto aos diretores executivos, cabe a eles a responsabilidade de conduzir as operações do Bird em conformidade com as atribuições delegadas pelo conselho. A diretoria é composta de 25 membros, não necessariamente governadores, sendo cinco deles indicados pelos cinco maiores acionistas (Estados Unidos, Japão, Alemanha, França e Reino Unido) e o restante indicado por grupos de países ou individualmente.

Os diretores são apontados ou eleitos a cada dois anos e se reúnem em função das necessidades operacionais. Cada diretor carrega consigo o número de votos correspondentes ao país ou grupo de países que o apontaram ou o elegeram.

Os diretores escolhem um presidente, o qual não deve ser governador tampouco diretor. O presidente não tem poder de voto a não ser em caso de desempate; suas atribuições são a chefia do quadro operacional e a direção dos negócios do Bird, sob orientação dos diretores. Segundo o item "c" da Seção 5 do Artigo V, o presidente deve suas obrigações inteiramente aos diretores do Bird, não devendo ceder à pressão de qualquer país-membro:

> O Presidente, oficiais e funcionários do Banco, no cumprimento de suas atribuições, devem suas obrigações para o Banco e para nenhuma outra autoridade. Todo membro do Banco deve respeito ao caráter internacional de suas obrigações e deve conter qualquer tentativa de influenciar qualquer um que esteja no exercício de suas funções.

Também cabe ao presidente, no conjunto de suas atribuições operacionais, recrutar e demitir os quadros que compõe o operacional. Sem dúvida essa é uma função que aumenta muito seu poder de influência. O item "d" da Seção 5 do Artigo V procura diminuir possíveis efeitos negativos dessa concentração, indicando que o recrutamento de pessoal deve acontecer dar na mais ampla base geográfica quanto possível.

Além do conselho de governadores, dos diretores executivos e da presidência, é previsto um conselho com representantes da sociedade civil de diferentes países, com não menos que sete membros, cuja função é auxiliar o GBM em sua política geral, com um mandatos de dois anos. Esse conselho abre uma porta às organizações da sociedade civil, mas vale considerar que, da maneira como está exposto o item, não há uma definição clara de sua composição e de quem indica seus membros. Assim, se por um lado o GBM dá espaço a maior participação da sociedade civil, por outro lado não define que essa participação contará com vozes críticas capazes de interferir nas definições das políticas mais gerais do grupo.

A partir da década 1980, com a expansão das chamadas Organizações Não Governamentais (ONGs), a pressão sobre o GBM para maior abertura aumentou significativamente.[10] Uma das críticas mais frequentes era – e continua sendo – a inacessibilidade do GBM às críticas da sociedade civil. Se pensarmos que uma das preocupações do grupo é o distanciamento da pressão política, ou seja, que a instituição siga critérios *técnicos* para a definição e execução de seus projetos, é aceitável supor que uma maior abertura traria consigo o perigo de capitulação diante dos interesses conjunturais.

Também pesa contra as organizações da sociedade civil – sejam elas de corte tradicional e corporativo, sejam ONGs que tratam dos direitos civis e humanitários – a pressão dos países-membros sobre o exercício da soberania. Aqui não se pode fazer uma separação entre países mais ou menos desenvolvidos e uma maior ou menor aceitação diante das demandas por maior participação dessas organizações. Por vezes, países com maior grau de desenvolvimento e com maior poder de voto na estrutura do GBM podem ser simpáticos às críticas de organizações que denunciem as condições de trabalho em países periféricos ou então crimes ambientais sob a complacência ou cumplicidade de determinados governos, mas daí a admiti-las como interlocutoras legítimas nos fóruns de discussão do GBM há certa distância.

---

[10] Sobre o relacionamento entre as ONGs e o GBM, ver Denham, 1992.

Apesar da resistência, parece haver um consenso de que essas organizações têm conseguido maior grau de participação na estrutura do banco, seja em fóruns, em partes de projetos sob responsabilidade do GBM ou como veículos importantes na mudança da agenda temática da instituição. Observando os temas que passaram a integrar as preocupações do GBM a partir da segunda metade dos anos 1980 (aqui nos referimos ao conjunto de temáticas que vai de questões de gênero às questões ambientais), parece claro que o insulamento pretendido pelo GBM não pode ser atingido senão parcialmente.

Por outro lado, é importante verificar em que sentido a inclusão de novas temáticas ferem os interesses dos países dominantes e em que contexto, em termos geopolíticos, estão sendo internalizadas. Parece não haver antinomia entre o sentido mais amplo da globalização (enquanto estratégia de dominação) e a introdução de temas como governança, controle ambiental e direitos humanos – ao menos no plano da formalização dos interesses, pois, ao contrário, tais temas podem legitimar e dar uma *face humana* a um conjunto mais amplo de estratégias de política econômica, inseridas no contexto das reformas estruturais, estas sim tema central do GBM nas duas últimas décadas.

Ainda no Artigo V, em sua Seção 8 estão definidos os critérios que devem nortear o relacionamento entre o GBM e as outras organizações internacionais. Não existem mais restrições para esse tipo de relacionamento, somente a observação de que não devem implicar a alteração dos artigos do acordo de constituição do GBM.

A estrutura operacional é composta de escritórios, sendo a sede no território de seu principal acionista, ou seja, nos Estados Unidos. Na época da fundação, houve uma série de discussões sobre a localização do GBM, se deveria ficar em Nova York ou Washington. No dilema havia a preocupação de que, em Nova York, a instituição poderia sofrer excessiva influência dos grupos de interesse do sistema financeiro simbolizados geograficamente por Wall Street. Optou-se, então, por Washington. O GBM também pode abrir escritórios regionais em qualquer país-membro.[11]

---

[11] O GBM tem mais de 10 mil empregados em mais de cem escritórios pelo mundo.

O Artigo VI trata da suspensão e saída de um membro. A suspensão ocorre em caso de descumprimento das obrigações e deve ser decidida por maioria simples. Também nesse artigo podemos verificar uma ligação estatutária entre o GBM e o FMI: se um membro deixa de pertencer ao FMI, três meses depois deixará de ter direitos junto ao GBM, salvo por decisão de três quartos dos governadores no sentido de sua permanência.

O Artigo VII trata do *status*, das imunidades e dos privilégios da instituição. Busca estabelecer a devida proteção quanto a seus ativos e seu quadro operacional. Dessa forma, as regras e convenções que regulam as organizações internacionais de caráter multilateral também cabem ao banco. O quadro operacional deve ser protegido pelo critério diplomático, com as respectivas imunidades, ou seja, seus membros "devem ser imunes de processo legais que digam respeito aos atos realizados pelos mesmos no exercício de suas funções exceto quando o Banco retire a imunidade atribuída." (Seção 8, Artigo VII. Acordo de criação do GBM).

Os ativos devem ser protegidos de quaisquer tentativas de arresto, requisição, confisco, expropriação ou outra forma de violação do direito de propriedade outorgada por legislações específicas. Também suas informações ou seus arquivos devem estar livres de violações. Como os membros são estados soberanos, cabe a eles, uma vez que são signatários do acordo, zelar para que suas legislações respeitem as normas do acordo.

Os demais artigos, ou seja, os artigos do VIII a XI, tratam de questões relativas à entrada em funcionamento do GBM e trazem os países signatários quando da inauguração da instituição. Cabe destacar que dos 45 membros que aderiram ao acordo, dezenove eram latino-americanos. Chama atenção a importante ausência da Argentina. Uma hipótese que talvez explique a ausência seria a neutralidade assumida pela mesma durante a Segunda Guerra Mundial, posição que só seria rompida em março de 1945 quando a Argentina, sob o governo do general Farrel, declara guerra ao eixo. "Um mês depois, já assinava o Pacto Americano de Ajuda Mútua contra Agressão Externa e em junho ingressava na ONU, sob patrocínio dos EUA" (Cano, 2000, p.97).

A intensa participação latino-americana pode ser explicada pelo baixo impacto, em termos físicos, sofrido pela região durante o conflito, bem como pela generalizada adesão regional aos países aliados. Considerando a América Latina um bloco e analisando as contribuições iniciais dos países, percebemos uma clara liderança do Brasil seguido por México, Chile, Colômbia, Cuba, Venezuela e Uruguai.

Outro fator adicional era o desejo dos Estados Unidos em criar uma base regional de alianças na nova ordem que emergia. Assim, o convite para a participação dos países latino-americanos respondia, em parte, a essa estratégia: "os Estados Unidos buscaram a participação Latino Americana como uma fonte de suporte em questões chave contra o Reino Unido (Kapur; Lewis; Webb, op. cit., p.68).

1.5 ALGUMAS CONSIDERAÇÕES SOBRE A AID E A CFI

Podemos dizer que a CFI e a AID são membros de um mesmo corpo, porém com funcionamentos distintos. Levando em conta que suas atividades são complementares no todo do organismo GBM, é importante explicitar suas especificidades, o que buscaremos fazer a seguir.

A CFI conta com 182 membros (dados de 2011),[12] que indicam um titular e suplente para a composição do Conselho de Governadores. Em geral, são os ministros da fazenda ou correlatos que compõe o Conselho.[13] Assim como no caso do Bird, as tarefas executivas e operacionais são delegadas ao Conselho de Diretores, que é composto de vinte e quatro membros. O presidente da corporação é o presidente do GBM, mas quem se ocupa das questões do dia a dia é o vice-presidente executivo, assistido por um grupo administrativo de cinco vice-presidentes. Todo país-membro da CFI deve ser membro do Bird.

O principal objetivo da CFI, como consta de seu Artigo I do acordo de fundação, é encorajar o aumento da produtividade

---

[12] Dados extraídos da página oficial do Grupo Banco Mundial (World Bank. Disponível em www.worldbank.org. Acesso em 2 jun. 2012).
[13] Boa parte das informações sobre a CFI foram retiradas do site do GBM (World Bank. Disponível em www.worldbank.org. Acesso em 2 jun. 2012).

das empresas privadas dos países-membros, em particular das áreas menos desenvolvidas. Suas ações devem ser associadas a investidores privados, sem a necessidade de garantias do governo hospedeiro do investimento, no sentido de aumentar os fluxos de capital e aproveitar as oportunidades de negócio. No site da CFI, a organização, ao escrever sobre sua história, enaltece o fato de ter sido o primeiro grande empreendimento da *comunidade global* para incentivar o investimento privado nos países em desenvolvimento.[14]

Apesar da prioridade aos investimentos privados, razão da existência da CFI, o acordo não impede que a entidade participe de negócios em que haja envolvimento do governo ou de empresas públicas. Por isso ela pode se associar a um banco de desenvolvimento de um país qualquer para promover negócios, que, em última instância, tenha como finalidade aumentar a produtividade das empresas privadas locais. Ademais, sempre que houver alguma restrição do governo do país hospedeiro do investimento, a entidade não poderá levar seu projeto adiante.

A participação em um projeto deve ser temporária. Assim que o projeto é executado, a CFI deve procurar se desfazer de sua participação, alienando seus ativos para investidores privados, sempre que isso puder ser feito em termos satisfatórios. Isso caracteriza a entidade como uma força de emulação de investimentos, ou seja, como o *empresário schumpeteriano* que busca reunir os elementos da produção e colocá-los em funcionamento, cessando sua função assim que o negócio puder andar por si só.

Muitas vezes boas ideias carecem de financiamento, seja por falta de mecanismos adequados para tal, seja pela inexistência de um sistema de crédito adequado, pela aversão ao risco ou mesmo pela falta de uma *cultura empresarial* capaz de dinamizar oportunidades de investimento e promover inovações. Outros aspectos poderiam ser apontados como inibidores do investimento, mas o importante a destacar é o caráter *empresarial* da entidade.

Também há, como no caso do Bird, uma preocupação com a não interferência em questões de ordem política. Apesar disso, a estrutura e a tomada de decisões na organização é muito seme-

---

[14] A CFI foi criada em 1956 e teve como primeiro presidente Robert Garner, financista de Nova York.

lhante à do Bird, sendo o direito de voto proporcional ao número de cotas de cada país-membro. Por último, o acordo estabelece que a corporação deve ser uma entidade separada e distinta do GBM e de seus fundos, assim como sua contabilidade.

O espírito que orientou a constituição da CFI pode ser bem compreendido na seguinte declaração de Robert Garner[15] um ano após a corporação ter sido criada:

> Enquanto o investimento público em energia, transporte e outros serviços suportados pelo Banco abriram oportunidades para a iniciativa privada, o fluxo de capital privado para aproveitar essas oportunidades foi decepcionantemente pequeno. Foi para aumentar esse fluxo, ajudando a remover e baixar algumas barreiras que o obstruem, que a Corporação Financeira Internacional foi criada. (Garner apud Haralz, 1997, p.806).

Essa posição se sustenta na ideia de que a empresa privada carrega o *habitus* empreendedor/inovador, sendo, portanto, quem melhor auxilia o processo de avanço das forças produtivas, de melhor organização e combinação do trabalho e capital, o que, em última instância, possibilita o aumento da riqueza e do bem-estar. A CFI teria mais agilidade que o Bird nessa tarefa, já que seus financiamentos e suas participações não necessitariam de garantias governamentais. A CFI deveria ser um instrumento ágil de expansão das atividades privadas e do espírito empreendedor; portanto, dos usos e costumes do capitalismo. Mais ainda, como catalisador de investimentos, a corporação contribuiria para o aumento dos fluxos internacionais de capital.

A proposta de criação da entidade (Haralz, op. cit.) apareceria em um relatório do International Development Advisory Board, chefiado por Nelson Rockefeller, apresentado em 1951 ao presidente Henry Truman. O relatório intitulado "Partness in progress", propunha também a criação da International Development Association. A criação das agências contava com a simpatia e o engajamento do Departamento de Estado dos Estados Unidos e com a oposição do Tesouro, Federal Reserve e Eximbank.

---

[15] A declaração foi feita em 1955, quando Garner era vice-presidente do GBM. Posteriormente, ele assumiria a vice-presidência da CFI.

Uma hipótese para o conflito de opiniões está nas preocupações e prioridades dessas esferas de poder do governo dos Estados Unidos. Para os oposicionistas, a criação dessas agências representava custos adicionais ao contribuinte norte-americano. Além disso, havia certa resistência na criação de uma instituição pública, no caso, a CFI, que passasse a se intrometer em assuntos típicos da esfera privada. Por essa linha de raciocínio, o mercado seria o juiz dos negócios, alocando muito bem os fatores. Por outro lado, o Departamento de Estado considerava questões geoestratégicas e a CFI poderia contribuir muito para a expansão dos valores ocidentais da livre empresa e da *democracia*.

Além dessa resistência, a corporação não contava com grande apoio dos países periféricos, mais atraídos por esquemas públicos de financiamento, como o Plano Marshall. Mesmo nesse cenário, em 1954, o governo Eisenhower daria sinal verde ao projeto de criação da CFI.

O fato de a entidade estar ligada ao GBM facilitava sua criação, pois havia o argumento de que isso diminuiria os custos, uma vez que haveria a possibilidade de compartilhar experiência, quadro operacional e a credibilidade já conquistada pelo Bird.

A criação da entidade não seria o bastante para que, de imediato, ela adquirisse meios de desenvolver seus objetivos. Estava claro, por exemplo, que uma de suas atribuições deveria ser o incentivo ao fluxo de capital externo, ou seja, facilitar os processos de internacionalização financeira e produtiva. Um dos obstáculos encontrados foi o baixo volume de capital próprio (U$ 100 milhões) para a alavancagem de negócios que pressupunham um aporte de capital bem mais significativo.

No final da década de 1950, até meados de 1970, o mundo assistiria a um amplo processo de internacionalização produtiva, com o avanço da empresas multinacionais, inicialmente as norte-americanas e depois as europeias e japonesas. Porém, essas empresas se caracterizavam por largas escalas internas e esquemas de financiamento que fugiam às possibilidades financeiras da corporação. Assim, os anos entre 1956-1969 são marcados por desapontamento com a instituição. Também deveria ficar claro que a entidade teria de lidar com empresas estatais e governos – enfim, com a esfera pública –, para expandir suas operações, já que em muitos países o capital privado ainda era incipiente e as tarefas do desenvolvimento passavam pela forte atuação do Estado como empreendedor.

De início, a CFI tinha uma série de restrições à participação em negócios em que houvesse o controle do Estado, mas se de fato quisesse atuar como uma entidade com a função de contribuir para a expansão das relações capitalistas, certa flexibilidade deveria ser aceita. Por último, cabe relembrar que o período de vigência de Bretton Woods, que corresponde ao que chamamos de *embedded liberalism*, impunha restrições ao livre movimento do capital, principalmente sob a forma dinheiro.

Entre 1956-1961, foram aprovados 45 projetos em dezoito países, sendo grande parte destinada à América Latina. Essa concentração se associou ao fato de (1) boa parte da África estar vivendo processos das guerras de independência e (2) a Ásia se encontrar sob uma sorte de conflitos enquanto os mecanismos de financiamento e a estratégia norte-americana para a região passavam por outros caminhos que não os de mercado, mais bem representados pela CFI. Esse quadro seria substancialmente alterado nas décadas seguintes.

Diante dessas dificuldades iniciais, em 1960, um memorando de Robert Garner aponta três caminhos para a corporação superar os entraves:

> [...] investimentos em companhias financeiras de desenvolvimento (...), que têm sido ativamente considerados na América Latina; a preparação e a promoção de novas iniciativas, principalmente na África e no Sudeste Asiático, e, finalmente, influenciar os governos para a melhoria das condições de negócio. (Haralz, op. cit.)

Em 1961, os artigos foram emendados, e a política institucional apontou na direção proposta. Ainda assim as dificuldades em função da baixa disponibilidade de capital continuavam; entretanto, algumas soluções eram apontadas, como o aumento do capital próprio, que dependeria de uma série de negociações e aprovação do Congresso americano,[16] a captação de recursos

---

[16] Como os Estados Unidos são o maior acionista e sua política externa passa necessariamente pela aprovação do Congresso norte-americano, qualquer aumento de capital nas instituições do GBM acaba esbarrando na dinâmica política interna da potência hegemônica.

no mercado financeiro internacional ou, então, o aporte de recursos do Bird.

Nas condições da época, optou-se pela última alternativa, o que, de certo modo, seria interessante para o Bird – uma vez que as ações da CFI não exigiam garantias governamentais, ampliava-se o raio de manobra do GBM, impulsionando a política *industrializante* levada a cabo pelo organismo. Por um lado, o GBM proveria créditos para obras de infraestrutura para a industrialização, enquanto a CFI poderia agir diretamente nos financiamentos de projetos de plantas industrias.

Os anos 1970 foram marcados pela tentativa de dar à organização instrumentos mais eficazes de expansão de suas atividades, e por esse contexto podemos entender as duas reformas ocorridas no período, a de 1961 e a de 1964.

A concentração setorial dos projetos de financiamento do período segue os seguintes ramos: ferro, aço, metais não ferrosos, madeira, pasta de celulose e papel, materiais de construção, fertilizantes e a promoção de bancos de investimentos. Está clara a ligação entre esses setores e o avanço das relações fordistas que caracterizou a economia mundial no período de Bretton Woods. Na semiperiferia capitalista, essa expansão correspondia aos processos de internalização dos setores de bens de capital e intermediário, à constituição de um parque industrial de produtos de consumo duráveis, à estruturação de mecanismos de financiamento e à modernização da agricultura, que se processava sob o impulso da Revolução Verde.

A chegada de McNamara à presidência do GBM leva a instituição para um novo rumo, fazendo da década de 1970 um período de mudanças na política institucional. A ideia de empresa pública *versus* empresa privada, tão cara nos anos iniciais da CFI, cede espaço a uma perspectiva mais ampla de desenvolvimento, na qual essa dicotomia deve ser posta de lado. O que importa, a partir dessa nova direção, são as externalidades geradas pelos empreendimentos, não importando muito se um empreendimento tem ou não participação do Estado, tampouco se a taxa de retorno é compatível com as de mercado. "O novo presidente via as coisas diferentemente, [...] e os tempos tinham mudado. Economias mistas tinham se tornado a ordem do dia" (Ibid, p.833).

Em 1969, o GBM faz uma revisão de sua Política Industrial, sob consultoria de William S. Gaud (antigo administrador da United States Agency for International Development – Usaid) e Richard Demuth. Ao mesmo tempo, chega ao GBM o famoso Relatório Pearson, no qual se vê claramente a nova orientação que deveria a CFI deveria assumir: "Diferentemente das companhias de investimento convencionais que são primariamente interessadas no lucro, o interesse primário da Corporação Financeira Internacional é o desenvolvimento" (Ibid., p.836).

Apesar de o relatório dar grande ênfase ao papel do investimento privado como alicerce do desenvolvimento e particular atenção ao capital externo direto, era subjacente uma crítica à atuação da CFI. A instituição deveria dar mais atenção às políticas governamentais e aos programas de desenvolvimento, tentando criar uma sinergia entre estes e os financiamentos da corporação. Sob esse aspecto, critérios outros, que não meramente os cálculos da lucratividade do investimento, deveriam ser levados em consideração. Os critérios deveriam estar relacionados ao aumento da renda nacional, à promoção das receitas cambiais, ao aumento do emprego, à melhoria da qualificação gerencial e do trabalho, ao aumento da produtividade, ao aumento do suprimento de bens e serviços essenciais e à aquisição de conhecimento científico e tecnológico.

Outra característica das mudanças ocorridas na CFI durante o início dos anos 1970 foi o aumento dos empréstimos diretos. Além das participações acionárias, a corporação passa a financiar os projetos diretamente. Um dos fatores que contribuiu para essa mudança foi a expansão da liquidez internacional provocada pela criação do euromercado de divisas e a avalanche de petrodólares depois da primeira crise do petróleo (em 1973).

É importante destacar que as alterações na dinâmica do sistema financeiro internacional e no regime de acumulação têm uma influência direta na estratégia da entidade. Esse é o momento em que se assiste ao *boom* dos empréstimos dos bancos comerciais privados e à formação do grande endividamento da periferia capitalista. No plano do regime de acumulação, dois fenômenos simultâneos estão latentes: a crise do regime fordista e o processo de internacionalização financeira da periferia capitalista.

No caminho da superação entre a dicotomia empresa pública *versus* empresa privada, aparece a discussão a respeito dos investimentos internos (nacionais) e externos. Também nesse aspecto, o período McNamara traz novidades. A CFI é orientada a buscar maior participação dos capitais domésticos em seus empreendimentos, como reflexo de uma preocupação nos países periféricos em relação ao aumento do grau de dependência em relação ao capital externo. Apesar de todo o sistema de Bretton Woods estar ruindo e de os países centrais caminharem para uma nova perspectiva de gestão da política econômica, a década de 1970 assiste à entrada de novos atores em cena: os países africanos libertos do colonialismo e os países asiáticos em recente processo de industrialização. Ao mesmo tempo, os processos de substituição de importações estavam em pleno curso, o que ajuda a explicar a tomada de decisão, por parte da instituição, de uma postura mais flexível com relação aos investimentos estatais.

Da perspectiva deste livro, só podemos entender as mudanças e as orientações políticas do GBM no contexto das transformações do regime de acumulação na economia mundial e na dinâmica política do sistema de estados. Assim, os aspectos geopolíticos têm um peso relativamente elevado na tomada de decisão das Instituições Financeiras Multilaterais (IFMs).

Há uma combinação de coerção e consenso na política da potência hegemônica. Haralz (1997), que serve em grande medida como fonte de informação para o que estamos desenvolvendo, explicita a preocupação da CFI, por exemplo, com o caso da Iugoslávia. Único país de orientação socialista a fazer parte do GBM naquela época, a Iugoslávia colocava em cheque qualquer política discricionária com relação ao financiamento de empresas com forte participação estatal. Não se trata de lidar com um país em que se desenvolviam processos de substituição de importações com a presença ativa do Estado, mas sim de um país onde a economia era majoritariamente estatal, ou mista. Portanto, caso a CFI e o GBM desejassem manter algum poder de influência na região, seria preciso levar esses aspectos em consideração.

O mesmo pode ser aplicado ao contexto africano, palco de disputas entre a União Soviética e os Estados Unidos em políticas de avanço da influência na periferia da economia mundial.

Caso fossem utilizados critérios muito restritos de concessão de financiamentos, destinando-se recursos apenas a empresas privadas, a CFI e o GBM, de modo mais amplo, perderiam grande oportunidade de os valores ocidentais da empresa privada e da *democracia* levar ao resto do mundo. Dadas as características do regime de acumulação e do sistema de estados nesse período, poderíamos sintetizar o quadro das mudanças ocorridas na orientação da CFI a partir de alguns condicionantes: (1) a existência generalizada de estratégias desenvolvimentistas nos países periféricos (cabe lembrar que mesmo o comércio mundial tinha forte regulação das políticas domésticas); (2) muitos países (no continente africano, por exemplo) necessitavam do Estado como fonte primitiva de recursos para formações sociais capitalistas incipientes; (3) em muitos países sequer existiam (como ainda hoje inexistem) hábitos mínimos do *ethos* capitalista, cabendo à CFI conjugar esforços com os governos locais para o desenvolvimento do marco regulatório fundado na propriedade privada; e (4) com a Guerra Fria, parte da estratégia da CFI estava subordinada à política externa da potência hegemônica.

No plano da estratégia de financiamento, desenvolveu-se a ideia de que a corporação deveria fazer um mix de investimentos lucrativos e subsidiados. Os primeiros permitiriam garantir a ampliação das ações em áreas nas quais a taxa de retorno fosse inferior às de mercado, porém cujas externalidades resultassem em uma melhoria das condições de bem-estar.

Durante os anos 1970, diminuem as participações acionárias no portfólio da CFI, que haviam aumentado sobremaneira após as reformas da década de 1960, e aumentam os empréstimos/ financiamentos. Verifica-se também maior diversificação setorial e geográfica de suas ações. A maioria dos investimentos foi direcionada a setores de bens de capital e intermediários (cerca de 63% do total durante o período de 1970-1979). Os maiores receptores de recursos foram: Brasil, Turquia, México, Filipinas, Iugoslávia, Argentina e Índia. Em um apanhado geral, a região de maior concentração dos investimentos da CFI durante seu tempo de vida foi a América Latina – cerca de 40% do total (ibid.).

Ao final dos anos 1970, uma série de transformações na economia mundial novamente impacta as estratégias da CFI.

O processo de crise do endividamento na periferia capitalista, em particular na América Latina, o movimento a favor da liberalização dos mercados e a chegada de governos conservadores na Inglaterra e nos Estados Unidos coincidem com a saída de McNamara da presidência do GBM.

A crise econômica afeta a carteira de investimentos da corporação e contrai o volume de negócios. Como a Ásia é a região menos afetada, parte dos investimentos da CFI migram da América Latina para a região.

A partir de meados dos anos 1980, cresce o interesse em captar recursos diretamente do mercado. Essa aproximação com o mercado se deve às transformações no sistema financeiro internacional, com o avanço das finanças especulativas e o aumento da liquidez no rastro da expansão dos fundos de pensão e de investimento, em busca de aplicações rentáveis nos chamados *mercados emergentes*.

Entretanto, ao se aproximar do mercado financeiro, a CFI tem de cumprir com as exigências das instituições de classificação de risco (*rating*), que vão além de aspectos meramente econômicos e consideram as orientações gerais das políticas públicas internas dos governos receptores de recursos. Dito de outra forma, para as agências de classificação de risco, há uma série de preceitos para os quais um país deve estar capacitado caso queira receber recursos externos: políticas fiscais *responsáveis*; política monetária restritiva; ação ativa pró-mercado (privatizações, desregulamentações etc.).

Dado o perfil dos blocos de poder que compõem os governos dos principais países centrais nesse período, a aproximação da instituição com as regras de mercado permite instrumentalizá-la como mais um integrante pró-hegemon na dinâmica das relações interestatais. No caso da CFI, isso não era difícil de acontecer, já que representava uma espécie de retorno às origens, cujo desvio teria ocorrido na gestão de McNamara.

Logo essa *nova orientação* apareceria nos documentos da CFI. Em 1987, ocorre uma revisão do plano quinquenal da instituição e o papel do mercado como instrumento legítimo para a conquista do desenvolvimento é reafirmado. No plano da política de investimentos da CFI, isso implicava a ressurreição da dicotomia empresa pública *versus* empresa privada. Ao perseguir investimentos lucrativos, o organismo estaria apostando no mercado como "justiceiro ótimo", ao mesmo tempo em que garantiria sua saúde financeira. É bom lembrar que o período se caracteriza pela crítica generalizada ao Estado. Os programas de substituição de importações na periferia perdem fôlego e, como consequência, se espalha a crise da dívida externa, a crise fiscal do Estado. Portanto, há um déficit de legitimidade na ação estatal.

Também na estratégia de financiamento podemos verificar mudanças sensíveis. Ganham espaço os setores de mercado de capitais e os serviços financeiros, de energia e de infraestrutura. "O remarcável progresso dos investimentos dos setor financeiro resultaram obviamente em parte da tendência mundial em direção à liberalização dos movimentos e da reforma do setor financeiro" (ibid, p.884).

Isso mostra a participação ativa da CFI na estratégia de liberalização e desregulamentação dos mercados empreendida pelos Estados Unidos. As áreas de energia e infraestrutura também representam espaços de valorização do capital em função dos programas de privatização e liberalização dos serviços essenciais, que tomam corpo a partir da segunda metade dos anos 1980.

Toda essa alteração de rumos enfrentada pela CFI é apenas um aspecto do reordenamento geral ocorrido no GBM, o qual trataremos com mais detalhe ao longo deste livro. A relação entre a CFI e o Bird, durante o período, precisou ser retrabalhada, pois havia a necessidade de delimitar os espaços de atuação, já que as novas áreas de investimento abertas para a CFI também faziam parte dos programas de ajustamento estrutural do GBM. A divisão de trabalho ficou assim definida:

> De acordo com as orientações, a força do Banco para suportar o desenvolvimento do setor privado estava no campo macroeconômico, nas políticas setoriais e na conformação do ambiente institucional, incluindo o plano de trabalho para a privatização, bem como no financiamento social e da infraestrutura física. A força da CFI repousava na transação direta com o setor privado [...]. (Ibid., p.891)

De certo modo, a história da CFI dentro do GBM parece defini-la como o arquétipo da organização interna em que o setor privado vê suas aspirações mais amparadas. Vejamos, então, o outro lado deste processo: a AID, que representa o outro lado da moeda, ou seja, a instituição incumbida de prestar assistência aos países mais pobres do GBM.

As considerações iniciais do acordo de fundação da AID tratam da necessidade de maior cooperação entre os países para que sejam mantidas a paz e a prosperidade. Cabe destacar que a busca por melhores níveis de vida nos países menos desenvolvidos é do interesse não somente destes, mas também da comunidade internacional como um todo.

O vetor principal para atingir os objetivos de melhoria dos padrões de vida deve ser o incremento do fluxo público e privado de capital. A ideia geral que sustenta as ações da AID é a mesma que norteia o Bird, ou seja, o desenvolvimento é uma função da criação de riqueza, a qual depende do incremento do capital e dos níveis de produtividade. Apesar dessa sintonia em relação à linha geral do GBM, é importante salientar que, no caso da AID, o fluxo público de recursos ocupa um lugar de maior importância, uma vez que ela trata de prover recursos para países que, muitas vezes, com o elevado grau de pobreza, não têm condições de cumprir com os compromissos exigidos pelo mercado e, portanto, não atraem investidores privados.

Com essa consideração podemos começar a delinear as especificidades do organismo. Como descrito no Artigo V, na Seção 1 do acordo, os países elegíveis para captação de recursos são aqueles com menor grau de desenvolvimento no sistema de Estados: "a associação deve prover financiamento para alavancar o desenvolvimento nas áreas menos desenvolvidas do mundo, inclusive nas dos países membros da associação (Acordo de criação do GBM).

Caso algum desses países tenha acesso às fontes de financiamento do mercado, ou do próprio Bird, não há a necessidade de prover-lhes recursos por intermédio da AID. É certo que esse critério deve ser ponderado, pois, como verificaremos, ao longo do tempo alguns países puderam captar recursos tanto do BIRD quanto da AID, inserindo-se na categoria que o GBM designa *blend countries*.[17]

---

[17] Países que são caracterizados tanto por conter critérios elegíveis para o Bird quanto para a AID.

À diferença do Bird, a AID provê recursos facilitados, tanto no que se refere ao prazo de resgate das obrigações quanto ao custo envolvido na transação. Seu surgimento está vinculado à ideia de que o GBM, ao lidar com o desenvolvimento, encontrava obstáculos para atender países com grau de pobreza muito elevado, o que restringia muito a extensão de suas ações.

No final dos anos 1940, surge a proposta de criação de uma agência sob os auspícios do Economic and Social Council of the United Nations (Kapur; Lewis; Webb, op. cit). Isso gera certa apreensão por parte do GBM, pois poderia diminuir seu grau de influência junto aos países em desenvolvimento. Como já exposto, apesar das tentativas de cooperação entre o GBM e a Organização das Nações Unidas (ONU), o grupo sempre teve a ONU como concorrente. Essa questão traz novamente à tona a problemática relacionada à cartografia das organizações internacionais e as relações de poder subjacentes à hierarquia do sistema de estados. Diante da possibilidade de criação de uma agência que fugisse ao poder de influência do Bird, a ideia de criação da AID começou a ganhar força pelo fato de a ONU ser muito mais plural e permeável à influência do conjunto das nações. Enquanto na ONU cada Estado representa um voto, no Bird o poder é proporcional ao capital subscrito de cada membro.

A ideia de criação de uma agência para lidar com os países pobres era de suma importância nas disputas da Guerra Fria. Os Estados Unidos começavam a levar em consideração o deslocamento das disputas com o bloco soviético para a periferia econômica do sistema de estados. À medida que avançava a década de 1950, crescia a insatisfação nas colônias africanas, avançavam os protestos na América Latina e emergiam os conflitos na Ásia (por exemplo a Guerra da Coreia na década de 1950, a chegada dos comunistas chineses ao poder em 1949 e a Guerra no Vietnã a partir dos anos 1960). Tudo isso impunha uma estratégia diferenciada para lidar com o problema periférico.

Mais importante ainda, diferentemente da hegemonia inglesa que se deu sob o avanço do colonialismo no final do século XIX, a hegemonia norte-americana impunha outras formas de dependência que implicavam relações mais sutis de dominação/subordinação, relações estas que passavam pela expansão das empresas norte-americanas e pela expansão da formação social capitalista. Também é certo que, sob determinadas circunstâncias, a hegemonia norte-americana fez uso da força, deixando de lado os discursos sobre o respeito à soberania dos estados atingidos. Porém, é um traço dessa hegemonia o apoio a um sistema de estado mais abrangente e, em função disso, o governo norte-americano passa a defender a independência das colônias na Ásia e na África, o que não significa apoiar movimentos nacionalistas que pudessem se transformar em uma ponta de lança para os interesses soviéticos. Ao contrário, o importante seria atuar nos processos de descolonização tentando *deter* o avanço soviético e fazendo avançar os interesses das empresas norte-americanas.

A criação da IDA representava uma forma de influenciar esse jogo. Se, de um lado, a hegemonia se dá pela coerção, por outro, em um sentido gramsciano, a persuasão é fundamental. A expansão dos interesses norte-americanos se deu nesse duplo movimento, ao qual está associada uma série de organizações. A criação e manutenção de novos estados deveria contar com o apoio de instituições que facilitassem a internalização do capital nesses espaços, pela garantia de apoio militar e por meio da assistência técnica e financeira para a expansão das relações sociais tipicamente capitalistas.

> Justaposto e circunspectamente encorajado pelo presidente, foi o estabelecimento internacionalista da aliança Ocidente-Estados Unidos de que, no começo dos anos 1950, a Guerra Fria deveria ser traduzida para o campo econômico e jogada nos países em desenvolvimento. Marcadamente anticomunista e pró-desenvolvimento, essa aliança guiou as lideranças dos partidos (democrata e republicano), bem como os líderes das corporações, das associações comerciais e acadêmicas e do mundo jornalístico. O historiador Blanche Wiesen Cook capturou o sabor deste movimento e, em particular, trouxe à luz um de seus momentos mais emblemáticos: uma conferência "privada" para um Plano Econômico Mundial (com as bençãos de Heisenhower) foi convocada por C. D. Jackson da Time-Life Corp., entre 15 e 16 de maio de 1954, para ser realizada em Nova Jersey. Como leitura preparatória, Jackson mandou para os participantes cinco relatórios, incluindo os relatórios de Gray e Rockfeller (...). Os dois líderes da nova e robusta escola de ajuda para estudos do desenvolvimento do Massachussetts Institute of Technology, Max Milikan e Walt Rostow, escreveram o relatório

interino e as deliberações da conferência. Concluiu-se (...) que deveria haver "coordenação ... suficiente escala ... e continuidade" na provisão de recursos para o desenvolvimento. (Ibid., p.1125)

Da parte dos países periféricos, a criação da AID ajudaria a contornar os problemas de elegibilidade junto ao Bird, já que este adotava critérios mais rígidos, mais próximos àqueles exigidos pelas instituições financeiras privadas na concessão de empréstimos. Dois países se destacaram na defesa da criação da associação: Índia e Paquistão.

Nos Estados Unidos, o senador democrata Mide Monroney propõe, em 1958, uma resolução para apreciação do senado a fim de criar a instituição e, em 8 de novembro de 1960, ocorre a operação inaugural.

A AID foi criada com uma divisão entre dois tipos de países, Parte I e II, sendo os primeiros os fornecedores de recursos e os segundos, os tomadores. Diferentemente da IFC, desde o início foi desenhada para ser um órgão sem vínculos diretos com projetos que visassem ao lucro. Projetos relativos a saneamento, suprimento de água e de habitação foram suas prioridades iniciais; além dos projetos de desenvolvimento rural, bastante incentivados durante a gestão de McNamara.

O surgimento da instituição causava preocupações dentro e fora do GBM. "Em 1960 amigos do Bird ainda estavam preocupados com a possibilidade dos objetivos do banco serem associados com a caridade pública" (op.cit., p.1131).

Isso reforça a tese de que Wall Street exerce importante influência nos destinos do GBM. Para Wall Street, instituições com vínculos *sociais* são frágeis diante da pressão do meio político. Somente o mercado é capaz de impingir disciplina e transparência a uma organização. Caso a AID se tornasse refém dos interesses cativos de grupos políticos, todo o GBM teria sua reputação comprometida. Além disso, por ser uma instituição que lidava com recursos dos contribuintes dos países centrais, poderia se converter em mais um duto de ineficiência por meio do qual escoariam recursos escassos, capturados dos esforços de cidadãos que não poderiam exercer um controle direto sobre a aplicação das quantias. Aliás, essa era – e é – uma crítica recorrente de parte dos setores conservadores no congresso norte-americano.

Por outro lado, uma instituição como a AID ampliava a clientela e o campo de atuação do GBM. Se, de um lado, Wall Street e o mercado poderiam levantar suspeitas sobre os possíveis efeitos negativos de uma instituição assim para a imagem do GBM, por outro a associação servia de instrumento para a política externa dos Estados Unidos e de seus aliados nas disputas da Guerra Fria.

Outro aspecto que merece destaque é que, se a AID desenvolvesse um bom trabalho no combate à pobreza, poderia conceder legitimidade ao GBM. Como uma instituição multilateral incumbida de lidar com os problemas relativos ao desenvolvimento, ficava claro que medidas e instrumentos utilizados diretamente no combate à pobreza, se utilizados com eficácia, dariam, à instituição, maior respaldo. Além disso, diminuiria a pressão sobre o Bird, que poderia direcionar suas ações ao financiamento de projetos produtivos em bases mais próximas àquelas exigidas pela comunidade financeira internacional.

Como a AID lida com situações extremas, no que se refere ao grau de desenvolvimento, seu modelo de financiamento é mais brando em termos de exigências e contrapartidas, ao menos comparativamente aos recursos do Bird e do mercado financeiro privado. Isso não significa que, ao adotar um padrão de financiamento *suave* (*soft loan*), ela devesse descuidar dos parâmetros gerais exigidos por uma instituição que se presta à intermediação financeira. A chamada "responsabilidade na gestão dos negócios" (*accountability*) deveria ser preservada, mesmo porque, como salientamos, um desvio de conduta poderia trazer implicações negativas para o GBM.

No mesmo sentido, a concessão de recursos facilitados não implicaria menor poder de influência da associação sobre seus clientes. Se, por um lado, os recursos são facilitados ou as exigências financeiras são mais suaves, por outro, esses países precisam estar de acordo com os parâmetros gerais adotados pelo Banco na execução de seus projetos. Além disso, um país que recorre à AID possui poucos recursos materiais e políticos para resistir às exigências da instituição, excetuando-se os grandes clientes que, por razões geopolíticas, têm um peso maior nas relações do sistema de estado. São os casos, por exemplo, da Índia e da China.

Desde sua fundação, a AID expandiu significativamente seus negócios e os anos da gestão de McNamara foram os mais promissores em termos de alavancagem de recursos para a instituição. O aumento de recursos obedece a um ritual de revisões de três em três anos, os chamados *replenishments* – doze já aconteceram. Os principais países da Parte I, em termos de contribuição, são: Canadá, França, Alemanha, Itália, Japão, Holanda, Suécia, Inglaterra, Estados Unidos e países da Organização dos Países Produtores de Petróleo (Opep).

Na primeira revisão, a liderança em termos de aporte de recursos ficou por conta dos Estados Unidos, com 42,3% do total de recursos, seguido da Inglaterra, com 17,3%. Ao longo dos anos, chama a atenção o crescimento do Japão e da Alemanha, o que coincide com o poder econômico crescente desses países a partir dos anos 1970. Enquanto a Alemanha representava 7% dos recursos no período de 1961-1964, e o Japão, 4,4%, no período de 1991-1993, já alcançavam 11,5% e 20,1%, respectivamente. Nessa época, os Estados Unidos continuavam a ser a principal nação no aporte de recursos, com 21,6%, seguida do Japão e da Alemanha, enquanto a Inglaterra caia de 17,6% para 6,7%, perdendo, inclusive, para a França, caindo da segunda para a quarta posição.

A evolução do aporte de recursos é significativa durante os anos da presidência de McNamara; porém, no fim de seu mandato, os recursos começam a escassear. A saída de McNamara, no final dos anos 1970, ocorre em um período de grandes turbulências e alterações no quadro político internacional: segundo choque do petróleo (1979), Revolução Iraniana (1979), invasão do Afeganistão pela antiga União Soviética (1980), chegada de Reagan e Thatcher ao poder e a elevação da taxa de juros pelo Federal Reserve (1979), desencadeando a crise do endividamento periférico.

A pressão de Reagan para modificar as relações entre os Estados Unidos e as instituições multilaterais logo se faria sentir na resistência do governo norte-americano em desembolsar recursos. Reagan queria que o GBM utilizasse seus instrumentos para aumentar o grau de influência junto aos países periféricos. Nessa perspectiva, os recursos do GBM, aí incluídos os da AID, deveriam estar cada vez mais atrelados às condicionalidades relativas aos programas de ajustamento que começavam a ser colocados em prática naquele momento. Ao mesmo tempo, o governo republicano era mais sensível aos ataques da direita norte-americana quanto ao caráter perdulário dos organismos multilaterais; ou seja, as condicionalidades, o aumento da *influência* ou do poder de pressão do governo norte-americano sobre os países periféricos se tornaram moeda de troca para que o governo Reagan consentisse o aporte de recursos para o GBM.

Em 1980, quando a administração Reagan chegou ao poder, criticou o banco por promover o socialismo e solapar o desenvolvimento capitalista, pressionando o banco para que se alinhasse aos objetivos de política externa do governo dos Estados Unidos. O diretor de orçamento de Reagan declarou sobre o Banco, "não estar sendo rigoroso na utilização de sua influência, quando da alavancagem de seus largos programas de empréstimo, para influenciar os tomadores no redirecionamento de suas economias para uma orientação de mercado." (Willians; Young, 1994, p.89)

Os momentos de elaboração dos replanejamentos sempre representaram um período em que os países da Parte I puderam exercitar seus jogos de influência. Da parte dos Estados Unidos, a pressão, por motivos diferenciados da época de Reagan, também se fez presente durante o governo Carter.

Uma das mais singulares e visíveis pressões dos Estados Unidos ocorreu durante a administração Carter (1977-1981). A insistência da administração para que o Banco adotasse a temática dos direitos humanos como critério de política de empréstimos transbordou inlcuisve para as negociações de replanejamento da AID. A mais infâme intrusão, do ponto de vista dos outros membros, envolveu o Congresso. McNamara, durante uma viagem de avião em 1979, declarou que se ele não tivesse cortado os empréstimos para o Vietnã, na época das negociações de replanejamento com este país, o aporte de US$ 6 bilhões para a AID a ser discutido no Congresso iria ser abortado. Ele aquiesceu e mandou uma carta para o Congresso concordando com a pressão. (Kapur; Lewis; Webb, op. cit., p.1150)

No caso da AID, essas questões são muito sensíveis, pois os recursos da instituição saem dos orçamentos dos estados que compõe a Parte I da associação. Assim, a pressão para que os recursos sejam utilizados em conformidade com os interesses dos governantes tem um apelo maior que no caso de uma instituição que promova projetos lucrativos que geram renda ou captam recursos diretamente do mercado, casos esses próximos do Bird e da CFI.

Nesse aspecto, a definição da política de concessão de empréstimos é reflexo da disputa e da hegemonia resultante do conflito de interesses no interior da Parte I da associação. Devemos agregar a isso o conjunto de pressões que podem ser mobilizadas pelos países que demandam os recursos. Dado que os recursos são escassos e os países com baixa renda são muitos, há determinado grau de disputa para captura dos recursos. Outro problema adicional é que alguns países, como a Índia, são grandes o suficiente para comprometer os recursos disponíveis. Assim, a elaboração dos critérios de concessão de recursos foi um dos objetos mais discutidos durante a história da instituição.

Os critérios gerais para alocação de recursos se referem à insuficiente credibilidade do país para garantir recursos diretamente no mercado. Ao mesmo tempo, ele deve obedecer a alguns critérios que indiquem uma perspectiva de bom desempenho econômico, apresentar projetos dentro dos critérios formais exigidos pela associação e um baixo grau de desenvolvimento, que pode ser auferido pela renda *per capita* e pelo elevado grau de pobreza.

> Performance [...] era para ser verificada em termos de macro indicadores, incluindo-se taxas de poupança e crescimento, mas também em termos de qualidade do governo e da gestão econômica, bem como da velocidade e direção da mudança. (Ibid., p.1152)

Definir aspectos quantitativos não é uma tarefa de dificuldade equivalente a definir os aspectos qualitativos, nos quais parecem se inserir muitos itens que foram incorporados nas avaliações da associação a partir da década de 1980. Em 1989, para dar mais detalhamento dos critérios adotados, a AID dividiu a avaliação sobre desempenho em três níveis: alto, moderado e baixo. A qualificação deveria ser atribuída em três categorias: (1) gestão econômica de curto prazo (principalmente da demanda); (2) gestão econômica de longo prazo (reestruturação da oferta); e (3) alívio da pobreza (esforços na área social e reformas que promovam a eliminação das distorções do mercado de trabalho e dos termos de troca rural-urbano).

Desde 1998, a associação promove um trabalho de avaliação que recebe o nome Country Policy and Institutional Assessment (CPIA). De acordo com publicação da AID (World Bank, 2000), os critérios são desenvolvidos do seguinte modo, ou seja, obedecendo aos seguintes critérios de avaliação: (1) gestão econômica; (2) políticas estruturais; (3) políticas para inclusão social e equidade; e (4) gestão do setor público e instituições. Tais critérios são desagregados, como vemos no Quadro 1.5.1.

Quadro 1.5.1: Avaliação de desempenho de um país (AID)

1) Gestão econômica Gestão da inflação e da conta corrente. Política fiscal. Gestão da dívida externa. Gestão e sustentabilidade do programa de desenvolvimento.
2) Políticas estruturais Política comercial e regime de câmbio. Estabilidade financeira e profundidade. Eficiência do setor bancário e mobilização de recursos. Ambiente de competitividade para o setor privado. Mercados de fatores e produtos. Políticas e instituições para sustentabilidade ambiental.
3) Políticas para a inclusão social e equidade Igualdade de oportunidade econômica. Igualdade de uso dos recursos públicos. Desenvolvimento de recursos humanos. Redes de proteção. Análise e monitoramento da pobreza.
4) Gestão do setor público e instituições Direitos de propriedade e regras básicas de governança. Qualidade da gestão financeira e orçamentária. Eficiência na mobilização de receitas. Eficiência dos gastos públicos. Transparência, *accountability* e corrupção no setor público.

Fonte: Ibid.

O segundo item apresentado no Quadro 1.5.1 pode ser caracterizado como pertencente às prioridades políticas do GBM a partir da década de 1980, quando o governo Reagan exige, de forma mais contundente, uma resposta das instituições multilaterais ao problema do endividamento e passa a pressionar a instituição para que ela aumente o grau de influência de suas ações junto aos programas de desenvolvimento da periferia do sistema. As políticas de ajustamento estrutural, objeto de um escrutínio mais rigoroso ao longo deste livro, surgiram no final da gestão McNamara, mas ganharam contorno e relevo ao longo dos anos 1980 em uma ligação direta com a ascensão das ideias liberais na agenda internacional.

Já o terceiro e segundo itens podem ser incluídos no que se convencionou chamar de "agenda das reformas de segunda geração", que aparecem a partir da segunda metade dos anos 1980, começo dos anos 1990.

Nas reformas de segunda geração, a temática da governança ganha destaque. Disso podemos inferir que, com a experiência do GBM, cresceu a compreensão de que apenas recursos não bastavam para garantir a eficiência dos projetos. Mais que isso, era importante que o ambiente institucional, o marco regulatório e a internalização de práticas societárias características dos países centrais fossem levadas a cabo nos países mais pobres. Essas práticas, traduzidas em um ambiente institucional favorável, garantiriam a governança, a partir da qual os agentes se sentiriam seguros para desenvolver seus negócios.

A AID define governança (Ibid.) em quatro itens: *accountability*, transparência, papel do marco regulatório e participação. O primeiro diz respeito à imputação de responsabilidades ao serviço público, ou seja, os agentes públicos devem se sentir responsáveis por seus atos, mediante critérios legais claramente definidos. Isso inclui a *responsabilidade* fiscal, por meio de um sistema de contas públicas transparente e sujeito a auditoria externa. Uma política fiscal saudável pressupõe transparência na tomada de decisões e deve ter como prioridade programas sociais produtivos, como serviços básicos de saúde e educação primária, em detrimento de gastos improdutivos, como despesas militares, que não contribuem para a melhoria da qualidade de vida dos mais pobres nem para o desenvolvimento.

Já a transparência está associada ao modo como o agente público toma decisões, bem como ao fornecimento de informações por parte do Estado de modo que não sejam ocultados dados sobre as condições econômicas e de mercado. Um sistema de gestão transparente gera *confiança* nos mercados e reduz a corrupção e o desperdício.

Na base da transparência e da *accountability*, está um sistema de leis justo, previsível e estável que garanta o cumprimento dos contratos e que dê garantias ao regime de propriedade da livre empresa. A *estabilidade* é condição inalienável do bom andamento dos negócios.

Por último, destaca-se a participação. A boa governança depende da participação da sociedade civil na elaboração e execução dos projetos e programas. A participação é uma forma de *controle* público sobre a ação estatal, o que aumenta a *eficiência* e a *transparência* dos processos. Em última instância, garante a *legitimidade* da ação coletiva.

Poderíamos resumir a governança com um esquema, como o apresentado no Quadro 1.5.2.

Quadro 1.5.2: Tipificação do esquema da governança

```
              Marco regulatório
                     ↓
                Estabilidade
                     ↓
      Garantia do regime de propriedade
                     ↓
   Accountability (reponsabilidade pública)
                     ↓
                Transparência
                     ↓
  Confiança do mercado ↔ participação da sociedade
                     ↓
                Legitimidade
                     ↓
                 Governança
```

Colocamos o marco regulatório no topo do esquema, mas representando a base por sobre a qual se ergue a governança. É evidente que há um consenso subjacente à política empreendida pela associação, ou seja, a supremacia do regime de propriedade privada e suas relações sociais características sobre outras formações sociais. Esse é um dado básico para entender as ações da AID, como de todo o GBM. Não é por acaso que a temática da governança surja a partir das experiências que o GBM trava com projetos postos em prática na África e nos países em transição (antigos países socialistas). É justamente nessas regiões onde a contradição entre a natureza dos projetos do GBM e a existência de formações sociais com características diferenciadas do regime de propriedade privada, tal qual se conhece na maioria dos países da economia mundial, fica mais clara.

A tentativa de desenvolver projetos em áreas onde o ambiente institucional característico da livre empresa era incipiente se mostrou, em muitos casos, frustrante. Como a AID se relaciona com países em que contrastes de renda expressam heterogeneidades estruturais significativas, era de se supor que a questão das instituições logo fizesse parte de suas preocupações. É importante salientar, porém, que a resposta para as especificidades das regiões pobres recebe um tratamento homogêneo por parte da associação, cuja base se expressa em um consenso liberal de universalização das práticas societárias do capitalismo hegemônico. O importante é, portanto, transplantar as instituições e o *ethos* capitalista para regiões pobres e, mais ainda, determinado *ethos* capitalista, aquele que ganhou força a partir da ascensão do liberalismo na década de 1980.

A avaliação do país feita pela associação lhe permite definir as condicionalidades que devem fazer parte dos programas de assistência. Além dos aspectos gerais que acabamos de explicitar, outros elementos são levados em consideração para definir se um país é ou não elegível a fazer parte de sua clientela, e entre eles se destaca a análise da renda *per capita*, critério que desde a fundação da AID foi definido como prioritário para o destino dos recursos.

Em 2001, a AID contava com 78 países classificados como elegíveis para a tomada de recursos, divididos segundo a seguinte distribuição regional: América Latina (9), África (39), Sul asiático (8),

Leste asiático e Pacífico (11), Europa e Ásia centrais (9) e Oriente Médio e Norte da África (2). Na América Latina, os países são os seguintes: Bolívia, Guiana, Haiti, Honduras, Dominica, Granada, Santa Lucia, San Vicente e Nicarágua.

Todos esses países apresentam renda *per capita* inferior a U$S 885, muito embora alguns países com renda superior possam tomar recursos da instituição, principalmente países muito pequenos que sem condições de acessar os recursos diretamente do mercado.

Entre os países que podem tomar recursos da AID, alguns são considerados *blend countries*, entre os quais citamos Indonésia, Índia, Paquistão, Nigéria, Zimbábue, Azerbaijão e Bósnia e Herzegovina.

O critério da renda *per capita* permite uma definição bastante objetiva a respeito dos países, mas isso não elimina problemas quanto à distribuição dos recursos. Alguns países têm um contingente populacional expressivo, principalmente Índia e China, e sozinhos podem comprometer os recursos da instituição. Por outro lado, eles têm um papel político significativo na definição das estratégias internacionais dos países centrais, e esse aspecto está relacionado à própria existência da AID, o que permite inferir que a política de distribuição dos recursos depende, muitas vezes, do ambiente político do sistema de estados.

Como podemos verificar, tanto a AID quanto o Bird e a CFI têm papéis específicos na atuação do GBM e representam uma resposta, cada qual a seu modo, ao momento político internacional e à relação dos acontecimentos internacionais com a estratégia hegemônica dos Estados Unidos no pós-Guerra. No capítulo seguinte, daremos maior destaque à agenda do desenvolvimento ao longo da história do GBM, em especial às décadas de 1980 e 1990, a partir das quais analisaremos os programas de ajustamento estrutural, que aparecem como objeto principal deste livro.

2
AS AGENDAS
DO GBM PARA
O DESENVOLVIMENTO

O objetivo que perseguiremos neste capítulo é descrever as prioridades do GBM com relação à temática do desenvolvimento e, para isso, trataremos dos projetos, dos setores privilegiados em cada período, bem como dos temas que marcaram os últimos 55 anos de funcionamento da instituição. Assim, estaremos atentos às mudanças de prioridades, relacionando-as à dinâmica do sistema de estados sob seus aspectos político e econômico. Muito embora pudéssemos falar sobre uma "agenda para o desenvolvimento", dado o caráter estrutural do GBM nas relações de interesse entre os estados (ou seja, em sua relação de suporte e intermediação do hegemon e, por conseguinte, sua defesa da livre empresa e do mercado), buscamos destacar aqui os aspectos dinâmicos, a mudança interpretativa apresentada nos documentos e nas ações da organização. É por isso que usamos a expressão no plural, "as agendas para o desenvolvimento".

Chamamos a atenção para o fato de tratarmos especificamente do desenvolvimento, enquanto relação entre o GBM e os estados soberanos, dedicando atenção prioritária ao Bird e à IDA, uma vez que são essas as organizações com função de intermediar empréstimos com aval dos governos nacionais. Essa opção não deve ofuscar a estratégia global de ação do GBM em suas relações com os países periféricos e semiperiféricos, como demonstramos no Capítulo 1, "O Grupo Banco Mundial".

Na macropolítica do GBM, outros organismos, em especial a CFI, cumprem papel relevante. A diferença está em detectar que, ao tratar da questão do desenvolvimento *strictu sensu*, privilegiamos as relações interestatais e a ação governamental, posto que é nesse *locus* que se desenvolvem as políticas estratégicas. Portanto, é nele que a demanda das corporações e, em um sentido mais geral, as do mercado, são transformadas, ou não, em produtos de barganha e pressão.

Um modo de estudar o movimento da instituição seria dividir os períodos de acordo com seus presidentes. Isso implica uma primeira apreciação em aceitar que a agenda do GBM esteja condicionada pelas características pessoais do mandatário. Em partes, isso parece se confirmar a partir de algumas observações empíricas. Por outro lado, o GBM é mais que seu presidente, e este não comanda suas ações a partir simplesmente de suas preferências. Sua visão de mundo tem peso importante, mas está condicionada pela vida pregressa, pela origem profissional, pela nacionalidade e pelas relações travadas no exercício do mandato.

Como todos os presidentes são indicados pelos Estados Unidos, a tarefa de análise fica mais fácil. Porém, não devemos perder de vista que o governo norte-americano não foi exercido por um único partido durante estes 55 anos e que a ação estratégica externa do país sofreu alterações de acordo com as mudanças dos jogos interestatais. Supomos, sim, que todos esses elementos são condicionantes da ação do GBM e que, de algum modo, os presidentes da instituição, no que concerne ao conjunto da obra, são produto e, ao mesmo tempo, sujeitos desse processo.

Desde sua fundação, o GBM contou com nove presidentes, como apresentado na Tabela 2.1.

Apesar da hegemonia clara do partido democrata no conjunto das indicações, devemos ressaltar que alguns presidentes do GBM foram indicados por um partido, mas permaneceram no posto em períodos em que o partido no poder era outro. Esses são os casos de McNamara, Preston e continua sendo o de Wolfenson (atual presidente da instituição). Como o mandato do

Economia, poder e influência externa

Tabela 2.1: Presidentes do GBM e presidentes dos Estados Unidos no período da indicação (1946-2005).

Presidente do GBM	Período	Situação profissional antes do exercício	Presidente dos Estados Unidos no período de indicação	Partido do presidente dos Estados Unidos
Meyer	jun.-dez./1946	Banqueiro de investimentos; editor do Washington Post	Truman	Democrata
McCloy	mar./1947-jun./49	Advogado; conselheiro do Chase National Bank	Truman	Democrata
Black	jul./1949-dez./62	Vice-presidente do Chase National Bank (posteriormente Chase Manhattan)	Truman	Democrata
Woods	jan./1963-mar./68	Presidente do First Boston	Kennedy	Democrata
McNamara	abr./1968-jun./81	Presidente da Ford e secretário de defesa dos Estados Unidos	Johnson	Democrata
Clausen	jul./1981-jun./86	Presidente e chefe executivo do Bank of America	Reagan	Republicano
Conable	jul./1986-ago./91	House Bank Committee (Congresso dos Estados Unidos)	Reagan	Republicano
Preston	set./1991-mai./95	Presidente do J. P. Morgan & Co.	Bush	Republicano
Wolfenson	jun./1995-jun./2005	Banqueiro de investimentos (James D. Wolfenson Inc.) e Executive Partner of Salomon Brothers	Clinton	Democrata

Fonte: Mason; Asher (1973) in Kapur; Lewis; Webb (1997).

presidente tem a duração de cinco anos e o do presidente dos Estados Unidos, quatro, é natural que durante um curto período o mandatário permaneça no cargo além do período de governo de quem o indicou.

Dados os argumentos aqui expostos, a duração do mandato de McNamara é a que mais chama atenção. Cabe ainda destacar que todos os presidentes tiveram passagem pelo setor financeiro antes de chegarem ao GBM, com exceção de McNamara. Sua passagem pela instituição, sobrevivendo a mandatos democratas e republicanos, talvez indique que a política externa dos Estados Unidos não tenha sofrido grandes soluções de continuidade durante o período em questão; mais ainda, pode indicar que a proximidade de McNamara com o Departamento de Estado do hegemon, suas relações com as grandes corporações e sua habilidade em fazer valer os interesses do hegemon e do GBM em um momento de intensificação da Guerra Fria lhe conferiam atributos que permitiam fazer parte da linha de frente da política externa norte-americana, mesmo quando o bloco político no governo se alterava.

Analisando retrospectivamente a evolução do GBM, poderíamos dividir as agendas para o desenvolvimento em quatro contextos. O primeiro, de Meyer a Woods, pode ser qualificado como o período de afirmação da *identidade* e *consolidação* da instituição como uma organização de amplitude mundial. O segundo, que se insere na gestão McNamara, seria o período de *expansão* institucional, prevalência do realismo político e maior abertura para experiências desenvolvimentistas na periferia. O terceiro, de Clausen e Conable, é o período da *ruptura* com a política externa do período de Bretton Woods e uma orientação radical para as políticas pró-mercado. Por último, temos o período de *reformulação*, no qual o GBM revê alguns dogmas construídos durante o período da ruptura e busca uma nova orientação dentro de um contexto de grandes incertezas na dinâmica internacional, sem, contudo, voltar à visão prevalecente no período desenvolvimentista da instituição.

A primeira fase foi marcada pela busca da identidade, tanto no que se refere à questão do desenvolvimento quanto nas relações externas do GBM e em sua dinâmica interna. Como o GBM fora concebido mais como uma instituição de intermediação que de ajuda, suas relações com a comunidade financeira internacional deveriam considerar critérios próprios do mundo dos negócios, mais precisamente de Wall Street. A busca pela credibilidade levava em conta a nomeação de dirigentes com vínculos com o sistema financeiro, que tivessem trânsito em Wall Street e pudessem facilitar a captação de recursos.

A Tabela 2.1 mostra a forte influência do mundo financeiro na instituição, observando que a quase totalidade de seus presidentes teve passagem pelo setor. A credibilidade também dependia de práticas que estivessem de acordo com aquelas exigidas pelas empresas de classificação de risco, o que exigia do GBM uma postura semelhante para com seus clientes.

As condicionalidades exigidas para a captação deveriam estar vinculadas às exigências para a concessão de empréstimos por parte do GBM. Além disso, estar de acordo com os hábitos da comunidade financeira internacional, no imediato pós-Guerra, era estar em conformidade com as exigências da comunidade financeira norte-americana, pois com a Europa destruída, Wall Street ditava as regras. Somente mais tarde, e ainda sob forte influência dos bancos norte-americanos, se forma um mercado *off-shore* de divisas (o euromercado).

A busca de identidade esteve também relacionada com a acomodação da arquitetura financeira do regime de Bretton Woods, uma vez que o GBM, que tinha em suas origens a incumbência de prover recursos para a reconstrução dos países atingidos pela Guerra, foi pouco a pouco vendo essa função ser destinada ao Plano Marshall. Isso levou a instituição a uma ação mais efetiva junto aos países periféricos.

Por último, mas não menos importante, restava a constituição do GBM propriamente dito, ou seja, a construção de um organismo com pessoal qualificado, a atribuição de funções na hierarquia interna, a criação de outros organismos, além do Bird, para dar respostas às dificuldades de ação e às demandas externas. Enfim, foi um período em que se construiu a identidade do GBM e este se consolidou na dinâmica das relações econômicas internacionais.

Nessa fase inicial, o mandato mais longo (treze anos) e mais impressivo foi o de Eugene Black, no qual o GBM faz os arranjos institucionais internos e externos que permitem afirmar sua identidade e criar as bases para sua consolidação e expansão, com dinâmica acelerada na gestão de Woods (1963-1968), sucessor de Black.

Entre 1947-1967, quase no fim da gestão de Woods, o número de países associados ao GBM saltou de 45 para 106, sendo o maior crescimento a partir de 1960, quando esse número subiu de 60 para 106 (Mason; Asher, 1973). Proporcionalmente, as regiões que mais ampliaram a presença na instituição foram

África e Ásia – a primeira aumentou seus participantes de 2 para 34, enquanto a segunda, de 3 para 17. Esse processo guarda relação direta com o fim do período neocolonial e faz do GBM uma instituição realmente mundial, aproximando sua atuação aos países mais pobres.

O número de empréstimos também cresce sensivelmente, principalmente na década de 1960, saindo do total de 21, em 1951, para 31 em 1960, 49 em 1966 e 122 em 1969, primeiro ano da gestão McNamara. A definição da identidade do GBM enquanto agente multilateral para o desenvolvimento, algo que se resolvera com o deslocamento das tarefas de reconstrução para o Plano Marshall, bem como a credibilidade adquirida junto ao setor financeiro são os elementos que garantem tal expansão.

Também nesse período, em função das crescentes demandas pelos serviços do GBM, ocorre uma sensível expansão do quadro operacional (Bird/IDA), que, em 1951, contava com 159 empregados e, em 1969, já somava 917, havendo crescente participação de contratados oriundos dos países menos desenvolvidos. Em 1951, cerca de 71% dos contratados eram de norte-americanos e ingleses, enquanto, em 1969, esse número cai para 42% (Ibid.).

É importante ressaltar que boa parte do quadro operacional é dominada por economistas, treinados em universidades dos Estados Unidos e da Inglaterra, cuja formação irá marcar fortemente a visão do GBM sobre o desenvolvimento:

> Os economistas que moldaram fortemente as operações do Banco bem como suas pesquisas, vieram de um número grande de países. Em grande medida, contudo, eles foram o produto de cursos de pós-graduação dos departamentos de economia de países de língua inglesa, em especial, de universidades americanas. (Kapur; Lewis; Webb, op. cit., p.4)

Nessa fase inicial, verifica-se a criação do Economic Development Institute (EDI), bem como da CFI e AID, sobre as quais tratamos no Capítulo 1, "O Grupo Banco Mundial". A ideia inicial do EDI era criar um espaço para reflexão e transmissão do conhecimento acumulado pelas práticas cotidianas do GBM em suas experiências com os países periféricos. Por meio da formação de quadros, o instituto poderia suprir uma das principais lacunas na execução dos projetos de desenvolvimento, que era a falta de pessoal qualificado nos países hospedeiros. Além disso, um instituto com tais características poderia aproximar mais o GBM dos meios acadêmicos, em especial dos centros de estudos sobre os problemas do desenvolvimento (Mason; Asher, op. cit.).

O instituto contou inicialmente com o apoio da Fundação Rockefeller e da Fundação Ford. Provavelmente, a aproximação do GBM com essas fundações não foi unicamente no sentido de angariar fundos para o novo projeto, mas para estreitar laços com organismos da sociedade civil que pudessem emprestar respeitabilidade ao novo instituto, ao mesmo tempo em que aumentavam as relações do GBM com atores importantes na formação da opinião pública. O pessoal recrutado para participar dos cursos deveria ter alguma ligação com a execução de atividades relacionadas ao desenvolvimento em seus países de origem, o que ajudava a levar para dentro dos governos a visão do GBM e criava laços de solidariedade entre ele e as elites locais.

> O número de participantes selecionados para um curso é limitado à vinte e cinco. O critério principal é que os escolhidos devem estar envolvidos em seus empregos com assuntos de política econômica ou com a preparação e acompanhamento de projetos, cujos temas estejam relacionados com o curso. O governo, por meio do banco central, escritório de planejamento, ou outra agência de indicação, deve assegurar ao instituto que o candidato terá dedicação exclusiva para o curso; também deve assegurar que o candidato deverá retornar ao seu emprego em posição igual, semelhante ou de nível superior àquela que exercia antes do curso. (Ibid., p.327)

No quadro de professores, há uma parte que dedica tempo integral e outra composta de conferencistas que podem ser do próprio quadro operacional do GBM, como de outras instituições ligadas às pesquisas relacionadas à questão do desenvolvimento.

Como podemos verificar, as primeiras décadas do GBM constituíram um período em que o organismo constrói seu aparato institucional, define sua identidade como instituição multilateral e ganha prestígio junto ao sistema financeiro internacional.

Ao final do período Woods, o mundo passava por algumas transformações importantes: os Estados Unidos viviam um momento de acirramento do conflito no Vietnã; aumentava a pressão sobre o dólar – colocando em cheque o regime monetário de Bretton Woods –; e os conflitos com a União Soviética ganhavam corpo na periferia do sistema de estados – e o GBM se insere nesse contexto de modo bastante claro. A chegada de McNamara à presidência, em abril de 1968, não pode ser vista como mera nomeação rotineira – algo nos sugere que a nomeação do único presidente sem vínculos anteriores com o sistema financeiro representa a entrada em cena de uma nova orientação da política externa norte-americana. Supomos que essa orientação deveria colocar o GBM na disputa que se espalhava mundo afora entre as duas superpotências da época, suposição esta alimentada pelo tom dado ao desenvolvimento durante a longa gestão de McNamara, na qual a oposição entre Estado e mercado é colocada de lado em prol de uma visão mais pragmática (realista) a respeito das relações que deveriam ser construídas com os países periféricos.

McNamara traz consigo para a chefia do departamento econômico Hollis Chenery (renomado economista do desenvolvimento): "O complexo de Chenery sustentava um nível de autoridade intelectual para o Banco que era maior que qualquer período." (Kapur; Lewis; Web, op. cit., p.17). Além disso, cria os "Country Program Papers", relatórios cuja função era oferecer mais detalhes sobre os países elegíveis aos projetos do GBM. Em sua gestão, a pobreza é temática central e ganham relevância projetos de desenvolvimento rural, que trariam para a instituição a necessidade de ampliar suas análises sobre o desenvolvimento para além dos critérios puramente econômicos, levando em consideração aspectos institucionais.

O período de gestão de McNamara é marcado por mudanças importantes no cenário internacional. Nele surgem a crise de Bretton Woods, as crises do petróleo, a mudança do regime monetário internacional e do padrão de financiamento dos países periféricos, bem como a derrota norte-americana no Vietnã e os processos de independência na África.

Ao final da gestão McNamara, tanto a orientação política quanto econômica dos Estados Unidos começam a ser alteradas. No contexto de crise econômica mundial e da perda de influência norte-americana, uma onda liberalizante ganha força com a chegada de Reagan ao poder e com a vitória de Thatcher na Inglaterra. A política norte-americana do dólar forte,[1] levada a cabo no ano de 1979, quando os Estados Unidos aumentam, unilateralmente, a taxa de juros, traz consequências importantes para o conjunto dos países em desenvolvimento, em especial àqueles que haviam contraído passivos com taxas flutuantes durante os anos 1970, incluindo-se boa parte da América Latina.

Daí segue um longo período de escassez de créditos, de falta de liquidez internacional para os países em desenvolvimento, de políticas deflacionistas no centro e na periferia e, o mais importante, de alterações significativas no padrão de financiamento e de desenvolvimento dos países periféricos. Ao final de sua gestão e diante dos problemas que começavam a aparecer em relação ao balanço de pagamentos dos países periféricos, aparecem as primeiras indicações da formulação dos programas de ajustamento estrutural, sob a influência do chefe de operações do GBM, Ernest Stern.

Os programas de ajustamento, com suas condicionalidades alicerçadas em uma abordagem tipicamente neoclássica, seriam a pedra de toque da agenda para o desenvolvimento, que seria colocada em operação pelo GBM, em consonância com os esforços de curto prazo do FMI, durante a década de 1980. Entre 1981 e 1996, todos os presidentes do GBM teriam influência direta da aliança política republicana, caracterizada por uma ofensiva externa de retomada da hegemonia norte-americana e de aperto no relacionamento com os países endividados (entre os quais a crise do México, em 1982, colocou às claras as fragilidades de um modelo substitutivo de importações que implicava uma crescente dependência externa, além de uma série de outros problemas de caráter político na base de sustentação dos regimes que deram suporte a esse padrão de desenvolvimento e que fogem ao escopo desta análise).

A chegada de Clausen, em substituição a McNamara, representa a ruptura com a política externa que privilegiava o pragmatismo, entendido dentro de um contexto de concessões maiores por parte do hegemon para com seus parceiros periféricos, ou seus sócios menores. A nova era, sob o governo Reagan, seria marcada por um *idealismo* externo de caráter liberalizante que pressupunha uma série de ajustes econômicos e institucionais

---

[1] Para uma discussão sobre a retomada da hegemonia norte-americana e a política do dólar forte no início dos anos 1980, ver Tavares (1997).

em conformidade com a onda *globalizante*.[2] Esse idealismo estabelecia um tratamento duro com aqueles que discordassem das receitas ortodoxas, que mais tarde ganhariam uma forma estilizada no chamado *Consenso de Washington*. O idealismo das políticas propostas, no sentido do *fundamentalismo de mercado* é consubstanciado por uma política externa marcadamente realista.

A nova orientação dentro do GBM tem uma marca emblemática com a nomeação de Anne Krueger para o lugar de Chenery:

> Dada a nova onda neoclássica ortodoxa que se estava construindo nas comunidades intelectuais ao redor do Banco, a retirada de Chenery foi especialmente significativa. Clausen escolheu Anne Krueger, uma capaz e inflexível economista neoclássica de comércio; ela substituiu uma larga fração de economistas do *establischment* até conseguir um grupo de pessoas altamente compatíveis consigo. (Ibid., p.22)

Na gestão de Clausen, os aspectos macroeconômicos do cenário internacional – em especial para a periferia latino-americana – apontavam o agravamento da crise da dívida e a adoção de políticas monitoradas pelo FMI e pelo Bird, inaugurando a primeira geração de ajustes estruturais. No plano geral da economia internacional, crescem as pressões liberalizantes, com destaque para a abertura das contas de capital e a desregulamentação financeira.

A política do GBM, de aumento da pressão sobre as economias periféricas, tem continuidade na gestão Conable (1986-1991), com o aprofundamento dos programas de ajuste e sua ampliação em termos de abrangência temática. A adesão à estratégia externa do governo norte-americano teve como pano de fundo maior pressão dos republicanos para reformas nas agências multilaterais.

São notórias as críticas de parte da direita do país quanto ao caráter perdulário das instituições financeiras multilaterais.[3]

---

[2] Para uma análise sobre as transformações na economia mundial e as reformas pró-mercado, ver Velasco e Cruz (fev. 1997). O mesmo autor procura analisar a ambivalência entre *idealismo* e *realismo* nas políticas interna e externa dos países centrais em "Um outro olhar: sobre a análise gramsciana das organizações internacionais" (1998).

[3] Para uma discussão sobre a resistência dos contribuintes em financiar instituições multilaterais e os problemas entre o GBM e os Estados Unidos no início do governo Reagan, ver Caufield (1997).

Essas críticas têm forte apelo popular, levando em consideração os salários pagos ao quadro operacional do GBM e ganham relevância em períodos em que a prosperidade da economia dos países centrais está em baixa. O começo dos anos 1980 e as políticas deflacionistas da época serviam de campo fértil para discursos do gênero. O mecanismo de pressão usual, em circunstâncias como essas, é protelar o desembolso de recursos para as instituições. Esse tipo de pressão acaba exercendo um efeito de adaptação do discurso empregado, no sentido de dar uma resposta ao apelo dos governos que controlam a maior parte dos votos.

Assim como o grau de influência das instituições multilaterais tende a crescer em situações de escassez de liquidez externa junto aos países devedores, também a influência dos governos credores junto às instituições tende a aumentar. São mecanismos similares que funcionam quase como correias de transmissão, partindo dos governos para as instituições e destas para os governos que demandam maior disponibilidade de recursos para cobrir problemas relativos aos balanços de pagamentos.

Paradoxalmente, no rastro dos processos de abertura política, na segunda metade dos anos 1980, alguns países da América Latina, como Argentina, Peru e Brasil, executam, em um sentido desafiador, políticas anti-inflacionárias de corte heterodoxo. Esse paradoxo é, de certo modo, aparente, pois, para considerá-lo real, teríamos de considerar que as políticas macroeconômicas, desenvolvidas pelas entidades soberanas do sistema de estados, são meras execuções das normas prescritas pelo núcleo orgânico do capitalismo. Como isso não confere com a realidade, supomos que se trate de um movimento contraditório de ação e reação, no qual o aumento da pressão por parte do hegemon produz reações contrárias dentro do próprio marco sistêmico e, eventualmente, como elementos de ruptura histórica, movimentos antisistêmicos que podem ascender à condição de dirigentes de suas respectivas sociedades civis.

No caso dos programas heterodoxos, supomos que se tratem do último suspiro do modelo substitutivo de importações. São, de um lado, uma resposta às demandas crescentes de sociedades que vinham sofrendo as consequências da escassez de créditos externos voluntários, em uma situação de sobreendividamento, e dos programas de ajuste que, ao tratarem esses problemas com uma perspectiva de curto prazo, portanto da ótica dos credores ávidos em garantir seus fluxos de pagamentos, acabavam agravando a crise fiscal do Estado e diminuindo o nível de bem-estar dessas sociedades. De outro lado, são tentativas de coalizão de poder em alterar seu grau de influência no jogo das relações internacionais, usando o apoio de suas sociedades civis como anteparo de legitimidade nos processos de negociações externas.

A contrapressão exercida pelas tentativas heterodoxas se não serviu para acabar com os processos inflacionários, ou então para rearticular as forças desenvolvimentistas, ao menos colocou a descoberto que o problema de financiamento externo não era contingencial, mas estrutural. Dessa perspectiva surgem os planos Baker (1985) e Brady (1989), ambos com os nomes dos secretários do tesouro norte-americano dos respectivos períodos.

Na época, os programas de ajuste sofreram uma série de críticas mundo afora; crescem, em especial, as críticas das ONGs nos países centrais em relação ao papel desempenhado pelo GBM, principalmente no que diz respeito aos danos ambientais provocados pelos megaprojetos de infraestrutura financiados pela instituição na periferia e ao caráter negativo, em termos sociais, dos processos de ajuste.

O desastre econômico da África Subsaariana, as baixas taxas de crescimento da América Latina e a ascensão dos tigres asiáticos exigiam do GBM uma resposta. Enquanto o Leste Asiático trilhara um caminho próprio, a presença do GBM na África e na América Latina expunha a instituição a uma comparação que deixava uma indigesta pergunta no ar: seria o GBM um agente do desenvolvimento ou uma instituição que tratava de assegurar os interesses do núcleo orgânico, a despeito de que tais interesses, muitas vezes, fossem consubstanciados na execução de programas que representavam crescentes sacrifícios para as populações dos países tomadores dos empréstimos condicionados? Essa dúvida estava, de certo modo, presente na própria instituição, como atesta a pressão do Japão, já o segundo maior acionista, para que o GBM realizasse um estudo sobre as especificidades do desenvolvimento asiático,[4] deixando clara sua discordância

---

[4] Esse assunto é tratado em detalhe em Wade (1996).

quanto aos processos de ajuste de corte neoclássico que ganharam força com a presença de Anne Krueger.

O estudo foi feito, mas as conclusões conseguiram enquadrar a realidade aos supostos teóricos que o orientaram. Assim, a Ásia, na perspectiva no GBM, era um exemplo de sucesso de projeto de desenvolvimento baseado nas forças do livre mercado, mesmo que essa conclusão fosse, sob muitos aspectos, contestável.

Por outro lado, diante das crescentes críticas, o GBM tenta dar algumas respostas, sem que elas representem uma ruptura com a orientação geral inaugurada no período Reagan. Elas viriam na aceitação de que era preciso discutir programas relacionados à pobreza, ou seja, na aceitação de que os programas de ajuste deveriam incorporar políticas compensatórias nos momentos de transição, bem como era necessário incorporar uma dimensão *institucionalista* que desse conta dos constrangimentos institucionais na introdução de políticas macroeconômicas adequadas, na perspectiva do GBM.

Surgiam os ajustes de segunda geração, muito mais ambiciosos e de modo algum distantes do contexto inaugurado com a era Reagan. Coube à gestão Preston (1991-1995) fazer a amarração da nova agenda, que incluía um discurso mais afinado às questões levantadas pelas ONGs, que iam desde as dos direitos humanos, as ambientais, até as preocupações institucionais, reunidas na expressão que ganha força durante os anos 1990: *governance*.

A gestão de Preston dá uma resposta, adequada ou não, à pressão externa, por meio da criação dos *painéis de inspeção*, que servem como um sistema de auditoria dos projetos do GBM e permitem às ONGs maior grau de ingerência nos assuntos da instituição, da criação dos *centros públicos de informação*, que disponibilizam informações sobre as atividades do GBM, a critérios mais rigorosos para a aprovação e execução de um projeto, que incluem uma série de procedimentos reunidos no ciclo de projeto (*project cycle*) e envolve fases como identificação, preparação, avaliação e supervisão. Além disso, o ciclo do projeto prevê diferentes níveis de análise tomando como parâmetros os impactos econômico, técnico, institucional, financeiro, comercial, ambiental e social.

Nesse período, surge um novo elemento que agita a vida da instituição. A derrocada do regime soviético desloca as atenções do GBM para um conjunto de países com características muito peculiares, muitos dos quais passam a aderir à arquitetura institucional originária de Bretton Woods. Esses países reforçam a perspectiva institucionalista dentro das análises do GBM. Se a África serviu como exemplo de espaço cujas formações econômico-sociais colocavam em cheque muitos dos programas elaborados pelo GBM, os antigos países de orientação socialista do Leste Europeu são um desafio completo para o GBM. Neles, a questão institucional salta aos olhos.

A prescrição de políticas cuja raiz se sustenta sob uma institucionalidade capitalista, para países onde inexistem mercados de capitais, onde os preços são determinados pelo sistema de planejamento central e onde os hábitos contrastam muito com a lógica do mercado, impôs a elaboração de programas de reformas cuja amplitude sequer o GBM pudesse imaginar. Talvez essa complexidade seja uma das explicações para as dificuldades que o GBM teve em determinar políticas diferenciadas para realidades tão diferentes como as da África, América Latina e Leste Europeu; dificuldades essas que veremos estampadas nos documentos publicados pela instituição durante os anos 1990.

Outra importante modificação verificada nos anos 1990 foi a vitória dos democratas e suas consequências para a instituição. A chegada de Wolfenson, em meados dos 1990, sob indicação do presidente Clinton, produz tentativas de mudança na orientação do GBM, em especial a nomeação de Joseph Stiglitz como economista-chefe da instituição. Stiglitz, conhecido por sua visão neokeynesiana nos meios acadêmicos,[5] abre algumas discussões

---

[5] Em setembro e outubro de 2001, respectivamente, dois fatos importantes ganharam destaque na imprensa internacional: a nomeação de Anne Krueger, por indicação do governo Bush, para ocupar a vice-presidência do FMI e a premiação de Stiglitz com o Nobel de Economia. Esses fatos parecem indicar uma tensão entre a orientação da política externa norte-americana e o crescente mal-estar com as políticas liberais de corte ortodoxo. A nomeação de Anne Krueger para o cargo mereceu um posicionamento público de Stiglitz, em um artigo com o sugestivo título "O FMI perdeu a oportunidade" (2001). Nesse artigo o autor faz o seguinte comentário sobre Krueger: "Anne Krueger é uma respeitada professora de economia de Stanford, ex-economista-chefe do Banco Mundial e pessoa de uma energia, integridade e compromisso enormes com o que ela acredita ser bom para países em desenvolvimento. Mas seu currículo é também o maior risco que ela representa: as políticas do 'Consenso de Washington' se revelaram um fracasso absoluto na promoção do crescimento e da estabilidade para economias em desenvolvimento ou transição".

consideradas heréticas pela comunidade financeira internacional, notadamente o questionamento sobre as políticas ortodoxas do FMI no tratamento das crises de balanço de pagamentos e os inconvenientes produzidos por processos de desregulamentação financeira que levaram muitos países periféricos a enfrentar sérias dificuldades durante o período.[6]

Essas preocupações ganham relevância a partir das recorrentes crises financeiras da segunda metade dos anos 1990. A permanência de Stiglitz como economista-chefe durou até o ano 2000, quando, por pressão externa, o economista deixou o posto, sendo substituído por Nicholas H. Stern, que ocupara o posto de economista-chefe do Banco Europeu para a Reconstrução e o Desenvolvimento entre 1994-1999. Essas heresias, porém, não se traduziram em abandono, por parte do GBM, dos programas de ajustamento e do caráter institucionalista que esses ganharam durante os anos 1990, como de resto nos parece correto afirmar que não houve solução de continuidade entre a política externa adotada pelos republicanos e democratas durante as últimas duas décadas do fim do século. Referimo-nos aos aspectos econômicos da política externa, para os quais este livro dedica maior atenção.

Esse apanhado introdutório certamente deixa de lado muitos aspectos da vida institucional do GBM, bem como da dinâmica econômica e política do sistema de estados. Porém, julgamos útil para apresentar algumas relações relevantes que mostram os caminhos traçados pelo grupo. A seguir descreveremos alguns aspectos da intermediação financeira do GBM, em que serão analisados os movimentos de empréstimos em termos espaciais e setoriais.

2.1 DEFINIÇÕES DO PODER E DISTRIBUIÇÃO DE RECURSOS

A análise da alocação de recursos é um dos instrumentos que nos permitem avaliar em que direção o GBM atuou ao longo

---

[6] Sobre o tema, ver Stiglitz (1998).

de sua história. Essa alocação, supomos, esteve condicionada a alguns elementos: 1) a estratégia do hegemon em termos de política externa; 2) o poder relativo de diferentes regiões e países no interior do GBM; e 3) a dinâmica da acumulação de capital.

No que tange à estratégia do hegemon, reiteramos a importância do GBM como intermediário de seus interesses. A hegemonia é exercida pela força e pela persuasão, daí resulta que no complexo sistema de estados um conjunto de instituições tem a função direta ou indireta do exercício do poder. As instituições financeiras multilaterais, dentre as quais o GBM, ao refletir a hierarquia do poder no plano internacional, acabam por reproduzir internamente o estágio da concorrência entre os estados nacionais. Dessa forma, são um local privilegiado para a análise da distribuição do poder e como esse se exerce.

Parece-nos claro, a esta altura, que os Estados Unidos foram e são o país dirigente e dominante dentro da instituição. Junto a eles, agrupa-se um conjunto de países que compõe uma conformação mais ou menos precisa daquilo que se verifica nas relações centro e periferia. O centro do sistema é composto de um núcleo orgânico que concentra a riqueza mundial e os meios mais eficazes de sua ampliação. A Tabela 2.1.1 nos permite correlacionar essas variáveis de forma direta.

Tabela 2.1.1: Subscrição de capital e grau de influência no GBM: dados para o Bird (US$ milhões/2000).

Países	Total do capital subscrito(a)	Votos como % do total	PNB (b)	PNB/*per capita* (em dólares) (b)
Estados Unidos	31.965	16,49	8.351.000	30.600
Japão	15.321	7,91	4.078.900	32.230
Alemanha	8.734	4,52	2.079.200	25.350
França	8.372	4,33	1.427.200	23.480
Reino Unido	8.372	4,33	1.338.100	22.640
Canadá	5.404	2,80	591.400	19.320
Itália	5.404	2,80	1.136.000	19.710

Fonte: World Development Report 2000-2001, 2002.
(a) dados relativos a 30 jun. 2000.
(b) dados relativos a 1999.

O que verificamos é uma relação direta entre o comando da riqueza no plano da economia mundial e a posição de poder no interior do GBM. Podemos chegar à mesma conclusão levando em conta a evolução das principais economias do mundo no pós-Guerra e a hierarquia interna da instituição. À medida que os países avançavam em suas posições no interior do núcleo orgânico, seu grau de influência aumentava no GBM. Esses são os casos evidentes da Alemanha e do Japão.

No plano das economias periféricas, destacam-se aquelas que, de algum modo, também ocupam uma posição de destaque nas relações internacionais (ver Tabela 2.1.2).

Tabela 2.1.2: Acumulação de capital, países periféricos e participação relativa no poder de voto (US$ milhões/2000).

País	Total do capital subscrito	Votos como % do total	PNB	PNB/*per capita*
China	5.404	2,80	980.200	780
Índia	5.404	2,80	442.200	450
Rússia	5.404	2,80	332.500	2.270
Brasil	4.015	2,08	742.800	4.420

Fonte: Ibid.

O que chama atenção ao comparar as tabelas 2.1.1 e 2.1.2 é a existência de uma correspondência quase direta entre renda *per capita* e poder no conjunto de países que compõe o núcleo orgânico. Isso já não se verifica quando analisamos os quatro países da periferia. Nestes, preponderam outros elementos que julgamos explicativos. O primeiro é o fator geopolítico: tanto China quanto Rússia são *sócios* novos do GBM. Ambos possuem renda *per capita* mais baixa que a do Brasil, porém são detentores de importantes meios de guerra. A entrada da China e da Rússia no GBM ocorreu sob o declínio da Guerra Fria e sob a ampliação das relações comerciais entre os países capitalistas e essas economias. Os demais elementos comuns entre os quatro países periféricos são o grande contingente populacional, PNBs robustos em termos absolutos e grandes extensões territoriais.[7]

Porém, se utilizarmos o cálculo da paridade do poder de compra, para o Produto Interno Bruto (PIB), chegaremos a um conjunto quase coincidente entre o topo da hierarquia institucional e os quatros países periféricos selecionados, como pode ser observado na Tabela 2.1.3:

Tabela 2.1.3: Paridade do poder de compra para o PIB (2001).

Economia	US$ milhões
Estados Unidos	9.906.927
China	5.505.714
Japão	3.444.549
Índia	2.545.930
Alemanha	2.545.930
França	1.483.497
Reino Unido	1.462.912
Itália	1.413.976
Brasil	1.338.915
Federação Russa	1.295.949
México	891.692
Canadá	887.364

Fonte: World Development Indicators database, 2002.

A confirmação da característica *reflexiva* da distribuição do poder dentro do GBM fica evidenciada na forma da composição do quadro de diretores executivos. Pelos estatutos do Bird e da AID, os cinco países com as maiores participações acionárias têm o direito de indicar seus diretores, enquanto os dezenove restantes são eleitos. Assim, os países procuram se agrupar em blocos para aumentar o poder de voto e garantir um grau maior de influência. A Tabela 2.1.4 mostra como eram essas composições no ano 2000.

---

[7] Todos esses países são *continentais* e, vulgarmente, utilizou-se a expressão *economias baleias* para caracterizá-los.

Economia, poder e influência externa

Tabela 2.1.4: Poder de voto e composição dos diretores executivos.

Diretor executivo	Suplente	País	Bird (% de votos do total)	AID (% de votos do total)
Indicados Jan Piercy Yuzo Arada Helmut Schaffer Jean-Claude Milleron Stephen Pickford	(vago) Akira Kamitomai Eckhardt Biskup Emmanuel Moulin Myles Wickstead	EUA Japão Alemanha França Inglaterra	16,5 7,92 4,52 4,33 4,33	14,86 10,63 6,94 4,92 4,92
Eleitos Ruth Bachmayer (Áustria)	Luc Hubloue (Bélgica)	Áustria, Belarus, Bélgica, República Tcheca, Hungria, Cazaquistão, Luxemburgo, República Eslováquia, Eslovênia, Turquia	4,77	4,27
Pieter Stek (Holanda)	Tamara Solyanyk (Ucrânia)	Armênia, Bósnia e Herzegovina, Bulgária, Croácia, Chipre, Geórgia, Israel, Macedônia, Moldávia, Holanda, Romênia, Ucrânia.	4,49	3,59
Federico Ferrer (Espanha)	Cecília Ramos (México)	Costa Rica, El Salvador, Guatemala, Honduras, México, Nicarágua, Espanha, Venezuela	4,26	2,06
Terrie O'Leary (Canadá)	Alan David Slusher (Belize)	Antígua e Barbuda, Bahamas, Barbados, Belize, Canadá, Dominica, Granada, Guiana, Irlanda, Jamaica, São Cristóvão e Nevis, Santa Lúcia, São Vicente e Granadinas	3,87	4,24
Murilo Portugal (Brasil)	Patricio Rubianes (Equador)	Brasil, Colômbia, República Dominicana, Equador, Haiti, Panamá, Filipinas, Suriname, Trinidad e Tobago	3,62	2,87

Continua

Tabela 2.1.4: *Continuação*

Diretor executivo	Suplente	País	Bird (% de votos do total)	AID (% de votos do total)
Neil Hyden (Austrália)	Lewis D. Holden (Nova Zelândia)	Austrália, Camboja, Kiribati, República da Coreia, Ilhas Marshall, Micronésia, Mongólia, Nova Zelândia, Palau, Papua-Nova Guiné, Samoa, Ilhas Salomão, Vanuatu	3,47	3,01
Godfrey Gaoseb (Namíbia)	Girmai Abraham (Eritreia)	Angola, Botsuana, Burundi, Eritreia, Etiópia, Gâmbia, Quênia, Lesoto, Libéria, Malauí, Moçambique, Namíbia, Nigéria, Seicheles, Serra Leoa, África do Sul, Sudão, Suazilândia, Tanzânia, Uganda, Zâmbia, Zimbábue	3,43	4,07
Franco Passacantando (Itália)	Helena Cordeiro (Portugal)	Albânia, Grécia, Itália, Malta, Portugal	3,43	3,80
B. P. Singh (Índia)	Syed Ahmed (Bangladesh)	Bangladesh, Butão, Índia, Sri Lanka	3,42	4,43
Inaamul Haque (Paquistão)	Mohama Dhif (Argélia)	Argélia, Gana, Iran, Iraque, Marrocos, Paquistão, Tunísia	3,36	2,03
Ilkka Niemi (Finlândia)	Anna M. Brandt (Suécia)	Dinamarca, Estônia, Finlândia, Islândia, Letônia, Lituânia, Noruega, Suécia	3,36	4,87
Mathias Meyer (Suíça)	Jerzy Hylewski (Polônia)	Azerbaijão, Quirguistão, Polônia, Suíça, Tadjiquistão, Turcomênia, Uzbequistão	2,87	3,38
Zhu Xian (China)	Chen Huan (China)	China	2,80	2,02

Continua

Tabela 2.1.4: *Continuação*

Diretor executivo	Suplente	País	Bird (% de votos do total)	AID (% de votos do total)
Yahya Alyahya (Arábia Saudita)	Abdulrahman Al-mofadhi (Arábia Saudita)	Arábia Saudita	2,80	3,50
Andrei Bugrov (Federação Russa)	Eugene Miagkov (Federação Russa)	Federação Russa	2,80	0,28
Khalid M. Al-Saad (Kuwait)	Mohamed Kamel Amr (Egito)	Bahrein Egito, Jordânia, Kuwait, Líbano, Líbia, Maldivas, Omã, Qatar, Síria, Emirados Árabes Unidos, Iêmen	2,74	2,30
Jannes Hutagalung (Indonésia)	Wan Abdul Aziz Wan Abdullah (Malásia)	Brunei Darussalam, Fiji, Indonésia, Laos, Malásia, Mianmar, Nepal, Singapura, Tailândia, Tonga, Vietnã	2,56	2,80
Valeriano F. Garcia (Argentina)	Ivan Rivera (Peru)	Argentina, Bolívia, Chile, Paraguai, Peru Uruguai	2,33	1,88
Bassary Toure (Mali)	Paulo F. Gomes (Guiné-Bissau)	Benin, Burkina Faso, Camarões, Cabo Verde, República Centro-Africana, Chade, Comores, Congo (República Democrática do), Congo (República do), Costa do Marfim, Djibuti, Guiné Equatorial, Gabão, Guiné, Guiné-Bissau, Madagascar, Mali, Mauritânia, Maurício, Níger, Ruanda, São Tomé e Príncipe, Senegal, Togo	2,01	3,01

Fonte: The World Bank Annual Report 2000, 2002.

A Tabela 2.1.4 dá uma dimensão do poder de decisão no interior do GBM. Pode-se verificar que os cinco países com poder de indicar seus diretores executivos fazem parte do que é conhecido nos fóruns internacionais como G7+1 (Alemanha, Canadá, Estados Unidos, França, Grã-Bretanha, Itália e Japão + Federação Russa). São, ao mesmo tempo, o núcleo orgânico da economia capitalista e o núcleo duro das políticas de regulação das relações econômicas no interior do sistema de estados. Os demais países com renda *per capita* alta se diluem em blocos menores de poder e três países se fazem representar isoladamente: a Federação Russa, China e Arábia Saudita. No caso da Arábia Saudita, além de as estimativas a colocarem no grupo dos países de renda média alta (US$ 2.996 a US$ 9.265), ela possui as maiores reservas de petróleo do mundo e cumpre papel relevante nas estratégias do hegemon para o Oriente Médio.

A diferença entre estar em um bloco e apresentar uma candidatura individual indica um *trade-off* entre aumento da participação relativa no total de votos e perda da capacidade de tomada de posição. Assim, se um país entra em um bloco, a soma dos votos confere maior grau de influência aos participantes, mas cada membro participante deve partilhar as decisões e aceitar certo grau de circularidade na indicação do diretor executivo. O Brasil é um exemplo de país que, tradicionalmente, optou por essa estratégia. Os casos da China e da Federação Russa são exemplos de países que, embora não pertencentes ao núcleo duro do GBM, optaram por comandar seus votos de forma exclusiva.

Países que fazem parte da hierarquia inferior da instituição têm de operar essa escolha – aqueles que têm a possibilidade de fazê-la, pois a maioria não pode apresentar candidatura isolada em função da baixa quantidade de votos que comandam. Alguns países que aparecem na distribuição da riqueza mundial com nível de renda *per capita* alta não necessariamente têm forte influência no GBM em termos de votos (ver Tabela 2.1.5).

Supomos que esses países estejam em posição intermediária no sistema de estados, ou seja, não podem liderar coalizões periféricas, pois suas economias não se encontram nessa condição, tampouco podem influenciar decisivamente o hegemon e o núcleo duro das relações internacionais. Também não são elegíveis para a tomada de recursos do GBM e, em sua maioria,

Economia, poder e influência externa

Tabela 2.1.5: Países intermediários e tamanho da economia (1999).

Países	População (milhões)	Área (milhares de km²)	PNB *per capita* (dólares)
Austrália	19	7.741	20.050
Áustria	8	84	25.970
Bélgica	10	33	24.510
Canadá	31	9.971	19.320
Dinamarca	5	43	32.030
Espanha	39	506	14.000
Finlândia	5	338	23.780
Grécia	11	132	11.770
Irlanda	4	70	19.160
Itália	58	301	19.710
Noruega	4	324	32.880
Nova Zelândia	4	271	13.780
Países Baixos	16	41	24.320
Portugal	10	92	10.600
Suécia	9	450	25.040
Suíça	7	41	38.350

Fonte: Idem.

são aliados tradicionais na política externa do núcleo duro do sistema e não teriam um benefício direto do aumento do poder de influência no interior da instituição, em termos de ascensão na hierarquia do sistema de estados. Ao contrário, o que se verifica é que o aumento do poder de influência no interior do GBM é uma função de um aumento prévio no comando da riqueza mundial ou na participação do acúmulo de instrumentos e atributos locacionais nas disputas políticas interestatais.

Dos países intermediários, ao menos nove – Bélgica, Canadá, Dinamarca, Espanha, Grécia, Islândia, Itália, Países Baixos e Portugal – fazem parte da Organização do Tratado do Atlântico Norte (Otan) e dois – Canadá e Itália – do G7+1. Das dezenove representações eleitas no quadro de diretores executivos, somente onze não contam com a participação de algum país do grupo intermediário.

89

Como é possível verificar nas tabelas 2.1.6, 2.1.7 e 2.1.8, os países são divididos *grosso modo* de acordo com o comando da riqueza mundial. A maior parte dos países com baixa renda *per capita* está no grupo elegível para a tomada de empréstimos da AID, enquanto os de renda *per capita* média e média alta estão inseridos na elegibilidade da intermediação do Bird que, como apresentado no capítulo anterior, obedece a critérios de concessão de recursos mais próximos do mercado financeiro internacional.

Tabela 2.1.6: Países elegíveis somente para empréstimos do Bird.

Países com renda *per capita* acima de US$ 5.225	Renda *per capita*[a]
Eslovênia	9.890
República da Coreia	8.490
Argentina	7.600
Seicheles	6.540
São Cristóvão e Nevis	6.420
Uruguai	5.900
Antígua e Barbuda	n.a
Renda *per capita* entre US$ 2.996 e 5.225	Renda *per capita*[a]
República Tcheca	5.060
Chile	4.740
Hungria	4.650
Croácia	4.540
Brasil	4.420
México	4.400
Trinidad e Tobago	4.390
Polônia	3.960
Líbano	3.700
Venezuela	3.670
Maurício	3.590
República Eslovaca	3.480
Estônia	3.400
Malásia	3.380
Botsuana	3.350
Gabão	3.160
África do Sul	3.070
Panamá; Palau	n.a

Continua

Tabela 2.1.6: *Continuação*

Renda *per capita* entre US$ 1.446 e 2.995	Renda *per capita*[a]
Turquia	2.900
Costa Rica	2.740
Belize	2.730
Belarus	2.630
Lituânia	2.620
Letônia	2.470
Peru	2.390
Jamaica	2.330
Federação Russa	2.270
Colômbia	2.250
Fiji	2.210
Tunísia	2.100
Tailândia	1.960
República Dominicana	1.910
El Salvador	1.900
Namíbia	1.890
Federação dos Estados da Micronésia	1.810
República Islâmica do Islã	1.760
Guatemala	1.660
Paraguai	1.580
Ilhas Marshall	1.560
Argélia	1.550
Romênia	1.520
Jordão	1.500
Suriname	n.a
Renda *per capita* entre US$ 756 e 1.445	Renda *per capita*[a]
Egito	1.400
Bulgária	1.380
Suazilândia	1.360
Equador	1.310
Cazaquistão	1.230
Marrocos	1.200

Continua

Tabela 2.1.6: *Continuação*

Renda *per capita* entre US$ 756 e 1.445	Renda *per capita*[a]
Guiné Equatorial	1.170
Filipinas	1.020
Síria	970
Papua Nova Guiné	800
China	780
Iraque	n.a
Renda *per capita* de US$ 755 ou menos	**Renda *per capita*[a]**
Ucrânia	750
Uzbequistão	720
Turcomenistão	660

Fonte: World Bank Annual Report, 2000.
(a) PNB 1999.

Tabela 2.1.7: Países elegíveis para empréstimos do Bird e da AID.

Renda *per capita* entre US$ 2.996 e 5.225	Renda *per capita*[a]
Santa Lúcia	3.770
Granada	3.450
Dominica	3.170
Renda *per capita* entre US$ 1.446 e 2.995	**Renda *per capita*[a]**
São Vicente e Granadinas	2.700
Macedônia	1.690
Renda *per capita* entre US$ 756 e 1.445	**Renda *per capita*[a]**
Bósnia e Herzegovina	n.a
Renda *per capita* de US$ 755 ou menos	**Renda *per capita*[a]**
Indonésia	580
Azerbaijão	550
Zimbábue	520
Paquistão	470
Índia	450
Nigéria	310

Fonte: Ibid.
(a) PNB 1999.

Tabela 2.1.8: Países elegíveis somente para empréstimos da AID.

Renda *per capita* entre US$ 1.446 e 2.995	Renda *per capita*[a]
Tonga	1.720
Renda *per capita* entre US$756 e 1.445	**Renda *per capita*[a]**
Cabo Verde	1.330
Maldivas	1.200
Vanuatu	1.170
Samoa	1.060
Bolívia	1010
Kiribati	910
Albânia	870
Sri Lanka	820
Djibuti	790
Guiana	760
Honduras	760
Renda *per capita* de US$ 755 ou menos	**Renda *per capita*[a]**
Ilhas Salomão	750
Costa do Marfim	710
República do Congo	670
Geórgia	620
Camarões	580
Lesoto	550
Butão	510
Guiné	510
Senegal	510
Armênia	490
Haiti	460
Nicarágua	430
Gana	390
Benin	380
Mauritânia	380
Bangladesh	370
Moldávia	370
Vietnã	370
Quênia	360
Comores	350

Continua

Tabela 2.1.8: *Continuação*

Renda *per capita* de US$ 755 ou menos	Renda *per capita*[a]
Mongólia	350
República do Iêmen	350
Gâmbia	340
Sudão	330
Togo	320
Uganda	320
Zâmbia	320
Quirguistão	300
República Centro-Africana	290
Tadjiquistão	290
Laos	280
São Tomé e Príncipe	270
Camboja	260
Madagascar	250
Ruanda	250
Burkina Faso	240
Mali	240
Tanzânia	240
Moçambique	230
Angola	220
Nepal	220
Chade	200
Eritreia	200
Malauí	190
Níger	190
Guiné-Bissau	160
Serra Leoa	130
Burundi	120
Etiópia	100
Afeganistão	n.a
República Democrática do Congo	n.a
Libéria	n.a
Mianmar	n.a
Somália	n.a

Fonte: Ibid.
(a) PNB 1999.

Baseado nas tabelas anteriores, pode-se dividir a estrutura de poder do GBM em três grupos: superior, intermediário, inferior. O primeiro é o núcleo duro das decisões, composto dos cinco países com as maiores cotas em termos de subscrição e, portanto, de votos. O segundo grupo é composto de países com nível de renda alta, que não pertencem à periferia do sistema e, geralmente, se coadunam com os interesses do núcleo orgânico nos fóruns multilaterais; eles não são tomadores de recursos do Bird e da AID.

Por fim, o terceiro e vasto grupo é a periferia do sistema. É um grupo variado tanto em população, território e riqueza quanto em importância nas relações internacionais. Sua distribuição geográfica está concentrada na América Latina, África, Ásia e no Leste Europeu, neste caso principalmente nos países que eram área de influência da União Soviética.

Cabe lembrar que até as décadas de 1980-1990, os países do antigo bloco soviético, bem como a China, não faziam parte do GBM, por este ser considerado um apêndice da política externa norte-americana. A aproximação desses países com o GBM só foi possível com o fim da Guerra Fria. Pelo menos dois desses países, ou seja, China e Federação Russa, em conjunto com Brasil e Índia, são os estados nacionais com maior peso em termos de votos no grupo inferior da hierarquia do sistema. É importante destacar que são países com mais votos que muitos países do grupo intermediário, muito embora, ao contrário desse grupo, se caracterizem por um comando da riqueza bem inferior e sejam tomadores de recursos do Bird e da AID. Entre esses quatro, a Federação Russa e o Brasil, em função do nível de renda, não se incluem no conjunto de países elegíveis para tomada de recursos da AID e sequer são considerados *blend countries*.

Supõe-se que, ao estabelecer essa divisão em três níveis, em forma de pirâmide, possamos fazer uma correlação estrutural mais adequada entre origem e destino dos recursos e entre concentração e dispersão de poder no interior da instituição. Procedendo desse modo, sugerimos que haja na conformação do poder interno do GBM e nos critérios adotados para sua distribuição uma expressão relativamente fiel do estágio da concorrência interestatal no plano do sistema de estados e da economia mundial. Ao analisar a história do GBM, pode-se inferir um conjunto de relações entre poder e riqueza, bem como montar uma sucessão de quadros relativos à dinâmica das relações internacionais que guardam forte coerência com os jogos de poder e com a dinâmica da acumulação.

A evolução dos empréstimos (ver Tabela 2.1.9), em termos espaciais e setoriais, pode esclarecer melhor essas correlações.

Tabela 2.1.9: Empréstimos do GBM Mundial entre 1946-2000, em %, a partir de valores expressos em dólares (US$).

		1946-9	1950-9	1960-9	1970-9	1980-9	1990-5	2000
Região	África	0	15	12	14	15	15	14
	Ásia	0	38	40	38	43	37	34[d]
	Europa	81	20	12	12	9	16	20[e]
	América Latina	19	22	18	24	26	25	20
	Oriente Médio e Norte da África	0	5	7	11	7	7	6
Setores	Agricultura	0	4	13	28	24	16	8
	Financeiro e Indústria	2	13	12	16	18	11	13[f]
	Infraestrutura[a]	21	61	64	36	29	24	20
	Social[b]	0	0	4	13	15	26	35
	Outros[c]	76	22	8	8	15	24	23

Fonte: World Development Lending (LCI) in Kapur; Lewis (op. cit.) e Ibid.
(a) Telecomunicações, transporte, energia elétrica, outras energias.
(b) Educação, ambiente, população, desenvolvimento urbano, suprimento de água e saneamento.
(c) Óleo e gás, mineração e extrativas, setor público/administração, turismo, multisetor e setores sem classificação.
(d) Sul Asiático, Leste Asiático e Pacífico.
(e) Europa e Ásia Central.
(f) Para o ano 2000, a metodologia utilizada exclui do item financeiro a categoria "indústria" e inclui dois novos itens: "política econômica" e "desenvolvimento do setor privado" que, para esta tabela, desconsideramos, por entendimento de que são itens constantes dos desembolsos com programas de ajustamento estrutural.

O destino dos recursos mostra que a grande concentração de empréstimos para a Europa (81%) entre 1946 e 1949 se justifica pelo fato de o GBM ainda estar vinculado ao financiamento para a reconstrução. O primeiro empréstimo do GBM é feito em

1946, para a França. Logo, outros países europeus fazem uso dos recursos disponíveis, seguidos pelos países latino-americanos: Chile (1948), México (1949), Brasil (1949), Colômbia (1949) e El Salvador (1949).[8] Nessa fase infante do grupo, percebemos a ausência de uma instituição verdadeiramente mundial, ainda pouco propensa a enfrentar as tarefas do desenvolvimento e a complexidade organizacional exigida pelo assunto.

A Ásia e a África ainda viviam sob os regimes coloniais, apesar de os processos de independência da Ásia estarem em pleno curso.[9] O número de países africanos participantes do GBM só tem expressão a partir da década de 1960. Em contrapartida, a América Latina tinha praticamente concluído sua luta pela independência no século XIX, o que explica que nos três primeiros anos do GBM somente essa região, fora a Europa, tenha recebido recursos. A Tabela 2.1.10 deixa clara a dimensão do poder da participação das regiões no GBM até a década de 1970, quando o neocolonialismo chega ao fim.

Das regiões em desenvolvimento, destacam-se em termos de destino de recursos a Ásia, em primeiro lugar, seguida da América Latina e, depois, pela África. Dados mostram que, apesar de a América Latina ter sido a primeira região a receber recursos para o desenvolvimento, já na década de 1950, a Ásia ocupa a primeira posição. Isso corresponde também à hierarquia em termos de poder de voto, ou seja, na divisão do poder de influência dentro do GBM, a distribuição regional dos recursos corresponde aos votos, observando-se que América do Norte e a Europa têm a maioria dos países como não elegíveis e que a maior parte dos chamados países em desenvolvimento encontra-se distribuída entre Ásia, América Latina e África.

Esse cenário sofre alterações com a volta dos recursos para a Europa, a partir do final da segunda metade dos anos 1980, em virtude da entrada no GBM dos antigos países da zona de influência da União Soviética. O continente europeu cai de 81% (1946-1949) de participação na distribuição de recursos para um

---

[8] Para os dados históricos coletados neste capítulo, utilizamos, em boa medida, a seguinte referência: World Bank (2001).
[9] Entre 1946-1949, importantes países asiáticos se tornaram independentes: Jordânia (1946), Filipinas (1946), Paquistão (1947), Índia (1947) e Indonésia (1949). (World Bank, op. cit.; Almanaque Abril, 2001).

Tabela 2.1.10: Número de membros por região e % de votos.

Regiões	Número de países 1947	% no total de votos	Número de países 1952	% no total de votos	Número de países 1957	% no total de votos	Número de países 1962	% no total de votos	Número de países 1967	% no total de votos	Número de países 1971	% no total de votos
África	2	1,64	2	1,57	2	1,42	8	2,94	34	7,85	40	8,58
Ásia	3	11,66	7	13,69	13	17,49	16	15,57	17	15,13	18	16,15
Australásia	1	2,41	1	2,31	1	2,09	2	3,35	2	2,94	3	2,94
América do Sul e América Central	18	8,39	18	8,09	20	9,66	19	8,35	22	8,38	22	8,30
Europa	14	35,72	16	35,51	16	33,99	20	35,36	20	34,35	20	33,79
Oriente Médio*	5	2,21	5	2,34	6	2,38	8	2,45	9	3,15	11	3,38
América do Norte	2	37,97	2	36,49	2	32,97	2	31,98	2	28,20	2	26,86
Total	45	100	51	100	60	100	75	100	106	100	116	100

Fonte: IBRD, Economic Program Department, April 1972 in Mason; Asher (op. cit.).
* Irã, Iraque, Jordânia, Kuwait, Líbano, Líbia, Arábia Saudita, República Árabe Unida, República Árabe do Iêmen, República Democrática Popular do Iêmen.

mínimo de 9% (1980-1989), voltando a crescer até atingir 20% em 2000, participação igual à da América Latina para o mesmo ano.

A distribuição setorial guarda uma correlação direta entre o movimento da acumulação de capital, ou seja, sua expansão e natureza, e a inclusão das regiões à dinâmica capitalista.

As décadas de 1950-1960 foram marcadas pelos processos de substituição de importações mediante a expansão das atividades industriais na periferia do sistema, movimento que é mais sentido na América Latina e na Ásia. A industrialização tem como pré-requisito a criação de um conjunto de suporte na área de infraestrutura (estradas, telecomunicações e energia), no suprimento de matérias-primas indispensáveis na cadeia produtiva e, por fim, na criação das indústrias de base. Esse processo é complementado no final dos 1960 e durante os anos 1970, com a chegada das empresas multinacionais na área da produção de bens de consumo duráveis. Outro elemento de importância significativa, principalmente para a América Latina, é a criação de instituições de fomento (como bancos de desenvolvimento).

Cada porção do mundo periférico guarda suas especificidades no desenrolar da incorporação de suas economias à dinâmica capitalista internacional. O fato marcante é que o GBM, por meio de suas entidades, está presente em todos esses movimentos do capital.

De certo modo, a instituição funciona como uma diplomacia dos interesses das grandes corporações. Como consideramos que a expansão do capital está associada à dinâmica da concorrência no sistema de estados,[10] parece-nos claro que as alianças entre os

---

[10] Na economia mundial, essa concorrência representa uma luta entre as diferentes frações do capital, cuja hegemonia está relacionada aos blocos de poder, expressos nas coalizões dominantes, no âmbito de cada estado nacional. Os estados são uma condensação da luta entre essas frações, ao mesmo tempo em que criam elementos para as coalizões dominantes enfrentarem as disputas no espaço mais amplo da economia mundial. "Numa economia-mundo capitalista, os estados são expressões de poder. Estados garantem a apropriação de valor do proletariado pela burguesia, na medida em que os burgueses não estão limitados pela resistência direta dos produtores organizados. Estados favorecem a apropriação de valor de alguns burgueses sobre outros burgueses; mas nem sempre os mesmos. Assim, há dois tipos de política no moderno sistema-mundo: a luta de classes entre burgueses e proletários, e a luta entre diferentes burgueses. Desta forma, como diferentes grupos burgueses podem controlar diferentes estruturas estatais numa economia-mundo singular, a luta política intraburguesa toma a forma de luta interestatal" (Wallerstein, op. cit., p.4).

governos do núcleo orgânico e as multinacionais sejam instrumentalizadas pelas instituições multilaterais, que reproduzem, em seu interior, a hierarquia do sistema de estados.

De acordo com Michalet (1983), a expansão das empresas multinacionais no pós-guerra implica a expansão propriamente dita de todo o ciclo do capital. Nem todas as partes do mundo periférico internalizaram o ciclo completo em suas economias. Tanto na África quanto na América Latina e na Ásia, a empresa multinacional e as relações sociais capitalistas a ela associadas encontraram terreno fértil para se desenvolver, mas, ao mesmo tempo, vários países permanecem com atividades capitalistas convivendo com outras formações econômicas e sociais. Em alguns, as atividades capitalistas aparecem como enclaves ou corpos estranhos que não criam encadeamentos no conjunto da economia, como certamente são as atividades puramente extrativas que visam a garantir fontes de matéria-prima para o núcleo orgânico.

O elemento novo nas relações econômicas internacionais, a partir da Segunda Guerra Mundial, é que circuitos desse tipo, ou seja, do tipo tradicional na divisão internacional do trabalho, cedem espaço a circuitos mais complexos que incorporam parte da periferia ao mercado global, reproduzindo nos espaços locais padrões de consumo e relações sociais típicas do núcleo orgânico, sem que isso tenha significado maior circularidade na hierarquia do sistema de estados. Ao contrário, são novas formas de dominação que reproduzem as assimetrias de um desenvolvimento tipicamente desigual e combinado.

Esse processo de desenvolvimento na expansão do capital é que levou alguns autores, entre eles Wallerstein (1984), a dividir a economia mundial em três zonas: (1) núcleo orgânico, (2) semiperiferia e (3) periferia.

> A zona do núcleo orgânico tende a se tornar o *locus* das atividades "cerebrais" do capital corporativo, e a zona periférica tende a se tornar o *locus* das atividades "de músculo e nervos", enquanto que a zona semiperiférica tende a se caracterizar por uma combinação mais ou menos igual de atividades "cerebrais" e de "músculo e nervos. (Arrighi, 1997)

Tal conceituação não explica na totalidade a posição que cada estado ocupa na hierarquia do poder mundial. Outros fatores podem ter – e certamente têm – influência nos jogos de poder, como o tamanho da população, o estoque e a eficácia dos meios de guerra disponíveis, a localização e os recursos naturais e a importância desses recursos para o estágio de desenvolvimento do capitalismo.

O que nos parece importante destacar é que, de modo geral, há uma correlação mais estreita entre o comando da riqueza (que pode ser medida pela razão entre o PNB *per capita* individual e o PNB *per capita* do núcleo orgânico) e os meios de coerção. Cabe observar que um estado não inserido do núcleo orgânico, por apresentar um baixo PNB, pode ter um poder de influência maior na concorrência interestatal que um estado com alto nível de renda. A China seria o exemplo mais claro dessa assertiva e disso podemos depreender que ela tem a possibilidade de uma mobilidade ascendente maior que outras economias periféricas no comando da riqueza, a partir de sua posição de poder. Quando verificamos os estados mais influentes na economia mundial, a correlação entre riqueza e poder é direta. O poder a que vimos nos referindo deve ser entendido como a capacidade de cada membro para influenciar os rumos da economia mundial e das relações internacionais.

Por último, nesse núcleo, a hegemonia só pode ser exercida – ao menos, historicamente, é assim que se apresentou no desenvolvimento do capitalismo – quando o hegemon é, ao mesmo tempo, a potência militar e econômica. Quando analisamos a distribuição dos votos no interior no GBM, temos uma forte indicação de como está o estágio da concorrência entre os diferentes estados nacionais; dito de outra forma, essa análise joga luz aos problemas conceituais na determinação da hierarquia do sistema de estados.

Na definição de Arrighi sobre a divisão suprapoposta, encontramos grande correspondência com a divisão de poder que aqui fizemos entre a camada superior, intermediária e inferior na hierarquia no interior do GBM.

> Esses Estados do núcleo orgânico pertencem a três regiões geográficas distintas. A mais segmentada dessas regiões, cultural e jurisdicionalmente, é a Europa Ocidental, definida aqui como incluindo o Reino Unido, os países escandinavos e Benelux, a antiga Alemanha

Ocidental, a Áustria, a Suíça e a França. Os Estados que se situam na orla externa ocidental e sul da região (isto é, Irlanda, Portugal, Espanha, Itália e Grécia) não foram incluídos no núcleo orgânico porque, na maior parte ou ao longo dos últimos 50 anos, foram parentes pobres que não contribuíram para o estabelecimento de um padrão global de riqueza, mas ficaram eles próprios lutando, com maior ou menor êxito, para alcançar os níveis desfrutados pelos seus vizinhos. As duas outras regiões incluídas no núcleo orgânico são menos segmentadas cultural e jurisdicionalmente. Uma é a América do Norte (Estados Unidos e Canadá); a outra, pequena em população, mas grande em território, consiste da Austrália e Nova Zelândia. (Ibid., p.54)

Apesar dessa correspondência, existem detalhamentos que alteram certas posições: (1) primeiro, do ponto de vista do poder, a estrutura do GBM estabelece um núcleo duro de decisão dentro daquilo que se entende por núcleo orgânico da economia mundial; (2) segundo, o que definimos como *estágio intermediário* corresponde aos países que fazem parte do núcleo orgânico, mas não do núcleo duro – portanto, não podemos confundir o andar intermediário com a semiperiferia. Esse andar intermediário tem grande variação nos níveis de renda *per capita*, mas todos os membros pertencem ao nível superior de renda da economia mundial.

Os países que estão fora do núcleo duro, como já relacionados, estão no andar intermediário de nossa hierarquia, e várias são as justificativas para essa delimitação, algumas delas merecendo destaque: (1) esses países não estão sujeitos ao mesmo grau de condicionalidade dispensado pelo núcleo duro aos países periféricos, basta observar que, pelo nível no comando da riqueza mundial, não são elegíveis para captar recursos do Bird e da AID; (2) a Itália, além de fazer parte do G7, ocupa uma posição em termos de votos igual à do Canadá, que, de acordo com Arrighi, está incluso no núcleo orgânico; e (3) todos esses países partilham, de algum modo, as orientações do núcleo duro, mesmo que seus graus de influência sejam variáveis.

Por último, cabe destacar que poucos são os países da periferia com maior influência, em função dos votos que comandam, na estrutura do GBM. Isso coincide com a baixa mobilidade ascendente que Arrighi verifica no desenvolvimento do capitalismo.

Cabe perguntar: essa baixa mobilidade pode ser alterada em função de um aumento do poder de influência em função de fatores geopolíticos específicos ou em função da variação no comando da riqueza? Muito provavelmente em função de ambos, pois, como demonstra a hierarquia do poder no interior do GBM, os países com maior grau de influência na economia mundial são aqueles que têm possibilidades de estabelecer melhores condições de negociação com o núcleo duro e tirar proveito de suas capacidades específicas para aumentar a participação no comando da riqueza.

Segundo Wallerstein (1984, p.5), "um estado é mais forte que outro estado na medida em que pode maximizar as condições de obtenção de lucro pelas suas empresas (incluindo empresas estatais) na economia-mundo".

Chamamos a atenção para o fato de essa colocação se referir à entidade do estado nacional, em um sistema de estados e sob um modo de produção específico: o capitalismo. Vale dizer, a economia mundial é uma extensão do espaço de valorização do capital e, na medida em que os estados nacionais são expressões de poder dos blocos dominantes internos, suas ações no espaço mundial visam a ampliar o poder de ação das frações do capital que dominam tais blocos. Um estado forte no plano das relações internacionais tem como pré-condição uma coalizão interna forte, ou seja, que opere sob determinadas condições de estabilidade.

Outro elemento importante, como procuramos demonstrar, é a correlação entre estados nacionais fortes, acumulação de capital e potencial coercitivo. Tanto maior será a mobilidade ascendente de um estado quanto maiores forem o comando da riqueza e dos meios de guerra de que ele dispõe.[11]

Entre os países periféricos que dispõem de um poder de voto maior na estrutura do GBM, verificamos que três (China, Índia e Arábia Saudita) encontram-se na Ásia, um (Federação Russa) na Europa Oriental e outro (Brasil) na América Latina. Há ausência

---

[11] Na análise sobre a formação dos estados europeus, Charles (1996) procura mostrar como o acúmulo dos meios coercitivos foi decisivo na formação desses estados e na criação de instrumentos e técnicas apropriados pela acumulação do capital.

total de países africanos nesse grupo e a explicação para isso está na falta de um ou mais estados nacionais com atributos locacionais específicos, posição geopolítica relevante ou comando de riqueza suficiente que possibilitem uma posição destacada na estrutura de poder.

A distribuição de recursos expressa o poder de cada região no sistema de estados e reforça a conformação hierárquica no interior do sistema. O crescimento dos recursos destinados à Europa, como se percebe a partir do final da década de 1980, ocorre pela incorporação, à periferia do capitalismo europeu, de um grupo de países que antes estava em uma posição geopolítica fora do sistema (países que não pertenciam à OTAN e que estavam sob regimes políticos auto declarados de orientação socialista). O GBM, ao contrário de outras instituições multilaterais (A ONU, por exemplo), reflete o movimento da concorrência interestatal. Nele, a Guerra Fria esteve presente pela ausência em seus quadros de países com uma posição antissistêmica, pela extensão dos recursos para o palco em que se travavam os conflitos entre as forças centrais em disputa. E mais, a partir do exposto, podemos traçar o mapa do desenvolvimento e das relações de poder no sistema de estados.

Do mesmo modo, a distribuição dos recursos em termos setoriais guarda estreita relação com o movimento do capital, ou seja, com a forma como os *ciclos sistêmicos de acumulação*[12] se desenvolvem.

O setor de infraestrutura é, de longe, o mais financiado nos anos 1950-1960, consumindo entre 61 e 64% do total de recursos, o que ratifica o já enunciado a respeito do início da exportação do ciclo do capital. A área de infraestrutura prepara o terreno para a instalação de indústrias, ao mesmo tempo em que impulsiona

---

[12] Na definição de Arrighi (1996, p.6), os ciclos sistêmicos de acumulação se desenvolvem de acordo com a fórmula geral do capital apresentada por Marx, em uma sucessiva alternância entre as fases da dominância produtiva e financeira: "a fórmula geral do capital apresentada por Marx (DMD') pode ser interpretada como retratando não apenas a lógica dos investimentos capitalistas individuais, mas também um padrão reiterado do capitalismo histórico como sistema mundial. O aspecto central desse padrão é a alternância de épocas de expansão material (fases DM de acumulação de capital) com fases de renascimento e expansão financeiros (fases MD').

circuitos de financiamento para a produção e a circulação. Nesse aspecto, o crescimento do setor industrial nos financiamentos do Bird, nas décadas de 1960-1970, esteve em grande medida vinculado às companhias financeiras de desenvolvimento.[13]

Até a década de 1960, não há registro de projetos e financiamentos para a área social, a qual é encarada com desconfiança por Wall Street, posto que não traz retorno econômico direto e, muitas vezes, pode servir como um canal de recursos para atividades *políticas* de governos pouco comprometidos com a transparência e as reais necessidades de seus povos. As discussões no interior do GBM demonstravam uma significativa resistência à introdução desse tema na agenda da instituição.

> Evitando gastos em agricultura, serviços sociais e redistribuição e gastando com infraestrutura econômica, o Banco nadava de acordo com a corrente intelectual dos anos 1950. Mas, a preocupação inicial e fundamental que marcou a política de empréstimos foi a financeira. Quando Robert Cavanaugh, o chefe do caixa da instituição entre 1947 e 1959, foi perguntado se o Mercado de capitais de Nova York teria reagido adversamente com a alocação de recursos do Banco para educação, saúde pública, habitação, ele disse: "se tivéssemos entrado no campo social... então o mercado de títulos pensaria que não estávamos agindo de forma prudente do ponto de vista financeiro... Se você começa financiando escolas e hospitais e trabalhos de saneamento, ou algo do gênero, você estará financiando coisas que não permitem, diretamente, que um país honre seus empréstimos. (Kapur; Lewis; Webb, op. cit., p.119-20)

Esse aspecto só se altera com a chegada de McNamara e está vinculado à ascensão de uma estratégia menos subordinada ao circuito do Departamento de Tesouro dos Estados Unidos/Wall Street e mais próxima das necessidades do Departamento de Estado.[14] Como já salientado, o deslocamento da Guerra Fria para

---

[13] A inclusão desse ramo no setor industrial se dá pelo fato de o GBM repassar recursos para essas agências de desenvolvimento a fim de que fossem destinados para projetos de desenvolvimento industrial.
[14] As críticas do mundo acadêmico aos processos de modernização/industrialização e os eventos políticos que se desenvolvem na periferia contribuem para

a periferia do sistema e a incorporação de nações mais pobres alteram as preocupações e demandas no interior do GBM. Adicionalmente, podemos inferir que no período McNamara o GBM já gozava de elevado prestígio junto às empresas de classificação de risco e já tinha adquirido uma consistência organizacional que o impulsionava para tarefas de maior amplitude. Os gastos na área social triplicam (de 4% para 13%, em média) da década de 1960 para a de 1970 e neles estão inclusos temas relacionados às questões urbanas, as quais crescem em importância, à medida que os processos de industrialização periférica e a *modernização agrícola* promovem o inchamento das cidades.

Os financiamentos na área social permanecem mais ou menos no mesmo patamar (15%) durante o governo Reagan, interrompendo a trajetória de crescimento anterior, muito em função da introdução da primeira geração de ajustes estruturais e da volta da ortodoxia neoclássica ao comando da instituição, mas voltam a crescer durante a década de 1990, como resposta aos efeitos colaterais dos programas de ajuste, à introdução de novos temas como *ambiente* e ao crescimento do grau de importância do item *educação*.

A agricultura também apresenta um crescimento significativo durante o período McNamara (salta de 4% na década de 1950 para 28% na de 1970) em consonância com a entrada de países no GBM onde o setor rural tinha peso relevante na estrutura econômica e social. Além disso, o avanço do capitalismo na agricultura dos países periféricos se dá no final dos anos 1960 e se desenvolve durante os anos 1970.

---

maior abertura do GBM ao debate sobre o desenvolvimento. "O criticismo e os questionamentos públicos estavam crescendo: a legislação sobre ajuda nos Estados Unidos estava se direcionando para as necessidades básicas, "New Directions Reformulations"; as conclusões de Fishlow sobre a desigualdade no Brasil e a crítica radical de Teresa Hayter sobre a questão da ajuda foram publicadas no ano de 1971. Eventos políticos entre 1969 e 1971, especialmente a eleição de Allende no Chile; o socialismo e a nacionalização do petróleo na Argélia e no Peru; a guerra civil no Paquistão; e a eleição de Indira Gandhi sob uma plataforma orientada para os pobres possivelmente deram uma contribuição para a busca de uma nova estratégia." (Kapur; Lewis; Webb, op. cit., p.252). Além disso, poderíamos incluir toda a contribuição do estruturalismo cepalino e o debate entre os dependentistas, que ganhou força no final dos anos 1960 e início dos 1970.

Por último, havia uma crença na gestão de McNamara de que os projetos rurais poderiam representar importantes instrumentos de crescimento e desenvolvimento social. Nesse caso, também verificamos uma reversão durante o governo Reagan, ou seja, o aumento da ênfase nas questões macroeconômicas, sob direção da ortodoxia neoclássica, implica uma condenação aos programas de desenvolvimento rural levados a cabo na década de 1970.

A distribuição dos recursos em termos setoriais mostra que o GBM diversificou sua agenda à medida que aumentou sua atuação na periferia e que a acumulação de capital se expandiu para além das fronteiras do núcleo orgânico.

A análise de Arrighi (1996) sobre os "ciclos sistêmicos de acumulação" divide o período da hegemonia norte-americana em dois momentos, o primeiro relativo ao período de Bretton Woods, em que a predominância da esfera produtiva nas relações econômicas e políticas internacionais condiciona as ações dos estados soberanos, e o segundo relacionado à expansão das finanças como elemento dominante da acumulação.[15]

O discurso do GBM e as relações de condicionalidade acompanham essas transformações.[16] No mesmo sentido, a ampliação de sua atuação e a maior abrangência em termos de temáticas cobertas pela agenda de desenvolvimento transformam a instituição em um ator-chave dessa dinâmica.

---

[15] Nesse aspecto, o excelente trabalho de Chesnais (1996) mostra as articulações entre as transformações nas estratégias das grandes corporações e o papel crescente da dominância financeira na economia mundial. Também vale destacar as obras de Ruggie (s.d.) e Helleiner (1994) na demonstração da centralidade do estado na dinâmica das transformações a partir dos anos 1970, que encerra o período do *embedded liberalism*. Sobre as transformações nas relações sociais e no regime de acumulação, ver Harvey (1989).

[16] No Capítulo 3, "Crise e ajustamento: o Grupo Banco Mundial na formulação do consenso periférico", procuraremos demonstrar como essas transformações ensejaram o surgimento dos programas de ajustamento estrutural e colocaram as condicionalidades em um patamar muito mais amplo em termos de agenda. Fica claro desde já que os programas de ajustamento representam uma mudança no plano das relações institucionais, entre o GBM e os estados periféricos, e servem como ponta de lança para uma série de transformações que, em boa medida, respondem à dinâmica das desregulamentações competitivas no interior do núcleo orgânico.

Para uma visão mais detalhada das décadas de 1980-1990, vamos desagregar os gastos por região e setor desse período (tabelas 2.1.11 a 2.1.13).

Tabela 2.1.11: Distribuição setorial dos empréstimos para a África, anos fiscais 1981-90.

Setor	Média anual 1981-5 (%)	Média anual 1986-90 (%)
Agricultura e desenvolvimento Rural	27,4	22
Companhias financeiras de desenvolvimento	4,8	8,5
Educação	5,8	5,6
Energia	10,7	5,4
Indústria	2	3,5
Não projetos	14,2	16,5
População, saúde e nutrição	1,5	3,6
Administração do setor público	0,2	2
Empresas de pequena escala	1,1	3
Assistência técnica	3,7	2,7
Telecomunicações	2,3	2,7
Transporte	18,5	12,2
Desenvolvimento urbano	2,9	8
Suprimento de água e saneamento	4,8	4,1
Total	100	100

Fonte: World Bank Report 1990, 2000.

Tabela 2.1.12: Distribuição setorial dos empréstimos para a Ásia, anos fiscais 1981-90.

Setor	Média anual 1981-5 (%)	Média anual 1986-90 (%)
Agricultura e desenvolvimento Rural	25,8	19,2
Companhias financeiras de desenvolvimento	5,4	5,7
Educação	6	6,3
Energia	28	25,8
Indústria	5,1	7

Continua

Tabela 2.1.12: *Continuação*

Setor	Média anual 1981-5 (%)	Média anual 1986-90 (%)
Não projetos	6,4	6,6
População, saúde e nutrição	0,6	1,1
Administração do setor público	–	0,7
Empresas de pequena escala	1,5	2,6
Assistência técnica	–	0,3
Telecomunicações	1,7	1,8
Transporte	9,4	11,4
Desenvolvimento urbano	2,3	2,9
Suprimento de água e saneamento	7,8	7,6
Total	100	100

Fonte: Ibid.

Tabela 2.1.13: Distribuição setorial de recursos para a América Latina e Caribe, anos fiscais 1981-90.

Setor	Média anual 1981-5 (%)	Média anual 1986-1990
Agricultura e desenvolvimento rural	24	20,6
Companhias financeiras de desenvolvimento	7,6	14,7
Educação	3,1	1,1
Energia	21,9	13,4
Indústria	3,5	7,3
Não projetos	4	15
População, saúde e nutrição	0,6	2,6
Administração do setor público	–	3,1
Empresas de pequena escala	7,1	1,8
Assistência técnica	0,3	0,6
Telecomunicações	0,4	0,1
Transporte	16	7,6
Desenvolvimento urbano	4,8	8,5
Suprimento de água e saneamento	6,1	3
Total	100	100

Fonte: Ibid.

Do ponto de vista da agenda para o desenvolvimento, essa distribuição de recursos nos fornece a ampliação das áreas de atuação do GBM na segunda metade dos anos 1980, o aparecimento de gastos diretamente relacionados aos programas de ajustamento estrutural e um decréscimo absoluto e relativo de alguns gastos que fizeram parte das prioridades do GBM nas décadas precedentes. O caso da agricultura e desenvolvimento rural é expressivo, pois em todas as regiões selecionadas pode-se verificar a queda na alocação de recursos (África – 19,7%; Ásia – 25,5%; Europa –18%; América Latina e Caribe – 14%). Os gastos com energia apresentam queda significativa no caso africano, na América Latina e no Caribe, permanecendo relativamente estáveis na Ásia e apresentando um pequeno crescimento na Europa, no Oriente Médio e no Norte da África. O comportamento dos gastos com transporte se apresenta de modo praticamente idêntico ao dos gastos com energia.

Algumas especificidades devem ser observadas. O maior peso do item "assistência técnica" na África em relação às outras regiões se deve ao fato de essa ser uma região com maior carência de quadros locais com qualificação. Outro aspecto importante é o expressivo crescimento do item "desenvolvimento urbano" em todas as regiões, o que aponta uma preocupação do GBM em dar resposta aos problemas urbanos que se avolumam durante a década de 1980 em função da baixa taxa de crescimento na periferia, bem como pelo rápido processo de urbanização que acompanhou a expansão do capitalismo a partir dos anos 1970.

Cabe destacar que dessa trajetória de baixo crescimento, ou mesmo de decréscimo da renda *per capita*, no caso da África Subsaariana, se exclui o Leste e Sudeste Asiáticos. Também, no rastro da diversificação da agenda do GBM a partir da segunda metade dos anos 1980, verificamos um aumento de recursos para o item "população, saúde e nutrição", embora ainda modestos. Como veremos adiante, os gastos na área social foram ampliados a partir das críticas aos programas de ajustamento, principalmente a partir da segunda metade dos anos 1980, quando os problemas dos países afetados pela crise da dívida, desencadeada no início da década, ganharam uma dimensão que fugia ao enfoque de curto prazo que dominara os programas de ajustamento da primeira geração.

Os dados apresentados apontam para um importante aspecto: o peso relativo do item "não projetos" é significativo. Historicamente, o GBM divide seus financiamentos e empréstimos em projetos e programas. No início das atividades, em conformidade com o espírito reinante no sistema financeiro da época, a preferência era dada à concessão de recursos para projetos específicos, que podiam ser mais bem detalhados e possibilitavam maior controle da execução. A partir da década de 1970, com a ampliação das ações do GBM e, principalmente, com a introdução dos ajustamentos estruturais na década de 1980, os programas de caráter mais amplo ganharam um peso crescente.

O maior peso relativo do item "não projetos", como vimos nas tabelas 2.1.11 a 2.1.13, está na África, na América Latina e na Europa, no Oriente Médio e no Norte da África, o que sugere que a maior concentração de programas de ajustamento durante os anos 1980 tenha ocorrido nessas regiões.[17] É também objeto de observação o aparecimento do item "administração do setor público", com maior relevância na África, crescente importância na América Latina e completa ausência na Ásia, região em que o item "não projetos" tem o menor peso relativo. Esse item já aponta para os programas de ajustamento de segunda geração, em que as reformas institucionais ganham destaque.

A distribuição espacial da ênfase nos programas de ajuste certamente esteve relacionada à interrupção dos créditos voluntários para América Latina e Caribe, bem como com o conjunto de problemas enfrentados pelos países africanos durante os anos 1980. À crise da dívida, que foi a ponta de lança que faltava para a expansão desses programas, devemos somar aspectos relacionados às transformações no regime de acumulação e nas disputas interestatais decorrentes. Assim, a região asiática guarda alguns elementos diferenciadores em relação ao conjunto da periferia. Entre eles, o principal aspecto que deve ser ressaltado é que os créditos voluntários não foram interrompidos para o Leste e Sudeste Asiáticos durante os anos 1980, o que, em boa medida, mas não somente, explica os índices de crescimento da região.[18]

A trajetória de expansão dos gastos do GBM aprofunda as tendências observadas a partir da segunda metade dos anos 1980.

---

[17] O detalhamento e a gênese dos programas de ajustamento estrutural serão tratados no próximo capítulo.
[18] Para uma análise comparativa entre o desenvolvimento asiático e o latino-americano, ver Medeiros (1997).

O que se verifica, em termos distintivos, é que os programas passam a refletir, ou a incorporar, parte das críticas que o GBM vinha sofrendo durante os anos 1980. Amplia-se, a partir daí, a participação das ONGs na execução dos projetos e itens caros à temática do desenvolvimento, como a questão do ambiente, passam a receber mais destaque.

Como observamos anteriormente, na década de 1990, com a entrada dos países da zona de influência soviética no GBM, questões relativas às reformas institucionais ganham destaque. Chamamos a atenção ao fato de isso não representar uma ruptura com a trajetória anterior, mas um aprofundamento das tendências que estavam em curso anteriormente. Assim, a incorporação da temática institucional não rompe com a orientação neoclássica, ao contrário, é nela que o GBM se socorre para dar uma resposta à pressão que vinha sofrendo. As tabelas de 2.1.14 a 2.1.19 nos apresentam a distribuição dos recursos na década de 1990.

Tabela 2.1.14: Distribuição setorial dos recursos para a África, anos fiscais 1992-2000.

Setor	1992-7 (%)	1998-2000 (%)
Agricultura	11,8	7,6
Política econômica	19,3	20,2
Educação	8,6	10,2
Energia elétrica e outras energias	6,6	5,9
Ambiente	1,7	1,4
Financeiro	7,8	1,3
Minas	0,3	0,3
Multisetor	1,4	0,9
Óleo e gás	1,1	1,8
População, saúde e nutrição	4,9	7,1
Desenvolvimento do setor privado	7,5	4,5
Administração do setor público	3,5	8,2
Proteção social	4,3	5,4
Telecomunicações	0,5	0,3
Transporte	10,8	17,8
Desenvolvimento urbano	4,8	2,9
Suprimento de água e saneamento	4,5	3,8
Total	100	100

Fonte: World Bank Annual Report 2000.

Economia, poder e influência externa

Tabela 2.1.15: Distribuição setorial dos recursos para o Oriente Médio e Norte da África, anos fiscais 1992-2000.

Setor	1992-7 (%)	1998-2000 (%)
Agricultura	23	20,8
Política econômica	14,6	10,6
Educação	7,7	12
Energia elétrica e outras energias	6,6	1,5
Ambiente	2,8	1
Financeiro	7	6,9
Minas	–	–
Multisetor	–	2,4
Óleo e gás	2,4	–
População, saúde e nutrição	4,2	9,4
Desenvolvimento do setor privado	1,5	4,3
Administração do setor público	0,6	4,6
Proteção social	3,2	6,6
Telecomunicações	1,5	0,2
Transporte	4,4	2,1
Desenvolvimento urbano	12,4	10,3
Suprimento de água e saneamento	7,7	6,7
Total	100	100

Fonte: Ibid.

Tabela 2.1.16: Distribuição setorial de recursos para América Latina e Caribe, anos fiscais 1992-2000.

Setor	1992-7 (%)	1998-2000 (%)
Agricultura	10	6
Política econômica	7,1	17,6
Educação	11,2	9,3
Energia elétrica e outras energias	3,4	0,2
Ambiente	4,7	2,4
Financeiro	14,6	12,5
Minas	0,9	0,2
Multisetor	0,7	3,5
Óleo e gás	0,3	1

Continua

Tabela 2.1.16: *Continuação*

Setor	1992-7 (%)	1998-2000 (%)
População, saúde e nutrição	6,3	7,2
Desenvolvimento do setor privado	3,7	1,8
Administração do setor público	4,2	10,8
Proteção social	4,7	15,1
Telecomunicações	–	0,2
Transporte	17	8,5
Desenvolvimento urbano	4,9	1,3
Suprimento de água e saneamento	5,8	2
Total	100	100

Fonte: Ibid.

Tabela 2.1.17: Distribuição setorial de recursos para Europa e Ásia Central, anos fiscais 1992-2000.

Setor	1992-7 (%)	1998-2000 (%)
Agricultura	10	3,9
Política econômica	26	27
Educação	1	4,8
Energia elétrica e outras energia	7,7	5,8
Ambiente	1	1,3
Financeiro	5,9	5,9
Minas	3,5	8,4
Multisetor	0,5	2,2
Óleo e gás	7,1	–
População, saúde e nutrição	4,4	2,1
Desenvolvimento do setor privado	6	7
Administração do setor público	2,4	5,5
Proteção social	6	4,7
Telecomunicações	0,8	0,2
Transporte	10,2	8,8
Desenvolvimento urbano	5	6,5
Suprimento de água e saneamento	2,2	5,3
Total	100	100

Fonte: Ibid.

Economia, poder e influência externa

Tabela 2.1.18: Distribuição setorial de recursos para Ásia do Sul, anos fiscais 1992-2000.

Setor	1992-7 (%)	1998-2000 (%)
Agricultura	14,5	15,5
Política econômica	4,9	4,6
Educação	9,7	12
Energia elétrica e outras energias	18,2	9,2
Ambiente	3,4	1,6
Financeiro	7,9	5
Minas	0,5	6,2
Multisetor	0,6	3,5
Óleo e gás	1,8	–
População, saúde e nutrição	12,8	15,1
Desenvolvimento do setor privado	2,6	0,4
Administração do setor público	2,8	2,9
Proteção social	3,1	7,6
Telecomunicações	0,5	0,7
Transporte	9,6	13,6
Desenvolvimento urbano	1,8	1,3
Suprimento de água e saneamento	5	0,4
Total	100	100

Fonte: Ibid.

Tabela 2.1.19: Distribuição setorial de recursos para Ásia do Leste e Pacífico, anos fiscais 1992-2000.

Setor	1992-7 (%)	1998-2000 (%)
Agricultura	17,4	9,5
Política econômica	1,7	16,5
Educação	9	3
Energia elétrica e outra energia	23,4	6,3
Ambiente	5	4
Financeiro	1,9	28
Minas	0,1	0,1
Multisetor	0,2	–
Óleo e gás	2,5	0,1

Continua

115

Tabela 2.1.19: *Continuação*

Setor	1992-7 (%)	1998-2000 (%)
População, saúde e nutrição	3,3	1,6
Desenvolvimento do setor privado	0,4	0,8
Administração do setor público	1,3	5,4
Proteção social	0,9	6,2
Telecomunicações	3,2	0,6
Transporte	20,8	12,4
Desenvolvimento urbano	5,8	1,4
Suprimento de água e saneamento	2,5	4
Total	100	100

Fonte: Ibid.

A mudança de metodologia na classificação dos setores, muito embora possa atrapalhar um pouco a comparação entre as décadas de 1980 e 1990, parece permitir maior clareza na descrição da evolução dos gastos do GBM, tanto em termos espaciais quanto setoriais. Assim, a relação entre influência externa e programas de ajuste fica mais evidente com a introdução de dois itens: política econômica e proteção social. O primeiro certamente se apresenta como indicador mais fiel em relação aos programas de ajuste, enquanto o segundo está relacionado à tendência já verificada no final dos anos 1980 no que concerne à introdução de políticas compensatórias no campo social. Isso representou um reconhecimento, por parte da instituição, de que os programas de ajuste causavam efeitos colaterais no campo social e que, se não fossem mitigados, poderiam gerar efeitos indesejáveis nas alianças de governo que conduziam os processos de *reforma*.

O item "política econômica" passa a ter forte participação na distribuição setorial – é o item que, isoladamente, tem maior peso na África, Europa, Ásia Central e, a partir de 1997, na América Latina. A menor incidência desse item está na Ásia, apesar de ser impressionante seu crescimento, a partir de 1997, no Leste do continente, quando passa de 1,7% (1992-1997) para 16,5% (1998-2000). Esse comportamento também é verificado na América Latina, onde os recursos saltam de 7,1% para 17,6%.

Para o Leste asiático também crescem, de forma expressiva, no período em questão, os itens "financeiro" (de 1,9% para 28%), "administração do setor público" (de 1,3% para 5,4%) e "proteção social" (de 0,9% para 6,2%). No caso da América Latina e do Caribe, os itens "população, saúde e nutrição" e "proteção social" apresentam crescimento, apesar de o primeiro já se mostrar bastante presente na primeira metade dos anos 1990.

A virada expressiva nos indicadores do Leste asiático denuncia uma reversão em termos de inserção externa da região, que não sabemos se será consolidada ou não enquanto tendência. O fato é que essa, em conformidade com o Sul asiático, era uma região relativamente insulada dos programas de ajustamento. O fator decisivo dessa reversão foram as crises financeiras que abalaram a região no ano de 1997. Já na América Latina e no Caribe, os indicadores se apresentam como um processo de aprofundamento dos programas de ajuste aos quais a região esteve submetida desde os anos 1980.

A forte presença do item "política econômica" na região da Europa e Ásia Central guarda relação com a entrada dos países da antiga zona de influência da União Soviética, os quais o GBM chama de *países em transição*, e pela presença da Turquia, que esteve envolvida desde a década de 1980 com os programas de ajustamento. Também nessa região podemos verificar um aumento no item "administração do setor público".

Algumas diferenças são observadas em termos de comportamento entre as diferentes regiões, refletindo a forma como os programas de ajuste e os gastos setoriais se correlacionam com as especificidades locais. O mais importante, para este capítulo, foi descrever e analisar as macrotendências, sem buscar uma análise dos projetos específicos. Supomos, com isso, que os dados tenham ajudado a montar, certamente com algumas lacunas, um quadro mais próximo da realidade, seja da distribuição do poder no interior do GBM, seja das ligações entre essa e a hierarquia no interior do sistema de estados.

A partir desses elementos, julgamos necessário detalhar o foco de nossa análise, ou seja, as mudanças ocorridas na economia mundial a partir da crise de Bretton Woods e a introdução dos programas de ajustamento estrutural, assim como a relação do GBM com a América Latina, em termos dos desdobramentos da política econômica nas décadas de 1980-1990.

3
CRISE E AJUSTAMENTO: O GRUPO BANCO MUNDIAL NA FORMULAÇÃO DO CONSENSO PERIFÉRICO

A década de 1970 representa o preâmbulo para a definição dos papéis das instituições de Bretton Woods na periferia do sistema de estados. Se as instituições têm a função de controle social, se representam a objetivação de hábitos que se naturalizam, é possível supor que dado o caráter específico do GBM e do FMI, como intermediários financeiros e simbólicos, suas funções se definem a partir dos valores que eles sustentam e dos processos finalísticos que desempenham, em uma racionalidade que tem como elemento central manter o equilíbrio e a estabilidade da hierarquia no interior do sistema de estados.

Essas instituições exercem, portanto, o papel de controladores das relações centro-periferia, buscando ajustar as partes que fogem às regras estabelecidas para o bom andamento do sistema de pagamentos internacionais. Descrever essa funcionalidade sistêmica não implica, o que uma leitura apressada poderia supor, afirmar que o sistema funciona de maneira equilibrada e neutra do ponto de vista dos interesses em jogo. O sistema, por outro lado, não funciona de maneira caótica, anômica (sem regras) e espontânea. Existem relações de dominação e subordinação bastante precisas, sejam elas tácitas ou explícitas.

Essa prerrogativa metodológica nos permite buscar os elementos coerentes da funcionalidade, descrevendo uma história da dinâmica internacional, sem que caiamos na tentação de, por um lado, defini-la como um corpo fechado e totalmente previsível do desenrolar dos acontecimentos e, por outro, como uma constelação de fatos desconexos que não guardam relação entre si, senão pelas aparentes semelhanças.

Do ponto de vista da dinâmica econômica internacional, esses atores criam espaços de valorização para as empresas transnacionais e, ao fazê-lo, buscam criar um consenso em torno de um ambiente *tipo ideal* que possa garantir a estabilidade dos negócios. Essa relação intermediária reproduz, no plano internacional, algumas das características que as agências estatais carregam nas relações entre Estado e sociedade civil no espaço nacional. Nesse caso, porém, a porosidade em termos de poder de voto e veto, às quais estão submetidas, é muito mais reduzida que a encontrada na relação sociedade civil e Estado sob regimes democráticos modernos. Como demonstramos no capítulo anterior, o voto no GBM está distribuído de acordo com a posição estrutural que cada membro ocupa na hierarquia do sistema de estados. Além disso, o papel da sociedade civil é secundário na definição das estratégias do GBM, salvo aquela parte da sociedade civil que define os valores, ou seja, os hábitos no mundo dos negócios.

No caso do GBM fica claro que Wall Street sempre desempenhou papel central na conduta da instituição, mas é importante considerar que também as exigências da política externa da potência hegemônica foram decisivas na formulação das estratégias de desenvolvimento elaboradas pelo GBM. Na década de 1970, com o acirramento da Guerra Fria, a gestão McNamara foi emblemática nesse sentido. Mais que isso, essa década representou o fim do padrão monetário internacional vigente nos anos dourados do capitalismo e a emergência de uma nova institucionalidade financeira internacional. Sob esse aspecto, ao tratarmos da gênese dos programas de ajustamento, buscaremos definir as transformações na dinâmica econômica internacional desse período e os aspectos substanciais das estratégias de desenvolvimento elaboradas pelo GBM para a periferia.

3.1 A DÉCADA DE 1970

Na expansão capitalista do período em que vigorou o acordo de Bretton Woods, já estavam os elementos de sua própria destruição. A expansão das empresas multinacionais norte-americanas produziu um fluxo de recursos que buscou se deslocar dos espaços de regulação nacional. A criação do *euromercado de divisas*, que deu início à expansão das praças financeiras *off-shore*, respondeu às necessidades de criação de um espaço de valorização que passava ao largo das amarras impostas pelas políticas soberanas.

O *dilema de Triffin*[1] ganhava relevância à medida que o orçamento e o balanço de pagamentos dos Estados Unidos apresentavam déficits crescentes. A Guerra Fria cobrava seu preço, não só para os norte-americanos, mas para o mundo, como se veria durante a década de 1970. A Guerra do Vietnã e o esforço armamentista da corrida espacial deslocavam os gastos internos norte-americanos. A recuperação japonesa e a alemã impunham uma carga adicional na conta comercial da potência hegemônica.

> Não por acaso, o saldo negativo do balanço de pagamentos norte-americano mostrou, a partir do início dos 1970, uma participação cada vez mais importante do déficit comercial. [...] As inevitáveis pressões sobre o dólar se intensificaram e já em 1971 Nixon suspendeu a conversibilidade do dólar a uma taxa fixa com o ouro. Em 1973 o sistema de paridades fixas, mas ajustáveis, de Bretton Woods foi substituído por um sistema de flutuações sujas. (Belluzzo, 1995, p.14)

Inserida em um contexto de transformações na dinâmica econômica internacional, a crise de Bretton Woods representou a ruptura do contrato social erguido sob o signo do keynesianismo.

---

[1] O dilema de Triffin, que leva o nome do autor, consistia na "na incompatibilidade de o dólar, para satisfazer a demanda de liquidez internacional, exercer simultaneamente a função de circulação e a função de ativo de reserva de valor, essa última baseada no lastro em ouro. Cumprir com a regra da conversibilidade ao ouro supunha que os Estados Unidos somente pudessem emitir dólares na proporção em que acumulassem reservas em seu balanço de pagamentos, requerendo que o país incorresse em constantes superávits. Constantes superávits no balanço de pagamentos significa uma entrada de dólares superior à saída, o que implica escassez da moeda norte-americana no mercado internacional. Consequentemente, se a moeda é escassa em nível internacional, ela não pode satisfazer a demanda por liquidez". (Baer et al., 1995, p.82)

As políticas de pleno emprego seriam progressivamente abandonadas em favor de um sistema que resultaria nos processos de desregulamentação competitiva das décadas vindouras, colocando na dominância dos jogos de interesse a finança internacional.

> A crise do sistema de regulação de Bretton Woods permitiu e estimulou o surgimento de operações de empréstimo/depósitos que escapavam ao controle dos bancos centrais. A fonte inicial dessas operações "internacionalizadas" foram certamente os dólares que excediam a demanda dos agentes econômicos e das autoridades monetárias estrangeiras. (Ibid., p.15)

Inicia-se um período de flutuações na taxa de câmbio e expansão das operações financeiras privadas no âmbito do sistema de crédito internacional. O papel desempenhado pelo dólar no imediato Pós-Guerra, incrementado pelas operações das empresas multinacionais norte-americanas, permite aos Estados Unidos manter as vantagens da senhoriagem, sem as amarras que vigoravam durante o período de Bretton Woods.

Com a crise do petróleo em 1973, surgem imensas oportunidades para a expansão do sistema de crédito privado via GBMs comerciais, que operavam em praças *off-shore*, inicialmente na City Londrina. A reciclagem dos petrodólares permitiu que essas instituições pudessem iniciar um ciclo de expansão de oferta de crédito para os países periféricos, impulsionando a formação da dívida externa na periferia, característica dos anos 1970.

Assim, a década de 1970 pode ser descrita como um período de definições, pleno de acontecimentos econômicos e políticos de grande relevância. A dinâmica monetária foi aos poucos moldada dentro das perspectivas de expansão dos interesses corporativos privados, na luta pela conquista de mercados externos e estreitamente vinculada à política econômica norte-americana. Essa dinâmica muda o padrão de financiamento das economias periféricas. Se, de um lado, o dólar conquista sua supremacia como moeda de referência internacional, de outro a liquidez provocada pelas operações *off-shore* das corporações produtivas e financeiras abre espaço para a emergência de um ciclo de oferta de crédito privado sem precedentes no pós-Guerra para os países periféricos.

Abaladas pelos acontecimentos do início da década, em especial pelo choque do petróleo, as economias centrais apresentam duplo movimento de queda na taxa de crescimento do produto e aumento dos preços, processo esse que ficou conhecido como o *fenômeno da estagflação*. A baixa nas oportunidades de negócios no interior da tríade impulsionou o fluxo de capitais do norte em direção ao sul. Esse novo espaço de valorização encontra resposta imediata na insuficiência de poupança da periferia, a qual induz os governos a promover processos de alavancagem externa, seja para a capacidade já instalada, seja para a abertura de novas frentes nas inversões substitutivas de importações.

> Retrospectivamente, parece bastante claro que essa fase de fácil acesso ao mercado financeiro privado internacional esteve estreitamente associada à crise e às tentativas de reestruturação produtiva nos países industrializados após 1973. As políticas macroeconômicas implementadas nesse período, que ficaram conhecidas como "stop and go", e os investimentos concentrados na racionalização da produção (Frobel, 1983) implicaram uma queda na demanda por crédito nos países desenvolvidos, fazendo com que os recursos dos mercados financeiros fossem canalizados para novas regiões e investidores, principalmente no mundo subdesenvolvido. (Baer, 1993, p.44)

Atores relevantes desse processo, os bancos comerciais internacionalizados ofertam recursos com taxas atrativas para os tomadores, porém com prazos de amortização mais reduzidos que os antigos contratos do período de Bretton Woods e, o que é mais relevante, tomando como mecanismo de correção taxas de juros flutuantes (as *taxas libor* e *prime rate*).[2]

Não se pode desprezar o fato de muitos países que inauguraram esse ciclo de endividamento se encontrarem sob governos com legitimidade política questionável, o que impedia contestações mais contundentes por parte das respectivas sociedades civis. Na América Latina, o quadro de progressão do estoque de dívida externa líquida guarda estreita relação com o ciclo de

---

[2] Respectivamente a Libor (London Interbank Offered Rate), que é a taxa de referência da City Londrina e a *prime rate* que é a taxa básica de juros do Federal Reserve dos Estados Unidos.

militarização da região. Não é possível afirmar que tal política não encontraria respaldo em regimes democráticos sob as condições específicas da oferta de crédito do período, mas se pode supor que a conjugação de um ambiente macroeconômico com alta liquidez e as facilidades de promoção de políticas soberanas, com baixo poder de veto da sociedade, tenham facilitado o processo.

O rápido endividamento por que passaram muitas economias periféricas denota o caráter perverso do processo de substituição de importações sob a dominância de um regime financeiro internacional cada vez mais controlado por instituições privadas de crédito e por regimes políticos doméstico-autoritários. A convergência desses interesses se mostra explosiva no final da década de 1970, sendo, inclusive, decisiva para colocar em xeque a manutenção desses regimes.

O processo de endividamento será um fator decisivo na posterior crise do modelo de substituição de importações e resultará na crescente dependência dos países endividados em relação ao ciclo da economia mundial e às sanções do sistema financeiro internacional, diminuindo o grau de manobra das políticas soberanas.

Segundo dados da Cepal (apud Arruda, 1999), no fim do ciclo das ditaduras, o montante do endividamento externo como proporção do PIB para cinco economias sul americanas era: Argentina (74%), Chile (128%), Brasil (46%), Bolívia (139%) e Uruguai (89%).

O estoque da dívida externa bruta para a América Latina salta de US$ 68,5 bilhões, em 1975, para US$ 318,4 bilhões, em 1982 (Kucinski; Brandford, 1987, p.24), ano em que o México entrou em *default*.

Os aspectos fundamentais da mudança na economia mundial nesse período podem ser resumidos da seguinte forma:

1. De um modo geral, todas a economias foram afetadas pelos efeitos do choque do petróleo e pelo colapso de Bretton Woods. Na raiz dessa crise estavam os crescentes déficits interno e externo norte-americanos, que impactavam negativamente o regime cambial. As amarras do sistema foram sendo progressivamente quebradas pela expansão das corporações multinacionais e pelas políticas soberanas

desencadeadas pelo hegemon no sentido da liberação dos mercados.
2. A maneira como foram reciclados os petrodólares, privilegiando o circuito privado de crédito, e a necessidade de criar novos espaços de valorização, em função da queda nas taxas de retorno nos países centrais mudaram o padrão de financiamento das economias periféricas.
3. A emergência de um novo padrão de financiamento resultou uma mudança progressiva dos centros de decisão interna, movimento esse que já vinha ocorrendo com os processos substitutivos de importação apoiados pelo investimento externo direto, para os núcleos decisórios das grandes corporações internacionais e dos governos dos países centrais.
4. A dívida é antes um sintoma das lacunas estruturais de um padrão de desenvolvimento dependente e associado que um acidente de percurso, ou seja, suas características apontam para um problema crônico de inserção externa de parte das economias periféricas.
5. A crise da dívida produz efeitos devastadores sobre os indicadores-chave das economias dependentes, principalmente na América Latina e na África. O que entra em cheque é a possibilidade de execução de políticas soberanas em função da crise do Estado na periferia, a qual abarca as dimensões econômica e política.

Para o GBM, todas essas transformações têm impactos imediatos em sua forma de atuação. A quebra do regime cambial de Bretton Woods foi uma resposta do governo norte-americano aos problemas econômicos internos, associados à manutenção dos níveis de bem-estar de sua população, bem como às atribuições de maior potência militar no transcurso da Guerra Fria. Todavia, essa resposta não garante imediata recuperação da economia dos Estados Unidos, tampouco elimina da economia mundial as economias que lhe fazem concorrência no plano comercial. Mais ainda, a quebra do compromisso de convertibilidade e a truculência da política externa verificadas no Vietnã e em outras partes do planeta provocam questionamentos tanto de governos aliados como da sociedade civil norte-americana.

A crise econômica interna também coloca pressão maior sobre os gastos com as instituições multilaterais. As administrações republicanas da virada dos 1960 para os 1970 passam a cobrar mais das instituições para as quais destinam recursos. O Congresso Americano se transforma em peça importante na disputa pela alocação de recursos para as instituições internacionais durante os anos 1970, formando um tripé com o Departamento de Estado e o tesouro.

A Guerra do Vietnã não somente quebrou o consenso em termos de política externa, como também encerrou o período de complacência do Congresso nos assuntos externos. Muitos congressistas rechaçaram a escalada dos Estados Unidos no Vietnã e as tentativas das administrações Johnson e Nixon de uso da ajuda bilateral e multilateral como instrumentos de suporte à guerra. Como consequência, o Congresso buscou um papel maior no direcionamento da política externa, o que incluiu uma atenção mais detida da participação dos EUA no GBM. (Gwin, 1994, p.19)

A pressão do Congresso fica estampada nas negociações para a diminuição dos recursos, nas tentativas de limitação dos salários do quadro operacional do GBM e de enquadramento de McNamara aos ditames da política externa. Uma das contendas do presidente do GBM com o governo dos Estados Unidos ocorre por conta da discussão sobre o problema da reciclagem dos petrodólares. Para McNamara, o GBM deve participar das operações de reciclagem, por meio da criação de um fundo para o desenvolvimento.

O governo norte-americano obsta a proposta, privilegiando os bancos comerciais privados e definindo o padrão de financiamento que seria construído durante os anos 1970 para os países periféricos. Em 1972, o Congresso estabelece diretrizes (emenda Gonzales) para que o governo interrompa a concessão de recursos a países que tivessem expropriado propriedades de companhias norte-americanas sem as devidas compensações (Ibid., p.24).

A defesa das corporações norte-americanas seria realçada na segunda metade dos 1970.

Em 1976 e durante os anos 1980, o Congresso também objetou que o GBM destinasse empréstimos para projetos que poderiam competir com a produção americana de comodities. Em 1977, o Congresso adotou legislação requerendo que os diretores executivos americanos nos GBMs multilaterais de desenvolvimento se opusessem aos empréstimos destinados à produção de óleo de palma, plantações de cítricos e açúcar. Em 1978, o Congresso americano mandou que o diretor executivo dos Estados Unidos se opusesse a todos os empréstimos para a produção de comodities de exportação, incluindo-se comodities minerais, que estavam com uma superoferta nos mercados mundiais o que poderia causar substanciais prejuízos aos produtores americanos. (Ibid., p.31)

À medida que o ambiente macroeconômico mundial apresenta sinais de deterioração, a tendência da política externa do hegemon é de exportar a crise por meio da inflação, a qual aumenta os custos de importação dos países periféricos. Durante os anos de estagflação, há uma perda de troca dos países periféricos e um aumento dos mecanismos de dependência deles com o centro. Mecanismos que se ligam ao duplo movimento de internacionalização produtiva e financeira. Como os produtos industrializados pertencem a estruturas de mercado mais concentradas que os produtos primários e semiacabados, o centro industrializado é beneficiado por uma menor elasticidade-preço. Além disso, muitos dos insumos utilizados para a produção de produtos primários, como os fertilizantes, experimentam fortes aumentos de preços desde 1971 (World Bank Report, 1974).

Os processos de substituição de importações continuam em curso e nem todas as economias conseguem percorrer os caminhos da industrialização. Ao mesmo tempo, o processo de modernização passa pela internalização de padrões técnicos típicos do centro cíclico da acumulação, e disso resulta que, como os países periféricos não conseguem internalizar todos os setores ao mesmo tempo, ficam na dependência da importação de parte dos insumos da matriz da produção. A Tabela 3.1.1 traz alguns dados para algumas das principais economias da América Latina. Ou seja, a crescente participação do secundário exige maior grau de importações de manufaturados.

Tabela 3.1.1: Participação dos produtos manufaturados no PIB (preços de 1970, em percentagens).

Ano	Argentina	Brasil	Chile	México	Colômbia	Venezuela
1940	22,6	15,2	19,7	16,6	9,1	7,8
1950	23,8	20,8	23,3	18,6	13,1	6,3
1960	26,7	26,5	25,5	19,5	16,2	11,3
1970	30,6	28,6	28,0	23,3	17,5	13,7

Fonte: Cepal, 1978; exceto por Baptista (1997) para a Venezuela; Cortés Conde (1984) para a Argentina apud Thorp (1998, p.172).

Por volta de 1976, com a crescente absorção da liquidez externa por parte das economias periféricas, os sinais de um excesso do grau de endividamento começam a aparecer. Paralelamente, o tesouro norte-americano reforça a posição de que os fluxos de recursos das instituições multilaterais devem obedecer a critérios que abarquem o condicionamento das políticas econômicas domésticas dos devedores. Surgem, assim, os primeiros esboços do que viriam a ser os *programas de ajustamento* de primeira geração. No encontro anual do GBM, de 1976, o secretário do tesouro, William Simon, enumera quais deveriam ser as prioridades da instituição em relação aos países periféricos.

- Desenvolvimento, por definição, é um longo processo... A ajuda externa pode contribuir, mas somente de maneira complementar às políticas domésticas, as quais, ao cabo, serão as decisivas.
- O papel do setor privado é crucial. Não há substituto para um vigoroso setor privado que mobilize as energias e os recursos dos povos dos países em desenvolvimento.
- Um sistema orientado pelo mercado não é perfeito, mas é melhor que qualquer sistema alternativo...
- Um foco básico deve ser dado ao crescimento da poupança, fazendo-se melhorias institucionais e de políticas para que esta poupança seja canalizada para atividades que aumentem as oportunidades de o povo viver melhor. (Gwin, op. cit., p.25)

A ascensão do ideário monetarista, com todas suas implicações em termos de política fiscal restritiva e aumento do grau de influência das tendências liberalizantes, vem ganhando terreno na economia mundial como subproduto da queda nas taxas de crescimento e do aumento da inflação. Definitivamente, os anos de Bretton Woods e do capitalismo dourado começam a terminar. Apesar disso, as reações mais firmes do governo norte-americano, em termos de enquadramento da instituição, só viriam na era Reagan, que coincide com a saída de McNamara da instituição e com a eclosão da crise da dívida.

3.2 O GBM E AS TRANSFORMAÇÕES DOS ANOS 1970

No período imediato à crise do petróleo e ao fim do regime cambial de Bretton Woods, em seu relatório anual de 1973, o GBM ressalta o progresso econômico dos países em desenvolvimento, que cresceram 6% na média do ano de 1972, em contraste com a queda dos níveis de atividade verificados nos anos de 1970-1971. A concentração desse crescimento aconteceu, em grande parte, nos países periféricos exportadores de manufaturas em larga escala.

Apesar do otimismo em relação aos níveis de crescimento, observa-se que a crise de Bretton Woods, ou seja, que as incertezas sobre o regime cambial podem contaminar o ambiente econômico, o que de fato aconteceria com o fim da conversibilidade e com a crise do petróleo no ano seguinte.

> Muitas incertezas continuam a caracterizar o cenário internacional no calendário de 1972. Enquanto a atividade econômica no mundo desenvolvido recupera-se da baixa de 1970-1971, pressões inflacionárias tornam-se mais fortes e espera-se que persistam. Seus impactos nos países em desenvolvimento compõem-se de tempos de instabilidade severa nos mercados externos de câmbio e, geralmente, de incerteza sobre a forma dos futuros arranjos monetários internacionais. (WBR, 1973, p.7)

Destacam-se os impactos negativos das pressões inflacionárias nos países industrializados sobre os países em desenvolvimento, em função da deterioração provocada nos termos de troca. Ao mesmo tempo, o relatório dá indícios de que o padrão de financiamento da periferia está se alterando, sendo que o fluxo de recursos provenientes do euromercado de divisas mais que dobra entre 1971-2.

O aumento desses recursos é visto com cautela pelo GBM:

> Os efeitos destes empréstimos são ainda incertos. Enquanto serviram para própositos de equíbrio do balanço de pagamentos para os tomadores, também adicionaram desproporcionalmente serviços relativos à divida. Na média, estes recursos foram emprestados em condições duras. Com taxas de juros iguais ou próximas às de mercado, puxadas para cima pela inflação ou pela incerteza internacional. (Ibid, p.8)

A participação dos créditos privados no total de empréstimos dos países periféricos já vem em uma trajetória ascendente *vis-à-vis* os créditos de instituições multilaterais e dos acordos bilaterais. Em 1967, esses créditos correspondiam a 27,5% do total dos débitos desses países, enquanto, em 1971, representam 30,3% (Ibid.).

As expectativas do GBM em relação aos prospectos do ano de 1973 são radicalmente alteradas com os eventos que abalam a economia mundial, ou seja, com a declaração unilateral dos Estados Unidos sobre o rompimento do regime de conversibilidade e com a decisão da Opep de aumentar os preços do petróleo. Duas variáveis centrais da macroeconomia internacional sofrem alterações significativas de seus preços. Em 1974, o GBM começa o relatório com as seguintes palavras:

> Este relatório revê as atividades do Banco Mundial e da Agência Internacional de Desenvolvimento (AID) durante um ano de importantes mudanças na economia internacional. Foi um período marcado por uma grande reviravolta nas relações econômicas globais, cujas consequências ainda não foram de todo reveladas. Em meio à confusão e à controvérsia resultante, um ponto é claro: a perspectiva para o progresso econômico e social para um grande número de países em desenvolvimento tem sido seriamente ameaçada. (World Bank Annual Report, 1974, p.5)

O tom alarmista do relatório coincide com a profundidade dos eventos que afetam tanto as relações econômicas quanto as políticas internacionais. Não devemos negligenciar que a mudança do regime cambial e o choque do petróleo tenham causado impacto também nas relações de poder internas ao GBM. Em conformidade com o avanço das economias japonesa e alemã nas décadas precedentes e com as dificuldades financeiras do hegemon, o quarto *replenishment* da AID resulta em aumento do poder de voto daquelas economias (o Japão passou de 5,9% para 11%, e a Alemanha, de 9,6% para 11,4%) e queda dos Estados Unidos (de 40% para 33,3%).

Outra alteração significativa é a emergência dos países produtores de petróleo, fortemente beneficiados pelo aumento das receitas cambiais. O GBM divide esses países em três categorias: (1) a primeira é representada por países como Kwait e Arábia Saudita, que, na visão do GBM, podem direcionar o excesso de recursos para projetos de desenvolvimento; (2) a segunda, uma categoria intermediária, é representada por Irã e Venezuela, que poderia destinar parte dos recursos para o mesmo fim, porém ainda precisando de assistência do GBM para seus projetos de desenvolvimento; e (3) a terceira categoria, contando com exemplos como a Nigéria e a Indonésia, cujos recursos adicionais são insuficientes diante das necessidades de financiamento do desenvolvimento.

O novo ambiente contrasta em muito com o do ano anterior, mas, em certo sentido, dá continuidade a algumas tendências já em curso, principalmente o aumento do poder de influência do sistema financeiro privado nos fluxos de recursos para os países periféricos.

Os impactos do choque do petróleo e o decréscimo do nível de atividade nos países industrializados têm efeitos de longo prazo. Como a conversão de uma matriz energética não é tarefa simples e envolve gastos em P&D, disponibilidade de capital e prazos razoáveis de maturação dos investimentos, as necessidades de financiamento no curto prazo devem ser cobertas por meio da reciclagem dos petrodólares e dos empréstimos concedidos pelas instituições multilaterais aos países com baixa possibilidade de acesso aos mercados financeiros privados.

O ano de 1974 ainda deixa em aberto quais os rumos da economia mundial e quais as estratégias devem ser adotadas pelos países periféricos. Os custos para manter os processos de substituição de importações se mostrariam cada vez mais caros àqueles que adotam a estratégia de crescimento com endividamento.

Em 1975, o balanço de perdas e ganhos dos estragos fica mais claro, muito embora eventos importantes ainda estejam por acontecer, dentre os quais o segundo choque do petróleo (1978-9) e a guinada altista das taxas de juros dos Estados Unidos (1979).

A resposta do GBM aos choques externos do biênio 1973-4 é no sentido de aumentar o volume de recursos para os países mais pobres, seguindo a linha de raciocínio segundo a qual os países de renda média e média alta conseguiriam captar recursos diretamente do mercado. Os empréstimos da AID sobrem de 31% para 38% do total de empréstimos do GBM (World Bank Annual Report 1975).

Essa tendência está de acordo com o movimento de expansão da liquidez internacional via praças *off-shore*. Apesar de a oferta de crédito ter aumentado, os países periféricos não produtores de petróleo têm de enfrentar os problemas da deterioração dos termos de troca e da queda do crescimento mundial, além dos inconvenientes das cláusulas contratuais.

> No ano fiscal de 1975, pouco alívio foi sentido nos problemas do ano anterior. O ano foi preenchido pelo espectro do aprofundamento da recessão e pela acelerada inflação nos países industrializados (no calendário de 1974, a conta total para os produtos industrializados somou 12% do total dos custos de importações para os países em desenvolvimento que não são da OPEP), e pela queda aguda dos produtos primários tradicionalmente exportados pelos países em desenvolvimento. (Ibid, p.6)

As perdas e os ganhos do período estão inseridos em um circuito perverso de crescimento dos preços dos produtos industrializados e decréscimo dos preços das principais *commodities*, o que não passou desapercebido pelo GBM. Nas palavras do GBM, os países industrializados têm maior "habilidade" em resolver seus problemas, mesmo que isso represente perdas para os países em desenvolvimento.

Uma das poucas recomendações encontradas no relatório reside na necessidade de os países centrais abrirem suas economias para a entrada de produtos dos países em desenvolvimento, medida que poderia gerar receitas cambiais no curto prazo. O GBM celebra então o acordo entre 46 países da África, Caribe e Pacífico junto à Comunidade Econômica Europeia, criando facilidades para doze *commodities* produzidas na periferia, ao mesmo tempo em que aponta para a necessidade de avançar nas negociações sob os auspícios da Conferência das Nações Unidas sobre o Comércio e o Desenvolvimento (Unctad – United Nations Conference on Trade and Development) e do General Agreement on Tariff and Trade (Gatt – Acordo Geral de Tarifas e Comércio).

Em termos práticos, o GBM cria uma linha de recursos intermediária (*third window*) para abrigar países que se encontram na fronteira entre a elegibilidade para empréstimos do Bird e para empréstimos da AID. A preocupação do GBM com o desenvolvimento rural e com a agricultura durante a gestão McNamara, como apresentado no capítulo anterior, ganha reforço em função do impacto sobre o balanço de pagamentos causado pelo choque do petróleo.

No ano de 1976, o GBM avalia que, apesar da gravidade dos acontecimentos, os países em desenvolvimento conseguiram manter taxas razoáveis de crescimento (5,4% na média do triênio 1973-5). Entre os países periféricos, os mais afetados foram os do Sul Asiático da África Subsaariana, com taxas de crescimento de apenas 2,8% (World Bank Annual Report, 1976).

Boa parte dos bons resultados é creditada ao aumento dos fluxos privados de recursos para a periferia e aos esforços empreendidos na agricultura. É importante salientar que, pela primeira vez depois da crise, o GBM chama a atenção à necessidade de promover reformas econômica e fiscal, com o claro sentido de aplacar os efeitos da crise do balanço de pagamentos por meio de uma restrição de demanda. Os exemplos citados são as reformas empreendidas no Kenya, Burna e Egito e tratam da reorganização das empresas públicas, de corte de subsídios e de políticas realistas de preços.

Outros exemplos de reformas são citados e o GBM reconhece as dificuldades de introdução e a necessidade de políticas de proteção aos setores mais pobres da população.

A questão do acesso ao mercado financeiro internacional continua sendo uma preocupação do GBM. Em boa medida, os recursos são captados pelos países em desenvolvimento mais industrializados. O GBM alerta que as condições de mercado, ou seja, o curto prazo dos contratos (cinco ou seis anos de maturação) e a volatilidade das taxas de juros podem provocar ajustes dolorosos a países que se endividem excessivamente e não tenham disciplina suficiente.

Apesar dessas considerações, o tom do discurso é brando e indica que a alavancagem externa poderia ser benéfica e assistida por uma série de iniciativas.

> Medidas deveriam ser tomadas pelos governos das nações em desenvolvimento (com assistência de instituições internacionais de desenvolvimento, quando for o caso), para criar as condições econômicas condutivas ao crescimento de empréstimos privados externos, incluindo-se bônus;
>
> Cooperação entre as instituições de empréstimo internacional e as partes privadas na comunidade financeira internacional para melhorar as condições dos acordos de empréstimos para os países tomadores; e
>
> Medidas nas nações industrializadas superavitárias em capital, para promover e incrementar o fluxo de empréstimo privado para países em desenvolvimento elegíveis e medidas para aumentar o acesso aos mercados nacionais e internacionais de capital. (Ibid., p.14)

Em 1977, a preocupação com os desequilíbrios no balanço de pagamentos tem repercussão nos *programas de empréstimo*. Seguindo a tradição do GBM, os empréstimos devem obedecer a parâmetros específicos, relacionados aos projetos setoriais. Essa diretriz geral tem de ser reformulada em função da crescente demanda dos países periféricos, para uma abordagem mais flexível. Supomos que nesse aspecto estejam envolvidas diversas dimensões, que englobam o número maior de países que entraram no GBM, em sua maioria com baixa capacidade de alavancagem externa, as mudanças no regime monetário-cambial e no padrão de financiamento da periferia e os sempre presentes aspectos geopolíticos relacionados à geoestratégia do hegemon.

> Durante sua última revisão do programa de empréstimo, conduzido em abril de 1977, os diretores executivos consideraram quatro tipos de *circunstâncias especiais* para estes tipos de empréstimo: (a) reconstruções ou reabilitações de economias após guerra ou severa calamidade

nacional, onde rápidas transferências de recursos externos são necessárias para restabelecer a atividade normal de desenvolvimento; (b) a necessidade de suprir a capacidade industrial existente com recursos primários ou equipamentos; (c) uma repentina queda nas receitas de exportação, quando a economia for dependente de um único produto de exportação; e (d) uma aguda deterioração dos termos de comércio como resultado de um rápido aumento nos preços de importação. (World Bank Annual Report, 1977, p.10)

Essa flexibilização já caminha para uma nova postura das instituições de Bretton Woods perante os países periféricos. O FMI também amplia seu leque de mecanismos de empréstimo por meio das "Compensatory Financing Facility", "Extended Fund Facility" e "Trust Fund" (Ibid.).

O GBM esclarece, no relatório de 1977, que, apesar da ampliação dos mecanismos de empréstimos do FMI, ambos diferem em termos de horizonte. Disso se depreende uma correspondência metodológica – portanto, paradigmática – e uma divisão de trabalho que corresponde à amplitude das condicionalidades; como claramente verificaríamos anos depois, com a introdução dos programas de ajustamento estrutural.

Embora os programas ainda estejam em gestação, o GBM se refere à redefinição dos *programas de empréstimo* e à divisão das funções entre as duas instituições de Bretton Woods, utilizando a expressão *structural adjustment*, a qual representa o divisor de águas em relação aos desembolsos de recursos de longo e de curto prazos.

> Há importantes diferenças, contudo, entre os programas de empréstimos do Banco e as operações dos instrumentos de empréstimos do FMI. A distinção básica está no horizonte temporal. O FMI provê, essencialmente, recursos externos adicionais para atacar problemas de curto prazo do balanço de pagamentos, enquanto o Banco provê assistência de desenvolvimento de longo prazo como suporte para ajustamentos estruturais em programas de desenvolvimento. (Ibid., p.11)

Como os programas de ajustamento estrutural ainda estão sendo costurados, fica em aberto o tipo e a amplitude de condicionalidades que seriam exigidas, apesar de ficar claro que essas não são somente exigências do GBM, mas também do mercado, e que estão de acordo com eventos políticos e econômicos que viriam na sequência.

As mudanças durante os três anos pós-crise (após o primeiro choque do petróleo) são relacionadas pelo Grupo em quatro aspectos ligados ao desenvolvimento.

1) A pobreza é o principal problema dos países em desenvolvimento. É estabelecida, então, uma relação entre pobreza e baixas taxas de crescimento.
2) Os países em desenvolvimento com maior renda são menos afetados pelo ciclo econômico que os países desenvolvidos e os mais pobres.
3) As políticas de ajustamento em resposta à crise parecem ter provado ser o melhor caminho para o crescimento contínuo futuro.
4) É preciso um estreitamento nas relações entre países industrializados[3] e países em desenvolvimento, em um esforço conjunto para aliviar a pobreza.

A resposta do GBM ao item dois – ao fato de os países em desenvolvimento com renda maior serem os menos afetados pela crise econômica – reside no conjunto de ajustes no plano fiscal e monetário e na capacidade de alavancagem externa. De fato, parece-nos que a oferta de recursos por parte dos GBMs comerciais privados tenha sido decisiva, porém com altos custos futuros, como fica evidente na crise latino-americana dos anos 1980.

O discurso do GBM revela maior aproximação com a teoria monetarista, principalmente sobre a necessidade de ajustes no lado da demanda para conter os problemas do balanço de Pagamentos. Por outro lado, ainda está distante do que seria nos anos Reagan, quando os programas de ajuste estrutural estariam em pleno curso.

Na gestão McNamara, a preocupação com a pobreza e o crescimento está inserida no sentido de ser necessária uma estratégia de melhor distribuição dos frutos do desenvolvimento.

---

[3] O GBM usava, por vezes, o termo "industrializados" para se referir aos países desenvolvidos. Trata-se de uma herança das teorias do crescimento dos anos 1970.

A preocupação sobre os caminhos para aliviar a pobreza vieram novamente à tona na maior parte do mundo em desenvolvimento. O desafio que estes países enfrentam é combinar crescimento com igualdade bem como acelerar e reforçar mutuamente os ganhos para ambos. (Ibid., p.16)

O problema consiste em como conciliar o crescimento com a equidade diante dos eventos econômicos que apontam para uma virada no cenário internacional.

No relatório de 1979 (World Bank Annual Report), o GBM começa a ver sinais de incertezas na economia mundial. As taxas de crescimento dos países industrializados vêm desde 1975 em uma trajetória fraca, com impactos negativos nas taxas de crescimento dos países em desenvolvimento, ainda que estes permanecessem com ritmos mais acelerados que os primeiros. Não passa desapercebido o fato de o ritmo de crescimento do Leste Asiático (9% em 1978) superar o latino-americano, o que indica a tendência de distribuição do crescimento regional que prevalece na década de 1980.

Como salientamos, o final da década de 1970 representa um marco nas transformações, em vários aspectos das relações do sistema de estados. Cabe verificar o balanço feito pelo GBM no período que se encerra e a resposta que ele dá aos eventos surgidos com o segundo choque do petróleo e a crise da dívida.

3.3 BALANÇO DA DÉCADA E A ASCENSÃO DOS PROGRAMAS DE AJUSTE ESTRUTURAL

Ao final da década de 1970, surge o primeiro relatório sobre o desenvolvimento mundial, o "World Bank Development Report", de 1978, cujo conteúdo procura traçar não somente uma avaliação da década mas do período pós Bretton Woods, apontando, por fim, as tendências e políticas indicadas pela instituição para a melhoria das condições de vida das populações dos países em desenvolvimento.

O GBM inicia o relatório mostrando as transformações do pós-guerra e as melhorias conquistadas no campo da urbanização, industrialização e modernização das instituições, enquanto traça um quadro de extremas dificuldades relativas ao elevado grau de pobreza da população mundial. Entre as frustrações no campo social, lamenta a crescente dificuldade em alterar hábitos e costumes, estando estes na raiz dos obstáculos ao crescimento e ao aumento do bem-estar.

Na análise, os países de baixa renda são separados daqueles que lograram maior grau de desenvolvimento, mais precisamente dos países de renda média, cujas alterações estruturais em suas formações econômico-sociais os ligam estreitamente aos acontecimentos do ciclo econômico, inserindo-os na própria dinâmica da acumulação – algo que ressaltava a importância dada pela instituição ao fenômeno da *interdependência*.

> Os países em desenvolvimento de renda média constituem um grupo heterogêneo relativamente à estrutura econômica, experiência de desenvolvimento e nível de renda per capita. Em geral, seu crescimento econômico depende mais estreitamente do comércio internacional e dos mercados de capital que os países de renda baixa. (World Bank Development Report, 1978, p.2)

A diferença entre o grau de crescimento dos dois grupos de países expressa o modo dinâmico como os países de renda média entram no processo de expansão capitalista do período de Bretton Woods. Enquanto os países de baixa renda alcançam uma taxa média de crescimento anual de 3,1% do PIB (1960-75), os de renda média atingem o dobro, ou seja, 6,0%. Esse crescimento acompanha o comportamento de distribuição setorial do PIB, em termos de tendência, verificado nos países industrializados, com forte crescimento dos setores da indústria e dos serviços.

> Talvez o que descreva melhor a amplitude das mudanças econômicas ocorridas nos últimos 25 anos seja o fato de que muitos países em desenvolvimento modernizaram sua agricultura e mantiveram taxas elevadas de crescimento da produção agrícola, sendo que alguns deles já fabricam equipamentos de tecnologia avançada (geradores de energia elétrica, por exemplo). Muitos possuem uma considerável capacidade nas indústrias técnicas e alguns competem atualmente com eficácia no plano internacional para a execução de projetos chave. (Ibid., p.4)

O panorama do crescimento indica uma crescente hierarquização não mais entre países industrializados e países agrícolas, mas entre os próprios países periféricos, no qual alguns países – porém poucos – se distanciam da divisão tradicional do trabalho descrita pelos clássicos.[4] Também aponta para processos correlatos de internacionalização do capital e substituição de importações na periferia.

Essa *interdependência* cria novos problemas sem corrigir antigos. O primeiro deles é a estreita ligação entre o comportamento do ciclo no centro e na periferia, o que fica mais evidente com a emergência do padrão de financiamento da década de 1970, baseado na banca privada internacional. O segundo é o *gap* tecnológico não resolvido com o processo de industrialização. Também fica em aberto o problema das assimetrias em termos de impactos diferenciados do ciclo no sistema econômico internacional, tal qual aponta Prebisch em seu famoso relatório de 1949 (Cepal, 1949).

O relatório do GBM é ainda dúbio quanto à capacidade de adaptação dos países periféricos às minguantes do ciclo, oscilando entre o otimismo e a precaução. De certo modo, havia um otimismo com relação à capacidade de resposta dos países com estruturas econômicas mais diversificadas, fato provavelmente induzido pela manutenção de taxas expressivas de crescimento após o primeiro choque do petróleo, em um contexto em que os países industrializados apresentam sinais de esgotamento e estagnação.

> Os países em desenvolvimento demonstraram sua destreza na administração econômica com sua maneira de ajustar-se à série de sacudidas de origem externa que experimentaram nos anos recentes, tais como as grandes flutuações dos preços dos produtos primários, o repentino aumento dos preços do petróleo, a prolongada recessão nos países industrializados e as evoluções impossíveis de predizer dos tipos de mudanças internacionais. Por meio de medidas que incidiram na estrutura de produção e nos preços internos, assim como por meio do comércio externo e dos empréstimos, têm sido capazes de suportar estas sacudidas externas, manter seu crescimento e controlar a inflação. Os que seguiram as políticas voltadas para a exportação se saíram melhor que os demais. (Ibid., p.5)

---

[4] Refiro-me, principalmente, aos esquemas de comércio internacional descritos por Smith e Ricardo.

Apesar do tom otimista, resta uma série de problemas e indagações quanto ao futuro, entre as quais destacaremos: (1) população, (2) urbanização, (3) investimento e poupança, (4) pobreza absoluta, (5) ambiente internacional e (6) fluxos de capital. Vejamos então algumas considerações sobre cada um deles.

1) Há um aumento na expectativa de vida nos países em desenvolvimento sem que tenha havido correspondente diminuição nas taxas de fecundidade, o pode gerar problemas de absorção da força de trabalho e de pressão sobre o gasto público diante de situações de escassez de renda e poupança.
2) O rápido processo de urbanização gera, do mesmo modo, problemas de ocupação, ao mesmo tempo em que cria uma ocupação dual do espaço urbano, levando à coexistência de ilhas de modernidade e ocupações carentes de toda sorte de infraestrutura básica.
3) As baixas taxas de poupança interna são um problema crônico de países periféricos. De certo modo, podem ser supridas com ingressos externos de capital, principalmente nos países de renda média, que contam com instituições mais aptas para dar suporte *ambiental* às inversões. Por outro lado, muitos países carecem de instituições, credibilidade e oportunidades de negócios para fazer avançar em ritmo acelerado o processo de diversificação de suas economias.
4) A pobreza absoluta atinge cerca de 800 milhões de pessoas, o que significa 40% da população dos países periféricos. O crescimento, isoladamente, não é capaz de resolver o problema.

> A experiência histórica indica que não é mais provável que os membros mais pobres da população compartilhem equitativamente o crescimento econômico, sobretudo porque tem menos acesso aos bens de produção necessários para gerar renda, a saber, terra, crédito, educação e empregos no setor moderno. (Ibid., p.8)

5) No ambiente internacional, o crescimento do comércio internacional, sob os auspícios do Gatt e da recuperação

das economias atingidas pela guerra, ajuda a dinamizar as exportações dos países em desenvolvimento. Por outro lado, os reais beneficiários desse processo são aqueles que puderam diversificar suas exportações por meio da industrialização. Os países produtores de primários, ou seja, aqueles que estão inseridos na década de 1970, ainda sob a antiga divisão internacional do trabalho, demonstram menor capacidade de resposta aos eventos negativos produzidos pelo primeiro choque do petróleo.

Durante o período de 1960-1975, as exportações de manufaturas, combustíveis, minerais e metais dos países em desenvolvimento aumentaram com maior rapidez que as dos países industrializados. Contudo, nos produtos primários agrícolas, nos quais os países em desenvolvimento aportam uma elevada proporção do comércio mundial, o incremento de suas exportações foi mais lento que do total mundial. Em parte, isso se deve ao lento crescimento da demanda mundial de bebidas tropicais e fibras duras, que se encontram entre as principais exportações dos países em desenvolvimento, mas também uma razão importante foi a insuficiente atenção prestada ao crescimento da produção agrícola. (Ibid., p.10)

O resultado disso é a deterioração dos termos de intercâmbio e o agravamento da situação econômica por meio do comércio exterior.

6) Com relação aos fluxos de capital, há uma clara alteração no padrão de financiamento das economias periféricas com a ascensão dos créditos privados por conta da reciclagem dos petrodólares. Para o GBM, de um modo geral, o aumento da liquidez externa ajuda a suplantar um dos problemas graves das economias periféricas, ou seja, as baixas taxas de poupança; porém, isso não deixa de trazer preocupações. A principal delas é os créditos privados terem como efeito colateral uma estrutura de vencimentos mais curta e, em geral, serem referenciados em taxas de juros flutuantes, sujeitas a fatores externos que escapam ao controle dos países tomadores. Assim, o risco das carteiras aumenta significativamente.

A palavra-chave do relatório é a *interdependência*.[5] Esta é resultado dos crescentes fluxos reais e monetários que alteram as relações centro-periferia. Como os países periféricos vinham financiando seu crescimento com a crescente participação de poupança externa, surge o risco de que uma súbita crise de liquidez externa possa empurrá-los para quadros recessivos severos. Isso pode ser agravado se os países industrializados adotarem medidas restritivas em termos de comércio, com consequências negativas em termos de preços dos produtos exportados pela periferia.

Na ausência de crédito externo e dado o caráter sistêmico dos fluxos internacionais, a interrupção do fluxo de pagamentos por parte de alguns países devedores importantes pode gerar uma crise em cadeia. Esse é um dos preços a pagar pelo aumento da interdependência, e o GBM propõe uma alteração no perfil das estruturas de crédito e financiamento para os anos vindouros, baseada

> No melhor acesso aos mercados de bônus de longo prazo, um maior equilíbrio entre o financiamento de fontes privadas e oficiais, e, medidas encaminhadas para ampliar os prazos médios de vencimento. (Ibid., p.27)

Com relação às prioridades apontadas pela instituição para os países de renda média, sem deixar a influência liberal,[6] muitas

---

[5] Os escritos teóricos sobre a interdependência apareceram nas décadas de 1960-70 e, certamente, influenciaram o GBM. "Durante o final dos anos 1960 e começo dos anos 1970, florescem estudos sobre a 'interdependência' internacional com foco nos caminhos pelos quais uma maior ligação econômica entre os países poderia afetá-los (Cooper, 1968, 1972; Deutsch and Eckstein, 1961; Keohane and Nye, 1972; Rosecrance and Stein, 1975; Waltz, 1970). À medida que essa literatura se desenvolve, torna-se mais precisa sobre os mecanismos de interdependência e sua relação com o conceito de poder, adaptando conceitos que Albert Hirschman (1945/1980) tinha desenvolvido uma geração antes (Baldwin, 1980; Keohane e Nye, 1977). Interdependência, sustenta essa literatura, altera a natureza da política mundial por meio da mudança do contexto e das alternativas que os países têm diante de si." (Milner; Keohane, 1997, p.7).

[6] Na década de 1970, os escritos de Paul Samuelson, com sua síntese neoclássica, ainda concorriam com os neoliberais mais radicais. Para Samuelson, embora a abordagem utilitarista permanecesse válida, o mercado continha imperfeições e deveria existir um certo nível de intervenção estatal. No GBM, essa linguagem foi perdendo fôlego com a chegada da ortodoxia liberal na década de 1980, mas teve muito apelo durante os anos 1970.

podem parecer pura heresia nos anos de chumbo da hegemonia neoclássica que viria na década de 1980.

A primeira delas se refere à política industrial e comercial. Os países devem perseguir políticas ativas nesse sentido, porém com uma ressalva importante: no documento já aparecem críticas claras aos modelos de substituição de importações. Fica evidente a separação entre dois modelos, um fadado ao fracasso, o da substituição de importações (*inward-oriented development strategy*) e outro visto com entusiasmo, o de promoção de exportações (*outward-oriented development strategy*).

> A medida que os países substituem importações de forma progressiva por bens de produção nacional, o uso de recursos internos para poupar divisas mediante a substituição de importações torna-se gradualmente menos eficiente do que obter divisas mediante o incremento das exportações. Nos casos em que há muito pouca margem para substituição adicional de importações industriais e que, ao mesmo tempo, o crescimento das exportações é lento ou nulo, a escassez de divisas se converte rapidamente no principal estrangulamento para alcançar um maior grau de desenvolvimento. (Ibid., p.64)

Além disso, a substituição de importações, levada a efeito sob regimes rígidos de escolha de vencedores (*winners*),[7] produz ineficiências alocativas e aprofunda a heterogeneidade estrutural.[8]

Diferentemente dos processos substitutivos de importações, o papel do governo em uma estratégia de desenvolvimento voltada para fora deve se restringir à exploração das oportunidades de negócios, à elaboração de projetos e seu financiamento, ao desenho e à introdução de obras de infraestrutura, à investigação científica, à comercialização e importação de tecnologia.

---

[7] Vários são os estudos sobre os ganhadores e perdedores em função dos modelos adotados. Para uma abordagem próxima do GBM, cito "Losers and Winners in Economic Growth" (Barro; Lee, 1993).

[8] Utilizo livremente uma expressão cara ao pensamento cepalino, que julgo traduzir os efeitos negativos da política de substituição de importações apontados no relatório. Fica a ressalva de que as raízes da heterogeneidade estrutural, característica do processo histórico da formação do capitalismo periférico, para a Cepal, são muito diversas dessas apontadas pelo relatório.

A estratégia deve buscar elevar o valor agregado das exportações, estabelecer negociações para combater o protecionismo dos países industrializados, combinando concessões liberalizantes por parte dos países em desenvolvimento, principalmente daqueles que alcançaram maior nível de renda e complexidade econômica.

Por fim, é preciso melhorar a alocação de recursos em termos de gastos sociais, pois em boa parte os gastos públicos não chegam às populações mais pobres. Nesse ponto, muito embora a ênfase do relatório com relação à extrema pobreza esteja centralmente colocada, verificamos uma lacuna monumental quanto aos processos políticos de transformação dessa realidade. É expressiva a precaução da instituição em não ferir suscetibilidades dos países membros, muitos dos quais estão vivendo sob regimes autoritários.

Algumas das preocupações apontadas pelo relatório são confirmadas com os eventos políticos e econômicos da virada da década. A crescente interdependência verificada pela instituição se mostraria explosiva com a série de ajustes na economia mundial.

3.4 CRISE E AJUSTE: 1979, O ANO QUE NÃO TERMINOU

A crise que se abate no ano de 1979, com a subida dos juros norte-mericanos, que leva de roldão todos os cantos do mundo capitalista, é a expulsão de um regime de acumulação cujo contrato social não é mais aceito pelos detentores da riqueza.[9] Os sintomas da crise estão presentes nos anos 1970, com a baixa generalizada das taxas de crescimento nas economias desenvolvidas e o fenômeno inflacionário.

A taxa de crescimento do PIB *per capita* das economias industrializadas havia caído de uma média de 4,1, na década de 1960, para 2,5 na década de 1980. Em especial alterações impor-

---

[9] Refiro-me à fração financeira do capital, que foi a principal beneficiária da crise de Bretton Woods e dos processos de desregulamentação competitiva a partir dos 1970.

tantes no interior da tríade ocorrem, o que, em síntese, ameaça a supremacia norte-americana tanto nos negócios quanto na política.

> Na época do acordo de Bretton Woods em 1944, os Estados Unidos podiam alardear uma capacidade industrial de quase o dobro do que o resto das nações industriais ocidentais em conjunto. Durante as duas décadas posteriores ao fim da Segunda Guerra Mundial, a economia dos Estados Unidos continuou desfrutando de uma predominância econômica sem igual. Não obstante, durante a década dos anos 1960 essa superioridade econômica e tecnológica começou a ver-se desafiada. Em meados dos anos 1970 a posição relativa da economia dos Estados Unidos no quadro mundial havia sofrido uma mudança qualitativa e quantitativa em dois aspectos: não somente outras nações industriais eram agora competidoras, senão que os Estados Unidos haviam se tornado mais dependentes dos mesmos mercados mundiais em que competiam. (Miller, 1989, p.54)

Segundo Miller (Ibid.), a economia norte-americana cai de 40% da produção mundial, em 1950, para 22% em 1978; no campo comercial, a competição das outras nações industrializadas logo transforma a balança comercial dos Estados Unidos em um permanente registro de perda de reservas. Esse é o custo pago pela maior nação industrial no exercício de sua hegemonia, bem como da expansão do próprio capitalismo. Expansão que perde seu dinamismo nos anos 1970, colocando em crise o sistema de Bretton Woods e o regime fordista.

Porém, antes de tudo, é uma crise de hegemonia. Como bem salientam Tavares e Fiori (1993), trata-se de um processo no qual o hegemon não aceita perder a liderança e, pelo uso de seus instrumentos de força e persuasão – em um primeiro momento, muito mais de força –, resolve dar uma resposta ao mundo, deixando claro que longe estaria o momento de sua derrocada.

> Após a ruptura do Smithsonean Agreement, em 1973, e até meados do governo Carter, os Estados Unidos praticaram uma política cambial de *benign neglect* que permitiu uma desvalorização lenta e quase contínua do dólar, que levou progressivamente o marco e o iene a um novo papel

de moeda de referência internacional. Data desse período a especulação periódica contra o dólar e a expansão descontrolada do mercado de euromoedas. As contradições da política macroeconômica norte-americana tornaram-se patentes no fim do governo Carter. Foi então, em fins de 1978, que ocorreu a primeira forte intervenção de Volker no mercado monetário, elevando a taxa de juros a 8%. O segundo movimento de Volker, já na era Reagan, é bastante conhecido pelo choque nas taxas de juros do final da década e pelas turbulências financeiras que provocou no mundo todo, agravadas pelo segundo grande período de ajuste recessivo do início da década de 1980. (Ibid., p.27)

Os mecanismos de dissolução das esperanças antissistêmicas e das contestações intrassistêmicas vieram pela diplomacia do dólar forte. Com o dólar como moeda internacional, a política monetária norte-americana age como a política monetária do mundo, enxugando ou fornecendo liquidez; pior para aqueles que carregam em suas carteiras pesados passivos adquiridos na euforia de crédito dos anos 1970, como o caso dos afoitos tomadores latino-americanos. Tudo isso em um contexto em que o petróleo impõe severas perdas para os países importadores. O barril do petróleo sobe de US$ 12,4, em 1978, para US$ 17,1, em 1979, chegando a US$ 29,4 em 1980.

Os ajustes sequentes nas economias periféricas são, de fato, o subproduto do ajuste da economia norte-americana. São uma tentativa desesperada de fazer frente ao crescente de pagamentos que se avoluma. A primeira resposta dos organismos multilaterais é encarar a situação como um problema de liquidez e não de solvência. As medidas setoriais são apontadas, tais como a readequação em termos da matriz energética; mas, o mais importante: cresce o consenso em termos de que o modelo de substituição de importações deve ser substituído por um modelo de promoção de exportações, o que já aparecia no WDR de 1978.

Entre 1979 e 1982, a situação das economias periféricas se deteriora rapidamente, mas o ajuste da economia norte-americana afeta negativamente o conjunto das economias do planeta. A crise do capitalismo fordista vem se arrastando desde a crise de Bretton Woods e aparece nos países centrais por meio da inflação, da estagnação, do desemprego e da queda da produtividade.

Nos países periféricos, enquanto a liquidez é abundante, a crise é colocada por debaixo do tapete. Entretanto, assim que o segundo choque do petróleo e o aumento brutal das taxas de juros norte-americanas estouram, o alastramento se torna inevitável. Mais que isso, parte da crise é exportada aos países periféricos, em especial os não exportadores de petróleo e detentores de passivos importantes.

Em um primeiro momento, a crise é sintomaticamente detectada como de curto prazo, uma típica crise de liquidez que afeta o balanço de pagamentos; assim que os anos passam e a volta dos créditos voluntários fica cada vez mais difícil, os programas de ajuste tomam uma dimensão maior e mais profunda. De uma crise de liquidez, passa a uma crise de modelo, com as críticas ao modelo de substituição se tornando a tônica dos discursos das instituições financeiras multilaterais.

O ajuste norte-americano serve para enquadrar o mundo à lógica da política monetária do país. A resposta dos Estados Unidos é uma resposta de poder, no sentido de um poder que exerce ao limite os instrumentos de que dispõe. Seria de se estranhar o contrário, ou seja, que diante de uma crescente desconfiança diante do dólar e do agravamento da crise mundial, a maior potência mundial permanecesse passiva. Sendo o dinheiro uma das expressões do poder, e o dinheiro do mundo, o dólar, o que o governo norte-americano faz lembrar que não está disposto a operar um novo arranjo institucional que funde um novo padrão monetário.[10]

Ao mesmo tempo, o enquadramento aconteceria no plano ideológico, levando à lona o keynesianismo e colocando a máquina de propaganda das instituições financeiras multilaterais para funcionar.

O saldo, do ponto do vista do crescimento, emprego, inflação e endividamento, é lastimável, como podemos perceber pela Tabela 3.4.1.

---

[10] "Ao impor a regeneração do papel do dólar como reserva universal, por meio de uma elevação sem precedentes das taxas de juros, os Estados Unidos deram o derradeiro golpe no estado de convenções que sustentara a estabilidade relativa da era keynesiana" (Belluzo, op. cit., p.15-6).

Jaime Cesar Coelho

Tabela 3.4.1: Indicadores-chave da economia mundial (1979-1982).

Indicador-chave	1979	1980	1981	1982
Variação do comércio mundial (volume)	6,5	1,5	0,0	⁻2,0
Variação do PIB nos países industrializados	3,2	1,3	1	⁻0,2
Desemprego nos países industrializados	5,0	5,6	6,5	8
Inflação nos países industrializados	7,3	8,8	8,6	7,5
Variação do PIB nos países em desenvolvimento importadores de petróleo	4,2	5,0	2,2	2,0
Razão entre o serviço da dívida e as exportações de bens e serviços nos países em desenvolvimento importadores de petróleo*	14,7	13,9	16,6	21,5

Fonte: World Bank Development Report 1983, p.1.
*serviços relativos às dívidas de longo e médio prazos.

A Tabela 3.4.1 mostra que o impacto é generalizado, tendo, nos três anos posteriores à política do dólar forte, se armado a crise de pagamentos que atinge o mundo a partir do *default* mexicano de 1982. A crise não arrebenta na América Latina por um acaso, mas por esse ser o continente mais afetado em termos de fluxos de pagamentos, é o elo mais vulnerável da corrente financeira. Nele se concentram países de renda média grandes tomadores de empréstimos da banca privada internacional. Os dados podem ser verificados nas tabelas 3.4.2 e 3.4.3.

Tabela 3.4.2: Taxa de variação do PIB nos países em desenvolvimento e nos países de renda média importadores de petróleo (distribuição regional – 1960-1982).

Indicadores e regiões	1960-79	1973-9	1980	1981	1982
Taxa de crescimento do PIB nos países em desenvolvimento	6,0	5,1	3,0	2,0	1,9
Taxa de crescimento do PIB de países de renda média importadores de petróleo[b]	6,3	5,5	4,2	1,1	1,1
Leste Asiático e Pacífico	8,2	8,5	3,6	6,9	4,2
Oriente Médio e Norte da África	5,2	2,9	4,7	0,1	2,7
África Subsaariana[b]	5,5	3,7	4,0	3,7	4,0
Sul Europeu	6,7	5,0	1,5	2,4	2,2
América Latina e Caribe	5,6	4,9	5,7	⁻2,4	⁻1,2

Fonte: Ibid., p.7.
(b) exclui-se África do Sul.

Tabela 3.4.3: Países em desenvolvimento: balanço de contas correntes (US$ bilhões, 1970-82).

Indicadores	1970	1978	1979	1980	1981	1982
Balanço de contas correntes	12,0	35,9	31,3	58,9	118,6	118,2
Pagamentos de juros	2,7	16,8	4,3	32,9	41,8	49,5
Déficit como % do PIB	2,3	2,2	1,6	2,7	5,5	5,0
Serviço da dívida como % do PIB	1,8	3,2	3,5	3,4	4,1	4,7
Serviço da dívida como % das exportações	13,5	15,4	15	13,6	16,3	20,7

Fonte: Ibid.

A taxa de crescimento do PIB, para boa parte do mundo, não retorna mais aos patamares alcançados até o final da década de 1970. O mundo está em mudança e isso significa que o regime de acumulação sofre alterações importantes. Ao mesmo tempo, eventos significativos estão por transformar o mapa geopolítico. Fica evidente que, com a ascensão de Reagan nos Estados Unidos e Thatcher na Inglaterra, a onda conservadora – monetarista em um primeiro momento e neoliberal[11] em um segundo – tomaria conta do cenário pelos anos seguintes.

Essa mudança de rumos, ao que parece, não ocorre de forma linear. São as experiências concretas com os programas de ajustamento e o aprofundamento da crise ao longo dos anos 1980 que levam a um *programa político* vulgarmente conhecido como neoliberalismo. As discussões em torno da resolução da crise latino-americana e os sucessivos problemas com a região africana são elementos indispensáveis na compreensão da gênese dos programas de ajustamento.

Os programas aparecem antes da eclosão da crise, mas são facilmente instrumentalizados durante os longos anos seguintes. Em 1978, o chefe de operações do GBM, Ernest Stern, começa a desenhar os programas de ajustamento estrutural:

---

[11] Permito-me uma distinção entre monetaristas e neoliberais em termos de escopo dos programas propostos e não de seus fundamentos teóricos. O monetarismo se prende à gestão da política econômica enquanto o neoliberalismo se propõe como um programa político.

Em 16 de maio de 1979, Stern escreveu para McNamara um longo memorando que começava com: "Há algum tempo nós discutimos brevemente se o Banco poderia melhorar as condições de empréstimo para os países, ligando-os mais explicitamente às políticas macroeconômicas dos nossos governos membros. Como você sabe, eu considero esta a principal questão para a evolução do Banco nos anos vindouros". (Kapur; Lewis; Webb, 1997, p.507)

De fato, esse viria a ser não somente o principal instrumento de atuação do GBM, mas um dos principais instrumentos dos países centrais no enquadramento das economias periféricas.

No WBR de 1980, o Capítulo 4 é inteiramente dedicado aos problemas das economias periféricas diante dos acontecimentos internacionais e aos ajustes necessários para sair da crise. Nesse aspecto, anuncia-se a criação dos Empréstimos para Ajustamento Estrututal (SALs – Structural Adjustment Lendings).[12] Os dois objetivos principais para a criação do programa são o auxílio a países com problemas de médio prazo em seus balanços de pagamentos e a necessidade de se ter um instrumento ágil para perseguir, de forma ativa, políticas estruturais apropriadas nos países em desenvolvimento.

Não faltam motivos para a introdução do programa: as mudanças no cenário internacional com a crescente interdependência, o choque do petróleo, as altas taxas de inflação e as baixas taxas de crescimento nos países industrializados. Há uma clara percepção de que a situação está se deteriorando para os países em desenvolvimento.

> Os Empréstimos de Ajustamento Estrutural eram vistos como uma resposta no esforço de auxiliar de forma suplementar, com financiamento de longo prazo, os recursos financeiros disponíveis por parte dos bancos comerciais e os recursos viabilizados pelo FMI em situações em que as dificuldades de conta corrente de muitos países em desenvolvimento não se tornassem tão grandes ao ponto de ameaçar a implementação

---

[12] Em 25 de março de 1980, é aprovado o primeiro SAL, sendo a Turquia o país que inaugura o novo tipo de programa com um empréstimo de US$ 200 milhões (World Bank Group Historical Chronology, jan. 2001).

de programas de investimento correntes e atividades de produção para o mercado externo. (World Development Report 1980, p.67)

Em boa medida, as condicionalidades – ou o esboço do que deveriam ser as condicionalidades – aparecem mais voltadas aos esforços exportadores e ao padrão energético de cada país. Nas palavras do GBM, os SALs surgem como uma espécie de colchão de liquidez a ser adotado em parceria com os programas de estabilização do FMI, permitindo que obras necessárias ao desenvolvimento não sofram solução de continuidade.

No WBR de 1981, o organismo volta a ressaltar que os SALs são complementares aos esforços de ajustamento do FMI. Sutilmente, o relatório introduz algumas preocupações com a resistência política aos programas e demonstra interesse nos casos da Turquia e de Senegal, onde questões institucionais, ou seja, relativas ao manejo das políticas públicas, estavam sendo introduzidas junto com os SALs. Apesar disso, o programa parece estar estreitamente ligado aos problemas com balanço de pagamentos.

Para Lichtensztejn e Baer (1987), as políticas do GBM não diferem na essência das políticas monetaristas aplicadas pelo FMI. O foco dos ajustes está centrado em quatro pontos: (1) reordenamento dos investimentos públicos, com ênfase no setor energético e nas exportações; (2) liberalização comercial e convergência de preços; (3) política orçamentária mais eficiente com corte de gastos e diminuição dos subsídios ao consumo; e (4) reformas institucionais.

De fato, todos esses pontos aparecem nos relatórios, mas não devemos subestimar que estava em curso algo que transcendia aos modelos de ajuste monetarista dos balanços de pagamentos. Especificamente o ponto quatro é tratado com maior destaque, à medida que cresce, no interior do GBM e nos debates sobre o desenvolvimento, a dicotomia entre mercado e Estado.[13] Isto não significa que essa dicotomia não estivesse presente anteriormente, basta ler o WDR de 1978 para ver que as linhas gerais da crítica ao modelo de substituição de importações estavam lá.

---

[13] Ver Strange (1997) e Evans (1992); uma abordagem histórica que coloca a questão em termos de longa duração pode ser encontrada em Boyer (1999).

A diferença fundamental entre os primeiros ajustes e os que viriam depois está no fato de que se operava uma transformação em termos ideológicos no mundo e que isso refletia dentro do GBM. Depois, com o passar do tempo, passa-se a vislumbrar que os problemas que afetam parte do mundo periférico não são de curto prazo. Há um consenso entre os estudiosos do assunto, como Joan Nelson, Miles Kahler, Robert Kaufman,[14] entre outros, de que à medida que a crise se agravava, o grau de influência (*leverage*) das instituições multilaterais aumentava. Seria possível acrescentar que o grau de influência e o escopo dos programas de ajuste também aumentaram ao sabor da crise.

Relação causal entre crise e abrangência de condicionalidades

↑ da crise → influência externa → ↑abrangência das condicionalidades

Os programas não são vistos pela periferia com entusiasmo; ao contrário, há a desconfiança de que se tratem de políticas que possam ferir a soberania. De fato, os programas implicam uma troca: de um lado, a oferta de recursos para países estrangulados externamente e, de outro, a oferta de parte da soberania, ou da liberdade no grau de manejo das políticas públicas. Além dessa reação negativa por parte das entidades soberanas, existem também os problemas relativos aos ganhadores e perdedores. Os programas de ajuste não beneficiam todos, indistintamente; ao contrário, afetam grupos de interesse e parcelas significativas da população. Programas austeros como os do FMI, acompanhados de medidas que mexem em sistema de preços (corte de subsídios etc.), têm reflexos claros, em especial nas áreas urbanas, com o aumento do desemprego e dos preços dos alimentos.

A pressão dos países ricos sobre as instituições multilaterais é no sentido de quebrar a resistência e apoiar alianças *reformistas* que facilitem o caminho para o *livre mercado*. A crítica e, portanto,

---

[14] "Nossa hipótese é de que a probabilidade maior de adoção de programas amplos de reformas está nos países onde a tendência econômica é vista de maneira mais abrangente como insatisfatória no longo prazo [...], não somente porque os tomadores de decisão no plano econômico ficam mais propícios a perceber problemas estruturais, mas também porque os grupos de interesse principais e o público são mais inclinados, mais receptivos, às reformas de grande abrangência (Nelson, 1990a, p.21).

a construção do consenso liberal[15] começa pelo ataque frontal ao modelo de substituição de importações. Dentro do GBM, a guinada neoclássica é ampliada com a nomeação de Anne Krueger, em 1982, ano em que explode a crise da dívida no mundo periférico.

A ênfase na crítica do modelo de substituição de importações se sustenta nas distorções alocativas que ele produz e no fato de se tratar de um modelo voltado para dentro (*inward-oriented development strategy*). Como a crise que se apresenta é uma crise de balanço de pagamentos, as medidas de ajuste propostas são para atacar o problema da escassez de reservas.

No WDR de 1981, o GBM faz um balanço da experiência de ajuste que vinha sendo introduzida nos países, em função das crises sofridas durante os anos 1970.[16] São adotados três critérios para definir as premissas para maior ou menor êxito nas medidas de ajuste, sendo eles: (1) a estrutura da economia, (2) as políticas adotadas e (3) a natureza e a intensidade com que os países foram afetados pelos choques externos. O GBM também faz uma distinção, partindo da estrutura econômica, de quatro grupos de países: (1) os de renda média semi-industrializados; (2) os de renda média de produção primária; (3) os países grandes de renda baixa, parcialmente industrializados; e (4) os países mais atrasados, em geral com estruturas econômicas rudimentares e baixa renda.

A estrutura econômica é importante na medida em que determina o raio de manobra de cada país diante dos choques externos, ou seja, a qualidade e a quantidade de instrumentos de que dispõe. Pode-se incluir o grau de diversificação da estrutura produtiva e das exportações, qualificação técnica e ambiente institucional, além de atributos locacionais específicos.[17] É bastante

---

[15] Importantes sobre essa questão foram os estudos elaborados por Bella Balassa sobre tarifas, integração e abertura externa. Foram de particular significância na defesa que o GBM passa a fazer dos modelos orientados para fora.

[16] Aqui não se trata de ajuste no sentido da aplicação dos programas do GBM, mas das medidas tomadas pelos próprios países para ajustarem suas economias em função da crise externa. Essa análise é importante porque permite observar como evoluem ideologicamente as análises do GBM, o que serve para termos uma visão de como seriam estruturados os SALs.

[17] Apesar de o GBM dedicar um capítulo aos países em desenvolvimento exportadores de petróleo, porém com déficit de capital, para efeito de análise, estamos dedicando nossa atenção aos países em desenvolvimento importadores de petróleo.

claro que um país com uma estrutura econômica rudimentar, dependente de capital e petróleo, terá poucos recursos para ajustar-se aos choques e muito possivelmente dependerá da assistência internacional.

O relatório visa a duas possibilidades de ajuste, uma que se pode qualificar como virtuosa, que implica alocação de recursos para os setores exportadores e para a substituição de importações na área de energia; outra menos recomendável, mas que muitas vezes independe da vontade do país, baseada em um ajuste passivo por meio de contenção da demanda interna e, portanto, das importações.

O país que servia como arquétipo de ajuste virtuoso era a Coreia do Sul.

> A República da Coreia (Coreia do Sul) oferece um exemplo de país que alcançou resultados espetaculares por meio de uma estratégia de crescimento baseada na exportação, que não se alterou durante o período de 1974-1978. Sua experiência nos mercados externos, junto com uma desvalorização em 1974, conduziram a maiores aumentos em suas participações nos mercados de exportações e uma forte substituição de importações. As proporções correspondentes de poupança e investimentos internos aumentaram consideravelmente, elevou-se a eficiência do investimento e alcançou-se o ajuste com crescimento. (World Bank Development Report, 1981, p.81)

O GBM coloca na agenda do debate sobre o desenvolvimento a dicotomia, em certo sentido bastante questionável, entre o modelo de desenvolvimento voltado para fora e o modelo de desenvolvimento voltado para dentro.[18] Ao analisar a saída para

---

[18] Isso não significa que a produção intelectual que orientava o GBM era um produto de seus estudos e pesquisas. A ofensiva contra o modelo de substituição de importações vinha desde seus primórdios. " Os eventos sob discussão viram o Banco tomar uma liderança operacional no acolhimento de prescrições de políticas sugeridas por pesquisas realizadas fora da instituição nos anos 1960 e 1970, por exemplo, Bhagwati, Corden, Krueger, and Little, e dentro do Banco, por Balassa" (Stern; Ferreira, 1997, p.547). Apesar dessa ressalva, deve-se levar em consideração que o papel do GBM também é o de intermediário simbólico. Os trabalhos de síntese e de vulgarização, que aparecem em seus documentos mais conhecidos, ajudam a pautar as discussões sobre o desenvolvimento dentro e fora da academia.

os países em desenvolvimento importadores de petróleo, a opção pelo modelo exportador fica clara:

> Uma economia mundial mais turbulenta faz com que um país em desenvolvimento importador de petróleo considere dois tipos de mudanças estratégicas. A primeira consiste em adotar uma posição mais voltada para o exterior, fabricar produtos que o país tenha uma vantagem comparativa e deixar que as importações compitam com todos os bens produzidos no âmbito nacional, salvo alguns poucos. A segunda tem por objetivo alcançar uma maior autossuficiência em uma gama mais ampla de bens e reduzir os vínculos comerciais com o resto do mundo, além do que indica a vantagem comparativa, com a esperança de minorar a vulnerabilidade às agitações externas. [...] Os antecedentes mostram que, no conjunto, os países que optaram pela primeira estratégia [...] alcançaram o ajuste com somente uma interrupção temporal do crescimento. (Ibid., p.88)

O contraste entre as estratégias fica evidente quando comparamos o caso coreano com o desenvolvimento brasileiro. Para o GBM, o Brasil, após 1974, não toma as medidas de ajuste necessárias e deixa crescer perigosamente os déficits externo e interno, correndo risco de sofrer diminuição do ritmo de crescimento para a década de 1980. É curioso notar que o GBM faz referência, mesmo que sutil, aos objetivos políticos perseguidos pela política econômica pós-1974 como um dos problemas para a postergação do ajuste.

> O Brasil não abandonou imediatamente a ética do crescimento como reação às condições externas mais difíceis. Havia-se criado um exaltado sentimento de 'destino manifesto' e o novo governo que assumiu o poder em 1974 se viu obrigado a continuar e, inclusive, superar os êxitos de seu predecessor. Também se considerava que o crescimento era necessário para o processo de liberalização política. Isto levou à adoção de políticas internas expansionistas e a um considerável endividamento externo, à postergação do ajuste e a um eventual crescimento mais lento. (Ibid, p.84)

Não há ainda um claro combate ao Estado como elemento perturbador do sistema, muito embora no ano de 1981 surja o relatório Berg,[19] considerado a primeira peça do GBM de combate aos modelos de desenvolvimento liderados pelo Estado.

Como já dito, a entrada em cena de um programa mais consistente de ajuste, que não simplesmente a mudança de ênfase pró *export-led*, viria com a crise mexicana de 1982.[20] A crise coincide com a entrada de Anne Krueger no GBM, dando impulso às análises de corte neoclássico.

Em 1983, o GBM assume que havia se instalado uma crise de pagamentos: fala-se claramente na crise da dívida e em suas causas; são elencados aspectos externos e internos. Os primeiros estavam relacionados às políticas deflacionistas nos países industrializados. Assim, os países periféricos foram afetados simultaneamente pela queda em suas receitas de exportação e pelo salto no pagamento dos serviços de seus débitos. Além disso, com o argumento de proteger seus empregos (dada a elevação da taxa de desemprego) e suas corporações, os países centrais adotam medidas protecionistas (como o acordo multifibras), contribuindo para deteriorar os termos de intercâmbio dos países periféricos.

---

[19] "Este estudo, foi publicado em 1981 e intitulava-se Crescimento Acelerado na África Sub-Sahariana: Uma Agenda para a Ação, certamente chamava atenção para o aprofundamento dos problemas econômicos na região e recomendava a duplicação em ajuda para a mesma. Mas, de longe, o mais importante, argumentava-se fortemente que a reforma da política econômica era crítica para a recuperação econômica na África. O 'Relatório Berg', como o estudo veio a ser conhecido (o principal autor era Elliot Berg), providenciou um construto racional para os empréstimos de ajustamento estrutural para a África. Argumentava-se, em particular, que deficiências políticas domésticas e constrangimentos administrativos impediam o progresso econômico e advogava-se por reformas na política de comércio, taxa de câmbio, setor agrícola, melhorias de eficiência na utilização de recursos pelo setor público. Implícito neste argumento, o que brevemente se tornaria explícito nos documentos do Banco e de outras instituições sobre os problemas econômicos africanos, estava a conclusão de que o desenvolvimento comandado pelo Estado havia falido. O papel do Estado precisava ser diminuído em favor do livre mercado e do setor privado caso um crescimento econômico hígido fosse o objetivo a ser perseguido na região." (Lancaster, 1997, p.167).

[20] A crise mexicana foi o estopim de um processo generalizado de crise de pagamentos na América Latina. "A surpresa marcou o verão no início de 1982, quando o México sofreu a negativa dos banqueiros privados ao tentar refinanciar sua dívida (...). Istou se complicou quando, poucos meses depois, o Brasil unilateralmente delcarou sua incapacidade de pagar os serviços de sua dívida" (Miller, 1987, p.39).

Em termos de políticas internas, havia pelo menos três tipos de situações: (1) países que adotaram políticas de substituição de importações, descuidando do setor externo; (2) países que dependiam pouco do setor externo, seja do ponto de vista comercial, seja do financeiro; e (3) países que optaram pela estratégia de desenvolvimento voltada para fora.

A resposta do GBM é clara, seguindo a tendência verificada nos relatórios anteriores, ou seja, os países *export-led* eram aqueles que melhor tinham condições de se ajustar aos choques externos. No segundo grupo, chama atenção a referência feita aos casos da China e da Índia, países menos afetados em função da baixa interdependência com o sistema econômico internacional.

Apesar da gravidade dos acontecimentos, o GBM sustenta a tese de que se trata de uma crise de liquidez e não de solvência, e que cada caso deve ser resolvido em separado.

> Esses tipos de problemas podem ter duas causas – escassez de liquidez ou insolvência genuína. A primeira emerge quando o tomador se vê incapaz de alavancar ou tomar recursos externos para fazer frente aos serviços da dívida, frequentemente as taxas de juros ficaram inesperadamente altas. A insolvência tem conotações mais sérias e permanentes: um tomador simplesmente não tem recursos para servir sua dívida, muito embora faça o máximo para usar os recursos disponíveis. [...] Os problemas da maior parte dos países em desenvolvimento são produto da falta de liquidez e não da insolvência. (World Bank Development Report, 1983, p.3)[21]

Essa posição é importante porque tinha consequências diretas na estratégia de relacionamento entre credores e devedores. Além disso, baseava-se na expectativa de que as taxas de crescimento da economia mundial se restabeleceriam e que os créditos voluntários seriam retomados. A perspectiva de ser uma crise de curto--prazo posterga o equacionamento do problema das dívidas e a volta do crédito voluntário fica na esperança durante os anos 1980.

---

[21] No mesmo relatório, o GBM cita dois países seriamente endividados e com problemas gravíssimos de pagamentos como exemplos de crise de liquidez. " Em geral nos países grandes, como o Brazil e o México, o problema é basicamente de liquidez. (Idem, p.23).

Paradoxalmente, o relatório começa a definir as políticas de ajuste de longo prazo. A questão do Estado é tratada com destaque pela primeira vez, delimitando a separação entre as políticas a favor do mercado e as políticas intervencionistas. A terminologia neoclássica aparece claramente e a palavra símbolo do relatório é a *eficiência*. Ligado à questão da eficiência estava o problema da distorção dos preços relativos causada pela intervenção estatal.

Em um primeiro momento, a questão das privatizações não é colocada diretamente; assim, o relatório ainda aponta medidas para aumentar a eficiência das empresas estatais mediante a definição de indicadores de desempenho e maior liberdade dos administradores (ou seja, menor influência política).

Em um plano mais geral, o GBM chama atenção para a excessiva burocratização e o empreguismo na máquina estatal, fenômenos que poderiam ser atacados pela descentralização e por sistemas de subcontratação. A questão do orçamento não fica de fora das preocupações. Para a instituição, é preciso aproximar a elaboração do orçamento de uma *análise racional,* ligando os projetos às disponibilidades de recursos e criando sistemas eficientes de coleta de informações. O convite à *retirada do Estado* dos assuntos econômicos chega à casa dos países periféricos.

A crítica ao Estado ainda é revestida por certo reconhecimento de que, por longos anos, os países em desenvolvimento experimentaram taxas elevadas de crescimento muito em função dos investimentos públicos.

Por outro lado, o novo ambiente exige alterações nas funções dos governos. Três tarefas estão prescritas para eles: (1) criar um ambiente macroeconômico estável, por meio de políticas sustentáveis na área monetária, fiscal e cambial; (2) criar um sistema de incentivos que encorajasse a alocação ótima e eficiente dos recursos; e (3) criar um modelo de crescimento cujos benefícios fossem mais amplamente partilhados.

O primeiro item estava na ordem do dia e seguia as orientações do FMI, por meio da série de acordos aos quais os países endividados recorreram como única forma de aceder aos recursos externos.

Segundo Lichtensztejn (1987), o enfoque da política de estabilização dirigida pelo FMI se concentrava em quatro esferas de atuação: (1) cambial, (2) monetário-creditícia, (3) fiscal e (4) salarial.

Na esfera cambial, tratava-se de promover a desvalorização cambial (para ajustar a balança comercial), unificar o câmbio (fim das taxas múltiplas) e liberalizar as entradas e saídas de divisas (da conta de capital). No plano monetário-creditício o foco estava na contenção da demanda, prevendo-se, portanto, uma política monetária restritiva (aumento das taxas de juros).

Quanto à questão fiscal, buscava-se eliminar os subsídios, a promoção de superávits primários e o corte de despesas. Já a questão salarial passaria pelo mercado e não por sistemas *artificiais* de regulação. Os salários deveriam ser regulados pela produtividade, eliminando os mecanismos de indexação e alterando legislações que impedissem maior flexibilidade no ambiente econômico.

O segundo item, ou seja, aquele referente ao sistema de alocação, contrapõe a abordagem liberal do sistema de mercado aos modelos intervencionistas. O WDR de 1983 é um manifesto em defesa da livre determinação dos preços pelos mecanismos de mercado e de condenação às formas de intervenção do Estado, que criavam distorções no sistema de preços e, portanto, geravam distorções em termos alocativos prejudicando a *eficiência* da economia. Os preços deveriam ser determinados em função da escassez.

A partir dessas análises, poderíamos supor que, enquanto os programas de ajuste ficaram restritos às medidas de estabilização, o papel do FMI foi preponderante. Lembremos: tratava-se de lidar com problemas de liquidez. Os ajustes de primeira geração foram basicamente concentrados em uma perspectiva de curto prazo. O que a leitura sobre a evolução do pensamento do GBM nos fornece é que, ainda na primeira metade dos anos 1980, com a perspectiva neoclássica ganhando terreno, as medidas de longo prazo, de caráter estrutural, já estavam sendo configuradas. Nesse caso o papel do GBM passa a ser cada vez mais relevante, construindo os ajustes de segunda geração.

Não há uma data precisa em que se localize o início dos ajustes de segunda geração – o que procuro salientar é que uma sequência vai se construindo ao longo da década de 1980 e culmina no Consenso de Washington.[22] O processo começa

---

[22] "Em 1990, um grupo de *policy-makers* da América Latina e Caribe (LAC), representantes das agências internacionais e membros das comunidades acadêmicas

com as críticas ao modelo de substituição de importações, vai ganhando escopo à medida que a crise da dívida perdura, que os programas heterodoxos de estabilização fracassam[23] e que as economias de planejamento centralizado desmoronam, pondo fim à Guerra Fria.

No plano intelectual, o pensamento *estruturalista*, keynesiano ou marxista (em suas diversas vertentes) sofre uma derrota acachapante. Enquanto isso, o neoclassismo, seja em sua vertente econômica seja na política (*public choice*; nova economia institucional), vai afirmando seu poder. O poder político das ideias econômicas reflete o poder político das coalizões às quais emprestam legitimidade. Assim, tal vitória acontece no plano das ideias e no terreno concreto das práticas de governo, ou seja, na introdução dos programas de ajustamento estrutural.

Vemos que no WDR de 1983 o desenho dos ajustes estruturais ganha contorno com as discussões sobre a eficiência alocativa e o papel do Estado. Nesse aspecto, a questão da determinação dos preços cumpre um papel essencial.

> [...] um fator chave para determinar a eficiência é o preço dos insumos e dos produtos que refletem a escassez relativa. Preços de bens que se desviam significativamente de seus preços de escassez (ou "custo

---

e de *think tanks* participaram de uma conferência comandada pelo Instituto de Economia Internacional em Washington. A proposta era avaliar o progresso alcançado pelos países LACs na promoção das reformas de política econômica depois da crise da dívida dos anos 1980. Na deliberação conclusiva do grupo, John Williamson (1990) escreveu que 'Washington' (ao menos pelos que ali estão presentes) tinha chegado a um elevado grau de consenso em dez pontos relativos a instrumentos de política."(Burki; Perry, 1998).

[23] Refiro-me principalmente aos planos de estabilização da Argentina (Austral), do Brasil (Cruzado) e do Peru (Sol). "Alguns países inicialmente procuraram evitar a hortodoxia. Em 1985-1986, três países latino-americanos – Argentina, Brasil e Peru – anunciaram programas de estabilização heterodoxos. Fatores domésticos influenciaram-nos a adotar rotas alternativas (elevado nível de reservas, alta capacidade estatal para desenhar políticas alternativas), bem como deram-lhes motivos necessários para tanto (a pressão política sobre as novas democracias). [...] O objetivo comum era cortar a inflação sem provocar uma recessão. Mesmo depois de diversas tentativas de ajustar e modificar os pacotes, todos os três resultaram em rotundos fracassos." (Stallings, 1992, p.73). O fracasso desses planos foi a antessala da ascensão do pensamento ortodoxo e, mais precisamente, do *programa neoliberal*.

de oportunidade") podem ser caracterizados como "distorcidos". [...] Eficiência, por consequência, requer que capital e trabalho sejam precificados por suas produtividades marginais e preços internacionais. (World Bank Development Report, 1983, p.42-3)

Nesse pequeno parágrafo se concentra todo um arcabouço teórico que preconiza o mercado como a instância ótima da equação da oferta e da procura, bem como uma perspectiva internacional de convergência de preços que implica a liberalização dos fluxos de comércio.[24] O papel do governo é subsidiário.

O mercado tem a vantagem da impessoalidade, portanto as empresas privadas estão menos sujeitas ao conjunto de pressão política que cerca as estatais.

> Como uma entidade comercial, uma EPE [empresa de propriedade estatal] deve vender no mercado. Como uma organização pública, está vinculada a outros objetivos e exposta à pressão política de poderosos interesses setoriais. EPEs são geralmente operadas como burocracias públicas, com mais atenção sendo dada aos procedimentos que aos resultados; e o pronto acesso aos subsídios pode fazer com que tenham menos incentivos para que os administradores busquem a redução de custos. (Ibid, p.50)

Além disso, o GBM defende que o controle de preços mediante o uso político das empresas estatais é, em geral, justificado

---

[24] A questão comercial avançava *pari passu* com os processos de desregulamentação e teve, nas instituições de Bretton Woods, fortes defensoras. A volta da ideologia liberal a partir dos anos 1970 e os apelos reformistas em função da globalização tiveram como pano de fundo a luta interestatal do período de expansão financeira do ciclo de acumulação. Antes de representar o enfraquecimento dos estados nacionais, representou o fortalecimento dos países da tríade em relação ao resto do mundo. Na esteira das reformas, vastos setores das economias semiperiféricas foram internacionalizados, sempre sob o comando das empresas dos países centrais. Um coquetel de abertura comercial e financeira produziu o agravamento da dependência periférica. No campo dos acordos multilaterais, a introdução de temas como propriedade intelectual, serviços e investimentos nas rodadas do Gatt foi uma clara demonstração de *interesse nacional* por parte dos Estados Unidos (Nicolaides, 1994). À medida que os mercados *emergentes* abrem suas economias, uma série de barreiras é erguida nos países centrais. O agravamento da dependência financeira é visível o suficiente para que se faça qualquer conjectura adicional.

para defender os mais pobres mas, na realidade, beneficia os mais ricos.

> Por seu turno, os preços praticados pelas EPEs podem ser controlados no sentido de beneficiar os pobres ou para fins de políticas antiinflacionárias. Mas muitos dos consumidores das EPEs são grandes indústrias ou pessoas ricas, portanto, estes, e não os pobres, são os maiores beneficiários. (Ibid., p.76)[25]

Como extensão às críticas ao papel interventor do Estado (Estado empresário), o GBM sugere uma série de distorções provocadas pelos anos de regulação e interferência na atividade econômica. Entre essas críticas, cinco pontos se destacam: (1) comércio exterior, (2) sistema de crédito e subsídios, (3) salários, (4) tributação e (5) preços.

No primeiro item, destacam-se os malefícios causados pelas restrições às importações, que elevaram os preços em prejuízo dos consumidores. Sob esse aspecto, poderíamos agregar todas as críticas da teoria neoclássica às ineficiências causadas pelo protecionismo, bem como os argumentos da *public choice* (posteriormente incorporados pelo GBM) quanto à criação dos *rent-seekers* ou do *crony capitalism*,[26] subprodutos do excessivo poder concentrado na burocracia estatal.

A alocação de recursos via sistema de crédito subsidiado (taxas de juros artificialmente determinadas) resulta em um viés

---

[25] Esse seria um argumento fartamente utilizado nas reformas dos sistemas de seguridade e de educação, a partir da segunda metade dos anos 1980 e durante os anos 1990.

[26] Estes termos fazem referência, literalmente, aos "caçadores de renda" e ao "capitalismo de compadrio". Os caçadores de renda, segundo a Escola da Escolha Pública, são aqueles capazes de usar as brechas legais e as falhas da ação coletiva para auferir benefícios privados à revelia de seus esforços e às custas do esforço coletivo daqueles que respeitam as regras do jogo; o capitalismo de compadrio serve como expressão de relações (interações) que se constituem por eletividade em oposição às relações impessoais que deveriam nortear a escolha pública. Ambos são produtos de sistemas de sociabilidade onde as regras de mercado são subsituídas por interferências indevidas de agentes externos, bem como por falhas de mercado, que em última instância também são produto ou agravadas pela interferência exógena ao funcionamento ótimo do mercado.

em favor das indústrias capital-intensivas, sendo o fator abundante, na maioria dos países em desenvolvimento, o trabalho. Leis regulando o salário mínimo provocaram uma diminuição da demanda por trabalho e o conjunto burocrático de regulações em diversos âmbitos da vida social criou amplos mercados negros. Contribuíram pesadamente os sistemas tributários ineficazes que sobretaxavam determinados setores, empurrando atividades para a clandestinidade. Por fim, os preços, quando artificialmente mantidos abaixo de seu custo marginal (em especial os alimentos), frequentemente desencorajavam produtores, criando escassez e dependência de importações (Ibid.).

Muito embora o conceito de eficiência possa sugerir que estamos diante de uma discussão puramente técnica do campo econômico, as críticas do GBM e suas implicações em termos de ajuste das economias tinham fortes consequências em termos políticos. O GBM não desconsiderava esse aspecto, talvez se afastando um pouco do FMI, cujas necessidades de obter resultados de curto prazo resultava em uma abordagem negligente com as consequências políticas dos programas de estabilização.

> O desafio do manejo macroeconômico é ajustar as políticas adotadas à luz das mudanças circunstanciais dos planos doméstico e externo. Isso, frequentemente, implica contrariar interesses que as mesmas políticas criaram ao serem adotadas. (Ibid., p.64)

O GBM admitia a existência de custos no curto prazo e recomendava cuidado (gradualismo) na introdução das reformas. Além disso, de suma importância era a criação de um clima interno que permitisse que as reformas fossem vistas como um produto da vontade dos atores domésticos e não como uma imposição vinda do exterior.

> Sempre que uma instituição está considerando alterações de suas práticas, seu balanço interno de poder é inevitavelmente ameaçado. Aqueles que estão menos propícios a se beneficiarem das mudanças podem concordar com as mesmas, em princípio, mas oferecerão resistência encoberta durante a sua implementação. A oposição será usualmente maior, quanto mais estranha e importada for percebida a ideia da mudança. Uma vez instalada, contudo, o sucesso ou a falência

da implementação da prática dependerá largamente da sustentabilidade do ambiente local. (Ibid., p.113-4)

Aqui, entramos especificamente na questão da necessidade da construção do consenso; portanto, da formação de coalizões internas que auferissem legitimidade para colocar em prática os programas. O que a história mostra é que essas coalizões seriam formadas ao longo da década de 1980, em função do agravamento da crise da dívida e da admissão de que o problema efetivamente não era de liquidez, mas de solvência. Outro aspecto que salta aos olhos é o fato de que já a essa altura (1983) havia resistência aos programas de ajustamento.

Tal resistência é confirmada com a criação dos Empréstimos para Ajustamento Setorial (Secals – Sectorial Adjustment Lendings). Alguns países, principalmente aqueles com maior peso no mundo periférico, resistiam em assinar acordos que denotassem excessiva interferência externa, como pareciam ser os SALs. O GBM então criou, em 1982, essa linha alternativa, porém com a mesma natureza, ou seja, *policy based lendings*.

No decorrer da década, esse tipo de desembolso ocupa cada vez mais espaço nas atividades do GBM, principalmente pela falência generalizada dos programas de estabilização baseados na perspectiva da crise de liquidez. Dois momentos marcam a virada para uma perspectiva de mais longo prazo, ambos relacionados ao problema da dívida: o primeiro é o plano Baker, em 1985, e o segundo, o Plano Brady, em 1989.

O plano Baker é uma expressão de que os programas do FMI não surtiram o resultado desejado, que a crise da dívida perdurava e que as resistências à interferência externa cresciam. Na América Latina, isso coincide com o fim do ciclo autoritário, que marcava os destinos da região desde os anos 1970. Os novos governos tinham de se afirmar diante do povo, ao mesmo tempo em que enfrentavam problemas graves no campo econômico. Havia um sentimento generalizado de que as instituições financeiras multilaterais não haviam contribuído para enfrentar o problema da crise da dívida, que agora se transformava em uma crise fiscal do Estado e nos recorrentes surtos inflacionários.

É nesse contexto que surgem as tentativas heterodoxas de combate à inflação. Muito embora houvesse clara percepção de que o enfoque internacional para o problema da dívida havia falhado, não houve por parte das instituições multilaterais e da política externa norte-americana uma mudança substancial no que concerne à natureza das políticas que viriam a recomendar. Como consequência, o que muda é que se passa a admitir a necessidade das mudanças de longo prazo. Não mudanças que objetivavam dar novo fôlego ao modelo de substituição de importações, mas que aprofundassem as reformas pró-mercado.

Por essa via crescem em importância os programas do GBM e sua influência na determinação da agenda para o *desenvolvimento*.

> Enquanto o FMI aumentou seu papel na coordenação das políticas dos serviços das dívidas e na promoção da estabilização durante os anos 1980, o Banco Mundial também aumentou os recursos e ampliou seu mandato. Em particular, com o anúncio do Plano Baker em 1985, o Banco Mundial foi trazido para o centro da atividade da política econômica no Terceiro Mundo. O plano Baker enfatizou o ajustamento estrutural, e o Banco Mundial tornou-se a instituição líder nestas atividades por meio da concentração dos empréstimos de ajustamento (Empréstimos de Ajustamento Estrutural e Empréstimos Setoriais de Ajustamento Estrutural). (Stallings, 1992, p.83)

A estabilização é pré-condição para o ajustamento estrutural, e é este que permite a sustentação do crescimento – ao menos foi assim colocado. O problema é que a estabilização não foi alcançada durante a década de 1980 e o crescimento foi sacrificado em nome de uma suposta futura estabilização. Em suma, os sacrifícios do presente não resultaram em benefícios futuros, a não ser que olhemos para aqueles que viram a retomada da normalidade nos fluxos de pagamentos, ou seja, que viram parte do mundo periférico se transformar de receptor de capital em exportador líquido de capital.

Em meados da década, já não se pode jogar para debaixo do tapete que o problema não era de liquidez. A resposta para ao fracasso do monetarismo e dos programas heterodoxos de estabilização é a construção do *programa político neoliberal*, simbolicamente intermediado pelas instituições de Bretton Woods, em especial pelo GBM.

Embora as propostas do tesouro norte-americano sejam na versão Baker como na versão Brady, sem contemplar a necessidade de uma ampla discussão sobre as transformações do padrão de financiamento para os países periféricos, que incluísse o ponto de vista dos devedores, elas marcaram efetivamente uma mudança na perspectiva das instituições financeiras multilaterais, como salientado por Stallings (Ibid.).

Os ajustes ganham um caráter mais estrutural à medida que se assume que os problemas são de longo prazo. As críticas às medidas ortodoxas de estabilização crescem e isso pede uma resposta da potência hegemônica e, consequentemente, do GBM. O plano Baker busca cumprir esse papel, sem alterar a natureza das orientações em curso, ao contrário, pretende-se servir como instrumento para aprofundá-las. A proposta Baker é apresentada na reunião anual do GBM Mundial/FMI realizada em Seul (outubro de 1985) e pressupõe uma retomada dos recursos para quinze países com problemas severos de endividamento[27] em uma ação conjunta entre Bird, BID, FMI e GBMs credores. Entretanto, a entrada de dinheiro novo fica condicionada ao seguinte desenho:

> Por parte dos países em desenvolvimento, especialmente dos 15 escolhidos para receber empréstimos adicionais, o compromisso de adotarem políticas mais orientadas para o mercado e atrativas para os investidores estrangeiros, e que restrinjam o consumo por meio da redução ou eliminação dos subsídios; assim como a aplicação de cargas fiscais e políticas que restrinjam os salários, de fato, para realizar mudanças estruturais que incrementem o papel do setor privado enquanto que reduzam o papel do Estado, e que aumentem o excedente comercial para poder cumprir com os pagamentos. [...] Da parte dos Estados Unidos, uma promessa condicional: as ações virtuosas podem ser recompensadas com um incremento geral do capital. (Miller, op. cit., p.24)

A estratégia de negociação da dívida, desde seu início, marca um padrão específico de relacionamento entre credores e devedores, ou seja, a intermediação das instituições de Bretton

---

[27] Aos quinze países logo se juntariam mais dois, totalizando dezessete. Desses, doze eram latino-americanos (Argentina, Brasil, Chile, Colômbia, Equador, México, Peru, Uruguai, Venezuela, Costa Rica e Jamaica), três africanos (Costa do Marfim, Marrocos e Nigéria), um asiático (Filipinas) e um europeu (Iugoslávia).

Woods insula os governos dos países centrais de possível pressão por parte da periferia e o enfoque de tratamento *caso a caso* fragmenta qualquer possibilidade de negociação mais dura por parte dos devedores.

Fica evidente a ligação entre a crise da dívida e o enquadramento às políticas de ajuste. Tanto os países centrais quanto os principais credores passam a exigir que os processos de negociação sejam vinculados aos programas de ajuste.[28] Ao mesmo tempo, a fraqueza dos credores é mais um motivo para a aceitação dos referidos programas; fraqueza política e financeira, em virtude da falta de créditos voluntários. No contexto em que é lançado o plano Baker, a possibilidade de uma crise sistêmica em função da crise da dívida já é afastada.

> Uma vez superado o risco de uma crise financeira sistêmica (meados dos anos 1980), sustentar minimamente o fluxo de recursos externos era entendido como um mal necessário, pelo menos do ponto de vista dos credores maiores, para que os devedores sentissem que valia a pena manter-se no processo de negociação. Tais recursos, entretanto, deveriam ser suficientemente escassos para que os países devedores não apliassem seu raio de manobra na negociação e para que fossem obrigados a se sujeitar a um programa de ajuste de política econômica que recompusesse, em alguma medida, sua capacidade de pagamento do serviço da dívida externa – por mais desgastante que ele fosse internamente. (Baer, 1993, p.61)

A escassez de recursos brinda as instituições multilaterais com um poder de barganha muito maior, mas ao mesmo tempo empurra alguns países para tentativas de superar seus entraves por meio de caminhos distantes da ortodoxia. Ao menos para a América Latina, ao contrário do que acontecia com o Leste Asiático, os recursos financeiros privados mais saiam que entravam. A iniciativa Baker pressupunha a retomada dos créditos voluntários, mas as correntes de capital haviam claramente se deslocado para os países da Tríade, e o plano fracassou.[29]

---

[28] Nisso as condicionalidades cruzadas reunindo o FMI e GBM são uma clara expressão de que o cerco se fechava sob o comando dos credores.
[29] Hirst e Thompson (1998) dedicam um capítulo inteiro de sua obra ao comportamento dos fluxos de investimento na década de 1980.

As políticas de ajuste de longo prazo são desenhadas nesse contexto, ou seja: crise da dívida, crise fiscal do Estado, escassez de recursos externos e crise das tentativas heterodoxas de estabilização. De um ponto de vista mais global, o desenho acontece em um contexto de mudanças no padrão de financiamento mundial, de transformações importantes no regime de regulação das finanças, ou seja, deem meio da ampliação das operações financeiras internacionais, bem como do fim da Guerra Fria.

A crise fiscal do Estado, enfrentada por boa parte da periferia endividada, serve como ponto de confirmação das críticas aos modelos intervencionistas, mesmo que em boa medida seja o resultado de políticas de ajuste para garantir fluxos de pagamentos externos. Assim, é necessário reduzir a participação do Estado na economia, promover reformas que busquem *eficiência* (como exaustivamente expresso no World Bank Development Report de 1983), aumentar o grau de exposição da economia nacional ao ambiente externo; garantir, portanto, condições adequadas para que os detentores da riqueza líquida (os credores de fato e os credores em potencial) voltem a aportar recursos.

A abordagem dominante a respeito do tratamento da dívida foi desenhado pelos credores, pelos países centrais e pelas instituições de Bretton Woods. O mesmo pode ser dito sobre os programas de ajustamento. A construção do consenso sobre o programa neoliberal foi produto das transformações no regime de acumulação, capitaneadas pelo ajuste da economia norte-americana e pela fraqueza das nações periféricas, uma vez que estas não conseguiam criar um caminho alternativo. Certamente referimo-nos às economias periféricas que caíram na armadilha do dinheiro fácil dos anos 1970. O debate intelectual foi dominado pelos membros das *altas rodas* acadêmicas dos países centrais, os quais frequentam invariavelmente as reuniões e os seminários das instituições de Bretton Woods.

> Qualquer um interessado na história intelectual da crise da dívida ficaria impressionado com o grau em que o debate intelectual foi dominado pelas vozes dos Estados Unidos, em contraste com a virtual ausência das vozes dos países afetados pela crise. Este também foi o caso no Banco. As conferências e os simpósios sobre a crise organizados pela instituição raramente incluíam participantes com contribuições dos países deve-

dores. [...] A dominância dos economistas do banco e sua forte ligação com a comunidade acadêmica dos Estados Unidos tornava muito mais difícil a participação de outras fontes de ideias ou discursos intelectuais que não faziam parte da audiência desse clube. [...] Talvez por isso, durante os primeiros anos da crise, a periódica disseminação por parte do Banco do último "consenso" sobre a crise da dívida, serviu largamente aos propósitos de racionalização dos interesses políticos dos maiores acionistas do Banco, especialmente dos Estados Unidos e por extensão dos bancos comerciais. O consenso é mais facilmente encontrado entre um auto-selecionado grupo que partilha um discurso intelectual comum. E o processo de chegada ao consenso pode servir como um papel de legitimação, contudo de forma inadvertida de mecanismos de exclusão. (Kapur; Lewis; Webb, op. cit., p.626)

Os WDRs do GBM obedecem ao mesmo padrão até a metade da segunda parte dos anos 1980. A ênfase no mercado cresce ancorada nos regimes orientados para fora, ao mesmo tempo em que as consequências sociais e econômicas dos ajustes repercutem em críticas públicas de organizações internacionais.[30] O relevante é observar que o GBM incorpora parte das críticas, porém invertendo o sinal, ou seja, tentando mostrar que o problema do não atendimento às necessidades sociais se refere ao atraso nas *reformas* e na precariedade de alguns ajustes. A questão da pobreza não é tema central do GBM durante os anos de chumbo do neoclassicismo, somente voltando a ser tratada com o devido *status* no relatório de 1990.

Iniciamos este tópico com o título "1979, o ano que não terminou" querendo salientar um aspecto central e dois específicos. Primeiro, que esse foi o ano da virada e do ajuste da economia norte-americana e da retomada de sua hegemonia, sintetizada na garantia da centralidade do dólar como moeda internacional. Para os países periféricos isso implicou: (1) a ruptura de um padrão de desenvolvimento, o modelo de substituição de importações; e (2) o enquadramento desses países aos programas de ajustamento.

---

[30] "Fortes ataques aos Empréstimos de Ajustamento Estrutural e Empréstimos Setoriais de Ajustamento Estrutural pelos mesmos não aliviarem a pobreza, estavam vindo de fora do Banco, notadamente, do Fundo das Nações Unidas para as Crianças, num programa que viria a ser conhecido pelo nome dado a sua maior publicação, 'Ajustamento com Uma face Humana'." (Ibid., p.531).

Esses elementos fazem parte de um contexto onde ocorre a construção de um consenso em torno das políticas liberalizantes, processo ainda em curso, passados aproximadamente vinte anos da adoção dos programas de ajuste.

3.5 CONSTRUINDO A AGENDA DOS ANOS 1990

Nos WDRs de 1988-1989, dois temas importantes foram tratados: a questão das finanças públicas e o sistema financeiro nos países em desenvolvimento. O segundo item em particular era um elemento diferenciador da trajetória dos ajustes, pois até então o GBM tratara fundamentalmente da liberalização no plano do comércio; porém, em sintonia com as políticas desregulacionistas e de abertura da conta de capital em andamento na economia mundial, o tema entra na agenda das *reformas*.[31]

Quanto ao primeiro item, ou seja, a temática das finanças públicas expressa no relatório de 1988, observa-se pela primeira vez uma forte ligação entre o problema da dívida e os condicionantes internos. "Crises nos Balanços de Pagamentos foram frequentemente causadas, ou ao menos agravadas, por políticas fiscais imprudentes." (World Bank Development Report, 1988, p.1).

Essa postura é emblemática, ou seja, embora os choques externos contribuam para a deterioração das condições financeiras

---

[31] As políticas desregulacionistas mostram forte ligação entre os interesses das empresas multinacionais e os governos dos países centrais. Na última rodada do Gatt, isso fica evidenciado pela pressão exercida pelos Estados Unidos pela inclusão das questões relativas aos direitos de propriedade e da liberalização do setor de serviços (Trips – Aspectos dos Direitos de Propriedade Intelectual Relacionados ao Comércio – e Trims – Acordo sobre Medidas de Investimento Relacionadas ao Comércio). "Durante os anos 1980 a administração dos Estados Unidos adotou um número importante de iniciativas interrelacionadas. Seu objetivo central tem sido fortalecer o papel, expandir a presença do poder – econômico e outros – das empresas transacionais na economia-mundo. Esse esforço teve uma série de implicações para as posições assumidas em assuntos similares por outras economias desenvolvidas de mercado, especialmente para o Japão. No plano multilateral estas posições se concretizaram como objetivos de política propostas durante as negociações do GATT na Rodada do Uruguai. Algumas dessas políticas foram apresentadas sob o nome de *Trade-Related Investment Mesures* (TRIMs)" (Vaitsos, 1989, p.179).

dos países periféricos, os reais motivos estão no passado de *má gestão*. Quase tudo de ruim que havia ocorrido era fruto do legado das políticas adotadas durante os anos de substituição de importações.[32] Essa visão corre na contramão daquilo que este livro vem costurando até aqui. Não que se desconsiderem os fatores internos, mas assumimos como argumento forte que os determinantes da crise foram externos e estão relacionados ao ajuste promovido pelo hegemon em sua retomada hegemônica.

O objetivo do relatório era aferir em que sentido políticas adequadas, em matéria de finanças públicas, poderiam aumentar a qualidade do governo. De fato, ao fazer esse percurso, o relatório acaba por definir, em boa medida, o tipo de Estado desejado. A hipótese básica de sustentação dos argumentos é de que as finanças públicas moldam o curso do desenvolvimento; ao mesmo tempo, ressalta-se que, durante a década, tenha se formado uma opinião geral (consenso) de que, se antes o governo era visto como catalisador do desenvolvimento, agora é um obstáculo.

As orientações gerais passam pela crítica às políticas que resultam em rápida expansão fiscal seguida de drásticos enxugamentos, o que evidencia um manejo inadequado da política fiscal, que promove ambientes instáveis os quais afetavam os negócios. A política fiscal deveria ser uma fonte de estabilidade e não o contrário. Poderia contribuir nesse aspecto um sistema tributário menos intervencionista e, portanto, mais simplificado. A arrecadação deveria evitar mecanismos que interferissem na alocação ótima dos fatores.

Fator de suma importância era a eleição de prioridades no destino do gasto público. Com relação a isso, observa-se que é na arrecadação, ou seja, no sistema tributário e na forma como os gastos são feitos, que se pode enxergar o tipo de Estado de que se trata, bem como, em certo sentido, a correlação de forças no interior da sociedade (quem são os ganhadores e quem são os perdedores). Assim, o GBM definia as prioridades:

---

[32] Como o GBM já havia feito durante toda década, o relatório coloca à parte os tigres asiáticos. Curiosamente saúda as políticas adotadas por China e Índia no sentido da liberalização, políticas essas que explicariam por que esses países cresceram em média 8,6% durante 1980-5, enquanto os países de renda média cresceram apenas 1,6%.

O gasto deveria estar mais afinado com os setores mencionados abaixo. Em educação, a necessidade existente faz referência ao aumento dos gastos com as escolas primárias, particularmente nos países pobres. Em saúde, mais recursos públicos deveriam ser alocados para medidas de saúde básica como imunização e cuidado pré-natal. Gastos dessa natureza não somente são mais lucrativos do que com educação superior, drogas não essenciais e gastos caros com saúde hospitalar curativa, como também são mais equitativos. (Ibid., p.8)

A modelagem do Estado, sob o consenso liberal, prossegue na perspectiva de que ele deve se desfazer de múltiplas atribuições para melhor realizar aquelas para as quais o setor privado não demonstre interesse ou para as quais não existam incentivos alocativos. A descentralização é uma meta, pois aumenta a eficiência na prestação dos serviços de forma subsidiária. Mas, revelando as tendências em termos de agenda, o GBM entra no tema das concessões, o que mais tarde seria complementado pela temática das privatizações.

Entidades públicas autônomas e responsáveis, inclusive níveis subnacionais de governo e empresas estatais, podem melhorar a eficiência tanto dos gastos como das rendas coletadas. Mas constrangimentos administrativos limitam o escopo de uma rápida descentralização; aumentar o envolvimento do setor privado na provisão de serviços públicos deveria ser explorado sempre que possível. (Ibid., p.2.)

A preocupação com a questão fiscal é uma resposta programática a um problema real, tanto nos países periféricos quanto nos centrais. As contas públicas apresentam, notadamente na América Latina, uma piora substancial; também os Estados Unidos apresentam déficit crescente nos planos interno e externo (*twin deficities*), mas algumas considerações a esse respeito são importantes.

Primeiro, o déficit norte-americano representa uma inversão dos fluxos de capital que predomina na década de 1980, quando boa parte desses valores se referem ao interior da tríade. Segundo, os instrumentos de atração de recursos eram – e são – assimétricos, refletindo as diferenças do poder no interior do sistema de estados e, portanto, os impactos na deterioração das contas nacionais também diferenciados.

Isso gerou uma inversão no fluxo de recursos da periferia em direção ao centro, demonstrando que a capacidade norte-americana de atuar como *gendarme* da política monetária mundial tinha sido recuperada, o que não insulava a maior potência mundial dos efeitos perversos de uma acumulação sob a dominância financeira ou das inconveniências de uma riqueza cada vez mais financeirizada.[33] Isso que explicitava, na verdade, que a estratégia de liberalização da conta de capital iniciada na década de 1970 deu um grau de soberania muito maior àquele que tinha direitos de usufruto da senhoriagem no plano internacional.

A segunda metade dos anos 1980 apresenta mudanças em termos de ordem monetária, de fluxos financeiros e também da posição dos estados na competição interestatal. Como observa Tavares (1997), os déficits gêmeos dos Estados Unidos provocam uma corrida contra o dólar e sua desvalorização, consubstanciada pelas coordenações engendradas nos acordos do Plaza (setembro de 1985) e do Louvre (fevereiro de 1987). Isso representava que o mundo continuaria a financiar o consumo norte-americano e que importantes alterações patrimoniais estavam em curso.

> Os bancos japoneses, grandes detentores da dívida pública norte-americana, sofrem perdas patrimoniais consideráveis com a desvalorização do dólar entre 1985-1987. (Ibid., p.61)

Tais alterações são o desdobramento das transformações processadas com a crise de Bretton Woods. A resposta para a periferia deveria ser a adoção das *sound policies*,[34] o que representava

---

[33] A financeirização representa a predominância da lógica financeira no mundo dos negócios, bem como a participação crescente dos ativos financeiros na carteira dos detentores da riqueza. "O grau de financeirização de uma nação ou de uma empresa pode ser medido por um indicador simples, em que o numerador é composto dos ativos financeiros e o denominador da soma desses últimos com os ativos reais. De maneira mais precisa, diremos que há financeirização quando empresas industriais consagram uma parte crescente de seus recursos a atividades estritamente financeiras e isso tende a ser feito em detrimento da atividade principal (Salama in Chesnais, 1986)." (Toussaint, 2002, p.372)

[34] As *sound policies* podem ser entendidas como políticas saudáveis em contraposição às *bad policies*, as quais estariam associadas ao capitalismo de compadrio, ao ativismo estatal e, de modo geral, às políticas que conduzem às distorções do funcionamento eficiente dos mercados.

uma diminuição do tamanho do Estado, o controle restrito sobre orçamento, uma política monetária austera e o equacionamento da dívida externa, possibilitando a retomada da confiança dos investidores internacionais. Era necessário evitar que o processo de pulsão externa continuasse, e o mecanismo para isso era o mercado, mais mercado e menos Estado.

> [...] as transferências líquidas dos países em desenvolvimento para o resto do mundo precisam ser reduzidas a fim de que os países devedores possam melhorar seus desempenhos. Melhorar as políticas nos países industrializados poderiam diminuir as taxas de juros e melhorar as perspectivas de comércio para os países em desenvolvimento altamente envidados. Isso, em conjunto com políticas saudáveis no mundo em desenvolvimento, poderia aumentar a credibilidade dos países altamente endividados e ajudá-los a atrair capital. Combinar políticas melhores com novos influxos de capital com uma variedade de métodos de alongamento e redução dos repagamentos poderiam reduzir os recursos drenados e aumentar o investimento para suportar o crescimento. Finalmente, há o desafio para os países altamente endividados, países de renda buscando encontrar novas opções financeiras, de passar pelo mercado de desconto de dívidas, que utiliza critérios de mercado e deve olhar caso a caso. (Idem, op. cit., p.4)

Em outras palavras, a saída do *desespero para a esperança* reside na aceitação, adaptação, enfim, no ajuste aos rumos que o funcionamento do sistema financeiro internacional vinha tomando.

A essa altura, estava mais que claro que o problema da dívida não seria tratado como um problema a ser resolvido por um concerto das entidades soberanas de estados. A saída passava pelo mercado, por meio de processos de securitização, descontos, rescalonagem, em suma, por uma grande operação de liquidação e *swaps* de títulos. De fato, esse seria o caminho tomado por Nicholas Brady (secretário do tesouro norte-americano), em 1989, e que seria absorvido pelos países endividados.[35] Como pano

---

[35] Estamos nos referindo aos países severamente endividados de renda média, boa parte deles localizados na América Latina. Vários países, por possuírem estruturas econômicas muito frágeis, jamais poderiam partir para esse tipo de negociação; eles seriam, no decorrer da década de 1990, incluídos em programas especiais de assistência – um deles sob o comando do GBM, chamado HIPC.

de fundo para o equacionamento da dívida estavam as *sound policies*, que seriam os ajustes de segunda geração. Precondição para essas reformas estruturais era a estabilização, mas, como já salientamos, a estabilização, na visão do GBM, só era sustentável por meio de reformas.

Ao tratar da relação entre o problema da dívida externa e da crise fiscal, o GBM parece inverter a ordem dos fatores, influenciando o resultado. A dívida externa era vista como resultado primordial da má condução do manejo fiscal, o que não considerava que o choque externo tinha alterado bruscamente as regras do jogo e levado aos desequilíbrios interno e externo. O GBM pouco a pouco diminui a importância dos choques externos e aumenta o peso dos fatores internos, algo muito apropriado para a estratégia de aplicação das reformas estruturais.

As políticas de estabilização eram claramente de caráter deflacionista e deveriam ser efetuadas tanto pelos países periféricos quanto pelos países centrais (o que representava um combate também ao estado de bem-estar). O GBM se mostrava preocupado com os acontecimentos recentes na economia mundial, como o *crash* de 1987 na bolsa de Nova Iorque, mas creditava essas turbulências ao manejo inadequado da política fiscal e à falta de um acordo mais consistente em torno das políticas deflacionistas, o que deixava o mercado instável.

> O aparente impasse contribuiu para a perda de confiança nos mercados financeiros. A decisão do G-7 de tentar estabilizar as taxas de câmbio antes do anúncio de medidas fiscais provou ser desastrosa. Nos EUA isto significou o enxugamento do crédito depois de dois anos de expansão monetária. Isso causou um crescimento no patamar das taxas de juros entre fevereiro e início de outubro de 1987. Como resultado, o intervalo entre as curvas de rendimento entre os bônus e as carteiras de ações ampliou-se para mais de dois por cento, bem acima dos diferenciais passados. Associado à percepção que a especulação tinha efetivamente levado os preços dos ativos muito alto, o intervalo de rendimento induziu a uma massiva mudança nas carteiras internacionais que saíram dos mercados de ações para o mercado de títulos com rendimentos mais altos. Isso foi uma das ameaças que levou ao colapso de 19 de outubro de 1987 do mercado de ações de Nova York. A integração dos mercados acionários mundiais provocou um efeito de transmissão para o resto do mundo. (Idem, op. cit., p.21)

O que não estava sob questionamento nessa posição é que, por detrás dessa e das inúmeras turbulências que viriam posteriormente, estava o cerne das relações econômicas internacionais após a queda do regime monetário de Bretton Woods, ou seja, após um processo intenso de desregulamentação dos mercados de capitais e das contas de capital do balanço de pagamentos. E mais: que essa abertura, apesar da instabilidade que provocaria, em termos de volatilidade das taxas de câmbio e das crises cambiais recorrentes, beneficiara os Estados Unidos na medida em que esse tinha o mercado mais atrativo para as aplicações líquidas.

Ao contrário, a visão do GBM segue no sentido de mais mercado, mais desregulamentação, como indicado no WDR de 1989. O tema central do relatório era a questão do sistema financeiro nos países periféricos, visto pelo GBM como ineficaz e pouco profundo em função das políticas intervencionistas. Ao lado da questão fiscal, o sistema financeiro cumpria um papel destacado no desenvolvimento.

> Um sistema financeiro provê serviços que são essenciais numa economia moderna. O uso de um estável e amplamente aceito meio de câmbio reduz os custos de transação. Isto facilita o comércio e, consequentemente, a especialização na produção. Ativos financeiros com curvas de rendimento atrativas, liquidez e risco característicos encorajam a poupança na forma financeira. Por meio da avaliação de investimentos alternativos e pelo monitoramento das atividades dos tomadores, os intermediários financeiros aumentam a eficiência do uso dos recursos. O acesso a uma variedade de instrumentos financeiros permite aos agentes econômicos avaliar, precificar e intercambiar riscos. Comércio, uso eficiente dos recursos, poupança e tomada de risco são os alicerces do crescimento econômico. No passado, os esforços governamentais para promover o desenvolvimento econômico por meio do controle das taxas de juros, direcionamento do crédito para setores priorizados e a garantia de recursos baratos para essas atividades solaparam o desenvolvimento. (World Bank Development Report, 1989, p.1)

O problema, segundo o GBM, era antigo e residia nas políticas adotadas nos anos 1950-1960, época em que se criaram as instituições de crédito sob comando do Estado, as quais destinavam recursos facilitados e com taxas de juros baixas para setores considerados estratégicos (ou seja, quando existiam políticas ativas de desenvolvimento). Essas instituições, ao longo do tempo, foram usadas para financiar déficits no orçamento e nas empresas estatais. Agindo assim, os governos acabaram minando a saúde financeira dessas empresas.

> A abordagem intervencionista foi muito menos bem sucedida em promover o desenvolvimento financeiro. Sob a pressão governamental, os bancos emprestaram para empresas estatais e setores priorizados abaixo das taxas de juros de mercado, com *spreads* frequentemente muito pequenos para cobrir os custos bancários. Muitos dos empréstimos diretos não foram resgatados. Controles sobre taxas de juros desencorajaram os poupadores a assumirem posições em ativos financeiros domésticos e desencorajaram instituições a emprestar no longo prazo ou para tomadores mais arriscados. Em alguns países, a demanda pública de empréstimos dos bancos comerciais drenaram recursos que poderiam estar disponíveis para o setor privado; em outros, a demanda pública de recursos foi financiada pela criação inflacionária de moeda. Muitos países desenvolveram mercados para dívidas de curto prazo, mas uns poucos tem rudimentos de sistemas financeiros para empréstimos de longo prazo. Em resumo, o sistema financeiro de quase todos os países em desenvolvimento permanece pequeno e subdesenvolvido. (Ibid., p.2)

As reformas eram importantes porque permitiriam o surgimento de um sistema de intermediação confiável, algo fundamental para o aumento da poupança e para melhor alocação dos recursos. Para tanto, seria necessário um novo marco regulatório que definisse melhor e aumentasse os direitos dos credores. Igualmente importante era a criação de um sistema de supervisão eficiente que evitasse fraudes.

Especificamente, e de grande relevância, a reforma deveria aumentar a competição intrassistema como mecanismo de melhoria da oferta dos serviços. O aumento da competição seria conseguido por meio de novos entrantes na estrutura do mercado, fossem eles domésticos ou estrangeiros. Em sintonia com as transformações ocorridas nos países centrais, o GBM propunha um aprofundamento do mercado por meio da entrada de novos atores (companhias de seguro, fundos de pensão e instituições financeiras de desenvolvimento), bem como pela diversificação dos instrumentos financeiros.

Em certo sentido com base nas péssimas experiências de liberalização do Cone Sul na década de 1970, o GBM se mostrava cauteloso a respeito do ritmo de introdução das reformas e dos cuidados necessários em relação à sincronização dessas reformas com a estabilização e com uma abertura gradual da conta de capital.

> A experiência sugere que a liberalização financeira deve ser adotada em conjunto com outras reformas macroeconômicas. Países que tentaram a liberalização financeira antes de adotar outras reformas sofreram a desestabilização dos fluxos de capital, alta de taxas de juros e estresse corporativo. Embora algumas medidas devam ser tomadas em estágios iniciais, como o alinhamento das taxas de juros com as forças do mercado, a liberalização em geral não pode ser bem-sucedida a não ser que seja acompanhada pela reestruturação dos bancos e firmas insolventes e por regulação e supervisão adequadas. Mercados financeiros domésticos precisam ser competitivos para assegurar que os intermediários sejam eficientes. E para evitar os fluxos desestabilizadores de capital que provaram ser muito difíceis de administrar em países que tentaram a desregulamentação; cuidado deve ser tomado ao abrir-se a conta de capital. (Ibid., p.5)

Nesse ano, o GBM ainda se mostrava cético com relação ao retorno dos fluxos voluntários de crédito para a região, algo que viria a ocorrer a partir do início dos anos 1990. Portanto, era necessário continuar com as reformas e criar instrumentos internos de atração, poupança externa e melhor utilização dos recursos.

A década tinha se mostrado amarga principalmente para a América Latina e a África, e os programas de ajustamento estavam em funcionamento desde o início dos anos 1980. Era preciso fazer um balanço do que havia se passado e criar mecanismos para seguir adiante.

3.6 UM BALANÇO DA DÉCADA (A LONGA MARCHA PARA O DESESPERO)

Os programas de ajustamento cresceram significativamente em relação ao total de empréstimos do GBM durante os anos 1980 (ver tabelas 3.6.1 a 3.6.3). Saltaram de 7% (1980-1982) para 26% (1987-1990) do total de empréstimos.

Como salientado anteriormente, a separação entre SALs e Secals permite um ajuste político, uma maquiagem para países relutantes em aceitar a submissão ao que pensavam ser uma ingerência excessiva em suas decisões soberanas. De certo modo, isso valia também como desculpa dos governos para justificar a perda do grau de soberania diante das Instituições Financeiras Multilaterais (IFMs). Ficava mais fácil explicar a adesão a um programa setorial que a um programa estrutural. Os dados mostram essa *acomodação* entre os interesses dos tomadores e o GBM. Entre 1980-2, 87% dos empréstimos desse gênero foram de SALs. Já entre 1983-6, os dados mostram uma inversão, com 40% de SALs e 60% de Secals, permanecendo estáveis essas proporções no período de 1987-90 (45% de SALs e 55% de Secal).[36]

A distribuição geográfica mostra que, em seus primeiros dois anos de existência, houve uma concentração da distribuição de recursos em três regiões por ordem decrescente: Europa e Ásia Central, África e Leste Asiático. É importante destacar que, nesse período, foram feitos apenas nove[37] acordo, quase todos concentrados nos programas de ajustamento estrutural. No caso da Europa e Ásia Central, apenas um acordo foi celebrado respecti-

---

[36] "As expectativas inicialmente desenhadas – que os Empréstimos de Ajustamentos Estrutural (SALs) iriam ser destinados a países de renda média selecionados – não se confirmaram. Em parte porque a concordância de uma das partes de cada SAL – isto é, os governos receptores – não era automática. Os novos empréstimos tinham, sem dúvida, uma segunda intenção; mesmo quando havia necessidade de desembolsos rápidos, a reforma correspondente não era coméstica. Governos têm que ser receptivos às reformas e aceitar intromissões em suas decisões políticas. Assim, por exemplo, a Índia evitou qualquer tipo de empréstimos de ajustamento até 1992. Durante os anos 1980 o Paquistão aceitou somente um SAL (1982) preferindo empréstimos setorias SECALs. Por meio de vários empréstimos setoriais, o México (começando em 1983) e a China (com empréstimos para o setor rural em 1988) evitaram a nomenclatura e alguns dos procedimentos dos SALs" (Kappur; Lewis; Webb, op. cit., p.518).

[37] Há uma diferença entre os dados que estamos utilizando e a conferência feita pelo autor com uma fonte comparativa do próprio GBM; nesta, são onze os empréstimos em vez de nove, sendo eles, por ordem cronológica: Quênia, Turquia I e II, Bolívia, Filipinas, Senegal, Guiana, Ilhas Maurício, Malavi, Costa do Marfim e República da Coreia (World Bank Development Report, 1982, p.40).

vamente. Os ajustes começaram na Europa, com a Turquia sendo o primeiro país a entrar no novo tipo de programa – programa, aliás, que teria função importante na definição dos demais SALs.

> A agenda da reforma turca foi grandemente influenciada pela orientação dos ajustamentos estruturais, que na época estavam tomando forma no Banco. Reciprocamente, o programa turco tornou-se um protótipo para a série de empréstimos de ajustamento estrutural da instituição. O país era um cliente preferencial. Ele tomou não apenas um, mas cinco SALs em 1985. (Kapur; Lewis; Webb, op. cit., p.548)

A Turquia não foi um cliente favorecido pelo número de empréstimos, como os próprios autores supracitados elucidam ao longo do texto, mas por sua posição geoestratégica.

> Havia uma razão geopolítica para suportar a Turquia, e nesse sentido o Banco fazia vistas grossas. A revolução iraniana, a aproximação da Turquia com a União Soviética, a posterior invasão do Afeganistão, tudo isso intensificava as preocupações do ocidente. A política internacional continuaria a encobrir a trajetória macroeconômica do país. (Ibid., p.550)[38]

Assim se explica o porquê de a região liderar em termos de recursos os primeiros anos do programa de ajustamento estrutural. A partir de 1982, há uma mudança radical: a América Latina, que havia ficado com apenas 7% de partição no período anterior, passa para 35% entre 1983-6 e 41% entre 1987-90. Essa será a região que concentra a maior parte dos recursos, seguida da África. Há uma evidente associação entre a crise da dívida e a concentração espacial dos recursos.

Basta ver que entre os dezessete países considerados altamente endividados (HIPs) pelo GBM, doze eram latino-americanos (ver Tabela 3.6.1). Além disso, entre 1983-1986, 57% do total dos recursos destinados para SALs e Secals foram consumidos pelos Países Altamente Endividados (HICs – Highly Indebted Countries), sendo que, entre 1987-1990, a participação ficou

---

[38] Podemos agregar a esses fatores os últimos acontecimentos, como o atentado de 11 de setembro e a crescente preocupação do governo norte-americano em evitar o avanço de forças políticas radicais do islamismo.

em 54%. As outras regiões observaram quedas expressivas na captação de recursos, com exceção do Oriente Médio e do Norte da África, que não fizeram qualquer acordo nos primeiros anos de vigência, mas que gradualmente foram aderindo aos programas.

Tabela 3.6.1: Empréstimos para ajustamento do GBM Mundial (milhões de dólares, 1990).

Empréstimos	1980-1982	1983-1986	1987-1990
Empréstimos para ajustamento	1.412	3.553	4.744
Empréstimos para ajustamento/ total de empréstimos (%)	7	18	23
SAL/ total de empréstimos para ajustamento (%)	87	40	45
Secal/total de empréstimos para ajustamento (%)	13	60	49
Receptores (participação relativa)			
África (%)	23	26	23
Lesse Asiático	21	11	12
Europa e Ásia Central	31	16	9
América Latina e Caribe	7	35	41
Oriente Médio e Norte Africano	0	6	8
Sul Asiático	18	5	7
Total	100	100	100
HICs (% sobre o total)*	12	57	54

Fonte: World Bank Financial Database apud Kapur; Lewis; Webb, op. cit., p.520.
* Argentina, Brasil, Chile, Colômbia, Costa Rica, Costa do Marfim, Equador, Jamaica, México, Marrocos, Nigéria, Peru, Filipinas, Uruguai, Venezuela e Iugoslávia.

Analisando a frequência das condicionalidades durante a década (ver Tabela 3.6.2), podemos também inferir qual a tendência dos ajustes. Como observação, cabe salientar que o GBM tem a preocupação em transformar aquilo que, já no final da década, era visto muito negativamente: os ajustes em programas estruturais *reformistas*. A mudança progressiva de significantes rouba da linguagem estruturalista uma simbologia que não corresponde ao conteúdo que se quis empregar no GBM. Ao contrário, a mudança de significantes foi acompanhada por uma alteração no escopo dos programas, mantendo intactas as fundações paradigmáticas.

Tabela 3.6.2: Frequência das condicionalidades nos empréstimos de ajustamento do GBM (1980-1990).

Tipo de condição	1980-1982	1983-1986	1987-1990
Políticas do lado da oferta			
Política comercial	17	18	11
Setor industrial	8	9	4
Setor de energia	9	4	4
Setor agrícola	19	22	13
Setor social	1	0	2
Setor financeiro	4	8	12
Instituições públicas e regulações	7	7	12
Reformas de empresas públicas	9	12	17
Outros	1	1	2
Políticas de redução da demanda			
Política fiscal	20	15	17
Política monetária	1	1	1
Políticas específicas			
Taxa de câmbio	3	2	2
Política salarial	1	1	3
TOTAL	100	100	100
N. total de condicionalidades	282	657	1725

Fonte: Adjustment Loan Database, Alcid, 20 set. 1991; relatório elaborado em 16 abr. 1993, apud Kapur; Lewis; Webb, op. cit., p.521.

No período de 1980-1982, há uma liderança na distribuição de recursos em três áreas interligadas, como vimos nos relatórios analisados, sendo elas política fiscal (20%), setor agrícola (19%) e políticas comerciais (17%). Se agregarmos à política fiscal as áreas de taxa de câmbio e política salarial, a participação chega a 30%. São diretrizes que correspondem àquelas encabeçadas pelo FMI no início da década: garantir o fluxo de pagamentos, por meio da elevação das receitas de exportação e diminuição de gastos cambiais via contenção da demanda.

Entre 1983-1986, há uma redução nas condicionalidades relativas à política fiscal, embora esta continuasse a ter grande importância relativa. As políticas comercial e agrícola seguem firme na tentativa do GBM em transformar os sistemas de preços e alterar, na estrutura, os modelos de substituição de importações. Chama a atenção o aumento no setor financeiro (4% → 8%) e nas reformas das empresas públicas (9% → 12%), tendência que seria confirmada no triênio 1987-90.

Nesse último período, as condicionalidades nas políticas comercial e agrícola cedem espaço para as chamadas reformas estruturais de segunda geração, indicando o rumo que o GBM viria a tomar. Sob esse aspecto, verificamos um aumento nas áreas das instituições públicas e regulações (7% → 12%), reformas das empresas públicas (12% → 17%), setor financeiro (8% → 12%) e política salarial (1% → 3%). A questão da estabilização jamais foi abandonada, como demonstra sua alta participação relativa em toda a década.

No final dos 1980, após anos de ajuste, as regiões mais atingidas pela crise da dívida se viram em situação lamentável. O crescimento anual médio da América Latina na década foi de 1,1%, enquanto a renda *per capita* decresceu ⎕0,9 ao ano (ver Tabela 3.6.3).

Tabela 3.6.3: Variaçãodo PIB e do PIBa *per capita* (taxas anuais) para América Latina.

	1980-1985	1985-1990	1980-1990
PIB	0,6	1,7	1,1
PIBa	⎕1,5	⎕0,2	⎕0,9

Fonte: Statistical Yearbook for Latin América and Caribbean, 2001 (Cepal).

Isso tudo sob um regime internacional que conseguiu obter o enquadramento regional, como se consubstancia na transferência líquida de recursos com o exterior, negativa em quase todo o período. Dito de outra maneira, a região se tornou exportadora líquida de capital. O esforço exportador e as políticas restritivas do lado da demanda não possibilitaram a interrupção da sangria de recursos, tampouco no segundo caso foram remédio eficaz no combate à inflação. Ao contrário, a década de 1980 terminou com o problema da estabilização no topo da agenda e com a crise da dívida ainda por ser resolvida.

O bom desempenho da balança comercial, porém, não evitou a enorme sangria de recursos: entre 1980-1990 a transferência líquida de recursos da América Latina somou US$ 198,3 bilhões, ao passo que o montante da dívida salta de US$ 166,6 bilhões em 1979 para 443,0 em 1990. [...] As políticas de combate à inflação não só foram inócuas, como os resultados pioraram sensivelmente: a taxa média anual de amento de preços, que fora de 84,4% entre 1980 e 1984 sobe para 229,8% entre 1984 e 1989, com alguns países ingressando num processo de hiperinflação. (Cano, 1999, p.35)

Foi por conta disso, da *fraqueza das nações*, que a década de 1990 começaria com uma virada impressionante em termos de adesão aos programas de *reformas* estruturais. A seguir, trataremos da construção do *consenso latino-americano*, dentro do quadro de transformações no regime de acumulação e no regime internacional.

4
OS ANOS 1990 E A CONSTRUÇÃO DO CONSENSO LATINO--AMERICANO

A década de 1990 começa com um conjunto de eventos fundamentais. Em primeiro lugar, a derrocada do socialismo real e o enquadramento dos antigos países socialistas na lógica do *sistema de estados capitalista*. Essa mudança foi fundamental para a construção do programa neoliberal, criando um clima de *fim da história*, de aldeia global[1] e de triunfo do sistema de mercado. Um ambiente propício para a construção de uma simbologia em que os rumos da história estavam traçados e só havia um caminho a ser seguido.

> Com a queda do Muro de Berlim, fez-se leitura simplificada do significado do fim da Guerra Fria, constatando-se precipitadamente a emergência de nova ordem internacional, uma definitiva *Pax Americana*, à qual seria inevitável ajustar-se. Aceita-se a proclamação do fim da História, com a vitória da economia de mercado e da democracia. Cria-se um clima de tal conformismo que um intelectual do porte de Vargas Llosa, com pretensões de governar seu país, ousaria tomar, sem pejo e até com entusiasmo, a imensa liberdade de sugerir, em artigo assinado, que Porto Rico, como Estado associado dos Estados Unidos, passasse a constituir o modelo, por excelência, para a América Latina. (Batista, 1995, p.103)

---

[1] Sobre as metáforas da globalização, ver Ianni (1997).

Os debates internos no Grupo Banco Mundial (GBM) sobre os programas de ajustamento voltaram-se muito mais para uma perspectiva de se avaliar a eficácia na implementação das melhores táticas para a montagem de coalizões locais capazes de levar adiante as *reformas*, e pouco se falava sobre a natureza destas. Partia-se do princípio de que o liberalismo era um dado para o alcance de melhorias nos níveis de bem-estar. Mesmo havendo uma maior abertura do Banco às temáticas levantadas pelas ONGs, não concluo disso que tenha ocorrido uma mudança fundamental na instituição, ou seja, seus laços estruturais permaneceram intactos, com o fato de que agora já estava claro que os Estados Unidos haviam retomado sua hegemonia e que o exercício do poder seria muito mais parecido com o comportamento de uma força imperial que propriamente o de um país hegemônico.

O que se verifica no GBM é que havia um imperativo de se continuarem as reformas, de aprofundá-las e concomitantemente cuidar da legitimidade, que vinha sendo questionada tanto pelos movimentos sociais como por organismos oficiais ligados às Nações Unidas. É assim que a temática da pobreza volta com força. O relatório de 1990 foi uma resposta tardia aos ataques que começaram de forma mais sistemática no ano de 1987, com as críticas levantadas pela Unicef.

A América Latina entraria nesse ambiente com políticas de estabilização e reformas em consonância com os anseios do mercado e sob orientação das instituições multilaterais. O elemento novo na construção do consenso era o Plano Brady, que daria um tratamento *final* ao problema da dívida e ajudaria na volta dos créditos voluntários para a região. Este plano conseguiria, quatro anos mais tarde (1989), aquilo que o Plano Baker não conseguira.

O plano insere-se em um contexto de liberalização financeira e financeirização da riqueza com grandes consequências para o regime de acumulação. A desregulamentação competitiva no âmbito financeiro foi acompanhada por transformações no jogo de interesses no plano da finança globalizada (Plihon, 1995). Cresceram as operações de securitização e a importância dos investidores institucionais (fundos de pensão, fundos mútuos e companhias de seguro) (Baer, 1993). Também as grandes corporações multinacionais passaram a atuar diretamente no mercado primário de títulos, por meio da emissão de bônus, o que, por sua vez, alterou a lógica do capital produtivo, cada vez mais voltada para uma perspectiva de curto prazo (Chesnais, 1996). Tudo isso resultou em uma diminuição do papel dos bancos comerciais, no aparecimento de novos atores e no aumento da volatilidade cambial.

O plano trazia definitivamente parte da região para o novo padrão de financiamento das economias periféricas e, por suas características, seria um estímulo para o avanço das finanças especulativas.

Como salientado no capítulo anterior, a construção do consenso liberal na América Latina tinha como pano de fundo a crise da dívida externa e a crise fiscal do Estado.

Supunha-se que o modelo de substituição de importações era um fracasso e que os anos desastrosos da década de 1980 eram o resultado de anos de políticas equivocadas de intervenção estatal. Isso colocava o peso da crise nos fatores internos, na má condução das políticas públicas e exigia, por seu turno, uma correção radical de rumos que estabilizasse a região e introduzisse *sound policies* no setor público.

> Tudo se passaria, portanto, como se as classes dirigentes latino-americanas se houvessem dado conta, espontaneamente, de que a gravíssima crise econômica que enfrentavam não tinha raízes externas – a alta dos preços do petróleo, a alta das taxas internacionais de juros, a deterioração dos termos de intercâmbio – e se devia apenas a fatores internos, às equivocadas políticas nacionalistas que adotavam e às formas autoritárias de governo que praticavam. Assim, a solução residiria em reformas neoliberais apresentadas como propostas modernizadoras, contra o anacronismo de nossas estruturas econômicas e políticas. (Batista, op. cit., p.101)

4.1 O PROGRAMA POLÍTICO NEOLIBERAL E SEUS PRINCÍPIOS

De um modo geral, falou-se ao longo desse trabalho da existência de um programa político neoliberal. Em síntese, foi tomada emprestada esta expressão de um texto de Pierre Bourdieu (1998).

> Aquilo que se tem chamado de neoliberalismo [...] constitui em primeiro lugar uma ideologia, uma forma de ver o mundo social, uma corrente de pensamento. Desde o início do século XX podemos ver tudo isso apresentado por um de seus profetas, o austríaco Ludwig von Mises (1881-1973). Mas é um discípulo dele, o também austríaco Friedrich von Hayek, que terá o papel de líder e patrono da causa. Seu *O caminho da servidão*, lançado em 1944, pode ser apontado como um manifesto inaugural e um documento de referência do movimento neoliberal. Nos anos seguintes, Hayek se empenharia na organização de uma "internacional dos neoliberais", a Sociedade do Mont Pèlerin, fundada na cidade do mesmo nome (na Suíça), em uma conferência realizada em 1947. (Moraes, 2001, p.27)

O neoliberalismo enquanto programa de ação não esteve presente na dinâmica institucional do GBM, senão quando começam a ruir os fundamentos do *"embedeed liberalism"*. É nesse contexto, com os crescentes questionamentos quanto à eficácia das políticas keynesianas e ao modelo de substituição de importações, que o Banco irá progressivamente incorporá-lo.

A construção do discurso liberal, dentro da instituição, não é uma mera tradução da visão da Escola Austríaca, nem da Escola de Chicago, que partilhava com a primeira a Sociedade de *Mont Pèlerin*. Dessa vertente, incorpora-se uma crítica violenta ao Estado de Bem-Estar, bem como ao comunismo e ao chamado populismo latino-americano. É nesse aspecto que o programa pode ser chamado de neoliberal. Além disso, o discurso assenta suas bases na teoria neoclássica, como referencial conceitual das análises de eficiência; recorre aos clássicos e também aos neoclássicos na defesa do livre comércio; incorpora os postulados da *Public Choice* e, por fim, da Nova Economia Institucional (NEI). O discurso é uma apropriação do real, ao mesmo tempo que procura dar uma resposta aos desafios institucionais. Cabe ao GBM – não só a ele – transformar o discurso acadêmico em propostas exequíveis ou aceitáveis de ação prática. Esse conjunto de teorias subjacentes à análise não é simplesmente colagem que procura dar forma coerente a um corpo discursivo, mas a incorporação de respostas, a partir de um campo bastante vasto (o liberalismo econômico), para problemas efetivos que se apresentam, tanto do ponto de vista das demandas dos países centrais quanto das respostas dos países periféricos, os quais, em última análise, acabam por ocupar o espaço concreto da experimentação ideológica.

É por isso que o discurso é dinâmico, pois acompanha o movimento histórico e nele interfere. São vários os momentos de incorporação de novas abordagens, afinal nos colocamos diante de uma perspectiva de vinte anos de ajuste estrutural.

É uso comum a expressão Consenso de Washington como sinônimo da síntese neoliberal, mas o resultado desse trabalho nos dá conta de um processo mais amplo, que tem determinantes no campo real da economia, na tomada de decisão das unidades soberanas do sistema de Estados, no acúmulo da produção intelectual dentro e fora da academia, na formação de quadros técnicos, na difusão das ideias e, por fim, na intermediação simbólica feita pelas instituições financeiras multilaterais. O Consenso de Washington é um dos momentos desse processo, certamente um momento emblemático por se tratar de um esforço de síntese, mas o desenrolar dos fatos faz do programa algo maior que esse momento. É um programa político porque é um programa de ação política, mas, como todo programa, sofre alterações ao longo do tempo.

O programa não estava pronto, ou seja, não estava escrito pela Escola Austríaca, pela Escola de Chicago ou pela *Public Choice*. Ele é o produto de um encontro entre o simbólico e o real, entre a *consciência* e a realidade, onde a práxis dá forma e conteúdo aos elementos discursivos e às propostas de políticas públicas. Isso nos dá a dimensão, repito, de que estamos diante de um processo dinâmico, de que o poder é relacional e há uma espécie de troca entre o simbólico e o real (*social learning*). Que fique claro, trata-se de uma troca desigual, posto que envolve relações de dominação, assimetrias. A produção intelectual de Hayek, Friedmann, Buchanan e tantos outros serve como elementos teóricos que serão adaptados, transformados e adensados.

É um programa político também porque envolve uma ação concreta, em que os atores se autoproclamam porta-vozes de um determinado conjunto de ideias. Existem intelectuais comprometidos, instituições envolvidas, coalizões de poder, um efetivo corpo de ação coletiva. A batalha se dá no âmbito local, no interior de cada Estado nacional, mas também no plano internacional, onde houver fóruns multilaterais. Os movimentos sociais perceberam isso durante os anos 1990, e suas ações, sobretudo como movimentos *anti-stablishment*, passaram a perseguir esses fóruns. Os atores localizaram os espaços, transformando-os em campos de batalha. Essa foi uma batalha vencida pelos opositores: conseguiram dar rosto e definir o território concreto da disputa.

Esse ambiente de luta política, de disputa, de confronto não é algo propriamente construído pelos opositores da globalização, mas o produto das consequências políticas e sociais dos programas de ajustamento estrutural. O clima de disputa está impresso nos documentos do Banco Mundial.

Em vários momentos, o tom do discurso dominante parecia lembrar um ambiente revolucionário. No WDR de 1995, o GBM trata especificamente da transição nos antigos países do socialismo real. Nesse aspecto, dada a grandiosidade da tarefa que se propõe, o discurso vem carregado de um sentido triunfalista, mesmo épico.

> Entre 1917 e 1950, alguns países onde vivia um terço da população mundial separaram-se da economia de mercado e lançaram-se na experiência de construir um sistema econômico alternativo. Primeiro, no que fora o Império Russo e na Mongólia, após a Segunda Guerra Mundial, na Europa Central e Oriental e nos países bálticos, e depois, na China, na Coreia do Norte e no Vietnã (com repercussões e imitações em outros lugares), envidou-se um gigantesco esforço para centralizar o controle da produção e distribuir os recursos mediante o planejamento estatal. Essa vasta experiência transformou o mapa político e econômico do mundo e traçou o rumo de grande parte do século XX. Agora, seu fracasso pôs em marcha uma transformação igualmente radical, na medida em que aqueles mesmos países estão mudando de rumo e procurando reconstruir mercados e se reintegrar na economia mundial. (Ibid., p.1)

De fato, as transformações que estavam em processo eram radicais, mas o que nos interessa é o ator, e nesse sentido o GBM se vê como portador de uma mensagem, daquela que representa a ruptura com o passado e que vê no triunfo da economia de mercado a salvação daquelas regiões. Era preciso dar uma resposta ao que se passava; era preciso não deixar que a transição fosse perdida. Por isso, as instituições, o imaginário, a dinâmica política tomam um lugar de destaque na agenda do Banco.

No meu modo de entender, as medidas de ajustes só tomam um caráter programático quando deixam de ser instrumentos adaptativos às oscilações de curto prazo do ciclo econômico e tomam um caráter estrutural, de longo prazo. Nesse momento, elas explicitam a visão de mundo subjacente e assumem a feição de um corpo total, que se pretende capaz de tratar do conjunto da vida social, direta ou indiretamente, mas que precisa lidar com as correlações de força, com as diferenças entre os atores do polo subordinado, o que explica a diferença no ritmo e no escopo da adoção dos programas entre os diferentes países, entre as diferentes regiões.

A formulação do consenso, no qual o GBM está empenhado, visa dar suporte aos interesses hegemônicos no plano do sistema de Estados. Cabe destacar o fato de que a defesa do livre mercado de forma alguma prescinde da ação política no campo estatal. Seria um contrassenso supor que a economia é uma esfera que possui autonomia absoluta – isso seria uma presunção típica do economismo vulgar. É por meio da esfera estatal, da superestrutura jurídico-formal, que a sociedade civil transforma em garantia os interesses das frações dominantes do jogo entre as classes sociais e da competição interestatal.

> Afirma-se que a atividade econômica é própria da sociedade civil e que o Estado não deve intervir em sua regulamentação. Mas, como na realidade fatual sociedade civil e Estado se identificam, deve-se considerar que o liberalismo também é uma *regulamentação* de caráter estatal, introduzida e mantida por caminhos legislativos e coercitivos: é um fato da vontade consciente dos próprios fins, e não a expressão espontânea, automática, do fato econômico. Portanto, o liberalismo é um programa político, destinado a modificar, quando triunfa, os dirigentes de um Estado e o programa econômico do próprio Estado; isso é, a modificar a distribuição da renda nacional. (Gramsci, 1988b, p.32)

O mesmo pode ser dito a respeito das relações internacionais. Em suma, trata-se da disputa pelo excedente, pela captura da riqueza no plano da competição interestatal.

4.2 O OLHAR DO GBM SOBRE A REGIÃO: A CONSTRUÇÃO DO CONSENSO

O título de um livro escrito por um dos mais importantes intelectuais do GBM dá uma noção do que se passava na região: *From Dispair to Hope*.[2] Essa era a visão do Banco em meados dos anos 1990, quando a obra foi publicada. Melhor seria dizer do autor, já que não se trata de um documento oficial da instituição, embora seja uma obra publicada pelo Banco (a World Bank Book). Essa ressalva é praxe do Banco e deixa-nos a convicção de que seu conteúdo expressa, em grande medida, o que a instituição pensa.

Edwards parte de uma divisão temporal entre a década de 1980, período da crise e, portanto, da perda das ilusões do desenvolvimento substitutivo de importações, e o período posterior, de reformas liberais. O primeiro seria percebido como de desencantamento e desespero e o segundo, embora cheio de incertezas, representaria a retomada das esperanças.

A análise percorre os anos do desespero e os anos da retomada da esperança. É importante ressaltar que não se trata da conquista da bonança, do aumento generalizado do bem-estar, mas da esperança. Disso resulta que estamos diante de um período de transição, um período sujeito a retrocessos, a incertezas e que precisa ser tratado com muito cuidado. Também se trata de restaurar a esperança como o elemento indutor da capacidade de assumir sacrifícios presentes em nome de recompensas futuras. Não é, portanto, um período idílico, mas tortuoso, ou seja, trata-se de uma *longa marcha*.

O que nos interessa de seu amplo, rigoroso e bem escrito conteúdo é um tópico específico: a construção do consenso latino-americano (parte I, cap. III). Construção da qual fez parte ativamente o GBM. Construção que é desencadeada por uma série de elementos circunstanciais, mas que tem a participação ativa dos atores na tomada de decisão e na mudança de um estilo de desenvolvimento.

---

[2] O título completo da obra é *Crisis and Reform in Latin America: from Despair to Hope*. Seu autor, Sebastian Edwards (1995), foi durante parte da década de 1990 assessor do escritório regional do GBM, e trabalhava na produção de importantes textos analíticos sobre as reformas e a economia local. Tais textos foram publicados pelo escritório regional e alguns foram escritos em parceria com a vice-presidência deste mesmo escritório.

Embora a precisa divisão temporal marque dois decênios, as pretensões da obra vão além do período recente, usando-se da história, mesmo que idealizada, como instrumento eficaz de elucidação dos eventos.

Logo no Prefácio, anuncia-se o desfecho, a interpretação, o sentido que se dará ao longo do texto.

> Durante os últimos anos, os países latino-americanos caminharam em direção a grandes reformas econômicas que mudaram enormemente o perfil econômico da região. Começou como um processo lento e isolado – o Chile foi um reformador solitário nos anos 1970, e tomou uma dinâmica rápida afetando virtualmente todos os países da região. O sistema econômico que emergiu nos anos 1930, baseado na intervenção governamental pesada, no protecionismo, em amplas regulamentações, tem dado espaço para outro baseado na orientação de Mercado, abertura e competição. Talvez o grande sinal da mudança seja a tenacidade com que a maior parte das nações na região tem perseguido acordos de livre comércio com o mundo industrializado. Isso contrasta fortemente com o isolacionismo econômico e a atitude autárquica de mais ou menos uma década atrás. O que faz o processo de reforma atual atrativo é que isso se dá num contexto de democratização regional, sendo Cuba a excessão evidente. (Edwards, 1995, p.vii)

O consenso emergente insurgiu-se contra três componentes básicos do *velho regime*: (1) a intervenção generalizada do Estado; (2) um estilo de desenvolvimento voltado para dentro (*inward-orientation*); e (3) a despreocupação com os fundamentos econômicos, ou seja, com o equilíbrio das contas públicas.

O intervencionismo que durante cerca de cinquenta anos prevalecera na região foi fruto das turbulências dos anos 1930 e 1940. A grande depressão (o *crash* de 1929) e a resposta protecionista dos países ocidentais induziram boa parte dos países latino-americanos ao fechamento de suas economias[3] e a processos de

---
[3] Edwards compartilha a ideia de que durante os anos 1930 houve uma tentativa de abertura das economias e não simplesmente o fechamento. Sua base de sustentação está em Thorp, em um trabalho publicado em 1992 sob o título "Reappraisal of the Origins of Import-Substituting Industrialization, 1930-1950", *Journal of Latin American Studies*, p.181-95. Em um trabalho mais recente, Thorp (1998) reafirma esta posição.

desvalorizações competitivas. Embora existam controvérsias a respeito do fechamento das economias nos anos 1930, na Segunda Grande Guerra a tendência *isolacionista* fortaleceu-se e ganhou impulso nos anos 1950, já sob o regime de Bretton Woods. Os apelos protecionistas ganharam na Comissão Econômica para a América Latina e Caribe (CEPAL) um suporte intelectual. Os trabalhos de Prebisch e Hans Singer,[4] em fins da década de 1940 e início da de 1650, formaram o arcabouço teórico inicial do modelo de substituição de importações.

Embora o autor reconheça que durante os anos 1950 as taxas de crescimento das economias em processo de industrialização acelerada estivessem em um patamar bastante alto, as mazelas do modelo logo apareceriam. Nesse aspecto, a estrutura conceitual da crítica ao modelo é baseada na *Public Choice* e aplicada à análise do contexto latino-americano.

Com o processo de industrialização, contudo, emergiu um conjunto de restrições, controles e frequentes regulamentações incoerentes. Em muitos países, o lobby desenvolveu-se como um mecanismo de assegurar rendas criadas pelo intrincado conjunto de controles. Isso deu-se, de fato, por meio das restrições às importações que fizeram a sobrevivência das indústrias domésticas. Como consequência, muitas das indústrias criadas sob a estratégia da substituição de importações eram muito ineficientes. Essa estratégia voltada para dentro gerou atividades de *rent-seeking* e resultou no uso de técnicas altamente capital intensivas, que geravam poucos empregos na região. (Ibid., p.45)

O Estado criava relações de compadrio (*crony capitalism*), e a política de sustentação das coalizões dominantes, sustentadas pelo populismo, rompia com o equilíbrio fiscal. Os sinais de que o modelo começava a apresentar problemas apareceram nos anos

---

[4] Sobre a gênese das ideias na Cepal, ver Bielschowsky (2000). No quadro de síntese dos elementos analíticos que compõe o pensamento da Cepal (2000, p.19) os temas centrais que são tratados no período de 1948-60 são: deterioração dos termos de intercâmbio; desequilíbrio estrutural na balança de pagamentos; integração regional; processo de industrialização substitutiva; tendências perversas causadas por especialização e heterogeneidade estrutural, inflação estrutural e desemprego. Nesse aspecto, havia um consenso de que era necessário "conduzir deliberadamente a industrialização".

1960. Os problemas eram de diversas ordens, mas tinham em sua origem o intervencionismo estatal. A taxa de crescimento nos anos 1960 caíra pela metade; os conflitos distributivos agravaram-se por conta de um modelo que não conseguira gerar empregos suficientes (muito em função do descuido com o setor agrícola e da ênfase excessiva nas indústrias capital-intensivas); e o descontrole fiscal produzira a escalada inflacionária.

Nesse contexto, a legitimidade do modelo começava a ser abalada, e as críticas no meio intelectual avançavam tanto no campo ortodoxo como nas interpretações de esquerda.[5] Em meio às críticas, o *estruturalismo cepalino* começava a processar algumas mudanças. Deu-se uma maior ênfase, em primeiro lugar, à integração (criação do Pacto Andino, em 1969), e em segundo, à necessidade de se complementar a poupança interna com recursos externos, cabendo a ressalva de que esses recursos deveriam vir, prioritariamente, de instituições oficiais. A necessidade de capital externo também resultava em uma mudança de orientação em relação ao setor externo, exigindo a implementação de programas de incentivo às exportações.

Embora houvesse adaptações no modelo, a década de 1970 ainda seria marcada pela expansão do Estado, perigosamente sustentada por recursos externos privados. Acreditava-se que o fortalecimento da intervenção estatal poderia diminuir os impactos dos choques externos.[6] Mas não foi o que se viu ao final da década. O endividamento se mostraria fatal quando do choque externo de 1982. Essa relação já fora traçada pelo GBM em seu primeiro relatório sobre o desenvolvimento (1978), como se viu no capítulo anterior. O que Edwards acrescenta é sua crítica em relação à natureza do modelo. O que se passou no início da década de 1980 era o produto de anos de ineficiência alocativa. Por essa perspectiva, os elementos da crise eram *endógenos*. As relações entre Estado e sociedade eram intermediadas por barganhas que não levavam em consideração os critérios da eficiência,

---

[5] Edwards (Idem, p.46) refere-se às críticas marxistas e aos dependentistas que, segundo o autor, defendiam uma maior intervenção estatal, aproximando as economias locais do modelo de planejamento centralizado do Leste Europeu.

[6] Trata-se de um período durante o qual ocorreram choques importantes, como o primeiro choque (do petróleo).

mas sim dos interesses dos grupos de pressão e das coalizões no poder. O cálculo político subordinava o cálculo econômico e produzia efeitos negativos tanto na produção da riqueza como nos níveis de bem-estar.

O gigantismo do Estado tinha como reflexo o gigantismo dos *lobbies*, alimentados pelos subsídios e facilidades de todas as espécies. A manutenção desse esquema foi custando cada vez mais caro tanto do ponto de vista econômico como do social. Demandas sociais foram reprimidas, enquanto empresas ineficientes eram premiadas.

Poderíamos acrescentar que os governos militares, sob o apoio explícito ou a complacência dos Estados Unidos e das instituições multilaterais, usaram com bastante apetite os instrumentos de enriquecimento ilícito, corrupção e clientelismo. Outros regimes de força procuraram um caminho mais próximo da ortodoxia e também não obtiveram sucesso.[7] Porém o mais importante na visão do autor é que há uma associação entre a escolha dos ganhadores (*"picking winners"*) e a crise do Estado, ou, mais importante ainda, a escolha dos ganhadores e a crise de legitimidade do Estado. A estratégia da escolha dos ganhadores mostrou-se equivocada, não porque os governos de plantão fossem tecnicamente incapazes de fazer boas escolhas, mas porque a falta de impessoalidade e a natureza do processo de decisão estavam fadadas ao insucesso.

> Pensava-se que, fortalecendo a intervenção governamental, as consequências dos choques externos poderiam ser evitadas no futuro (…).

---

[7] Refiro-me aos casos do Chile, Argentina e Uruguai. Esses experimentos, em especial o chileno, têm um apelo analítico especial por traduzirem antecipadamente, em termos de políticas públicas, o receituário liberal das décadas vindouras. "No final dos anos 1950, seus economistas (*i.e.* da Escola de Chicago) firmaram acordos de cooperação com a Universidade Católica do Chile, iniciando uma metódica e bem-sucedida operação de transplante ideológico. Por meio desse acordo foram treinados os economistas que mais tarde viriam a ser quadros dirigentes do governo Pinochet (1973-1989), no primeiro grande experimento liberal 'a céu aberto'. Fora dos livros, na prática política efetiva, os 'Chicago Boys' de Pinochet anteciparam procedimentos que iriam ganhar relevância nos anos 1980, sobretudo com os governos Reagan e Thatcher" (Moraes, 2001, p.45). Para uma análise desses experimentos e seus fracassos, ver Cintra, 1999.

Os eventos dos anos 1980, contudo, demonstraram que essa noção do Estado como um protetor social eficiente estava seriamente abalada. Em vez de reduzir riscos, o Estado distribuiu rendas adicionais para grupos de interesse e tornou-se crescentemente incapaz de dar conta de suas obrigações como provedor de serviços sociais. A distribuição de renda ficou mais desigual, à medida que a economia da América Latina tornava-se mais vulnerável aos choques externos. (Ibid., p.48)

Ao final da década de 1980, muitos líderes políticos, figuras importantes do meio intelectual e instituições[8] estavam de acordo em torno do esgotamento do modelo de substituição de importações. O autor cita Enrique Iglesias,[9] antigo presidente do Banco Interamericano de Desenvolvimento (BID), para definir os quatro pontos do novo consenso latino-americano: (1) estabilidade macroeconômica; (2) abertura comercial; (3) alívio da pobreza; e (4) redução do papel do governo.

Na construção do Consenso, segundo o autor, quatro fatores tiveram influência decisiva: (1) o insucesso dos programas heterodoxos de estabilização (Brasil, Argentina e Peru); (2) as análises comparativas entre o desenvolvimento do Leste Asiático e da América Latina; (3) o papel das instituições multilaterais; e (4) o exemplo chileno.

---

[8] Em especial o autor refere-se à Cepal. Segundo Edwards, as mudanças de interpretação desta instituição de tradicional defesa do modelo de substituição de importações (SI) dava suporte e legitimidade ao novo consenso. Não é papel desse trabalho fazer uma análise da produção intelectual da Cepal no período, mas de fato os documentos da instituição procuram fazer uma revisão crítica do estilo de desenvolvimento (Bielschowsky, 2000). Notadamente, esse não havia produzido um crescimento combinado da economia e da melhoria dos indicadores sociais. Também houve uma maior ênfase à necessidade da industrialização com viés exportador, aspecto em que Edwards se apega para defender sua tese. Sugiro, para tanto, a leitura de Fajnzylber (2000). Cabe ressalvar que, embora haja uma revisão do estilo de desenvolvimento, a leitura da Cepal com relação à crise da dívida, aos programas de ajustamento da primeira metade dos 1980 e do papel do Estado é bastante distinta da visão do GBM e será mais ainda na segunda metade dos 1990. Esta diferença aparece no texto supracitado, assim como no famoso relatório de 1990 "Transformação produtiva com equidade: a tarefa prioritária do desenvolvimento da América Latina e do Caribe nos anos 1990" (2000).

[9] O texto a que o autor se refere é "Reflections on Economic Development: Toward a New Latin American Consensus. Washington, D.C.: Inter-American Development Bank".

Os insucessos dos programas de estabilização já foram devidamente tratados no capítulo anterior. De fato, tudo indica que foram condicionantes de grande importância para a ascensão do ideário liberal.

Quanto ao segundo ponto, as controvérsias são imensas. Houve, sim, por parte do GBM, um intenso esforço em opor os modelos chamados de *inward-development oriented strategies* e *outward-development oriented strategies*. O Leste Asiático era a evidência empírica das estratégias de desenvolvimento voltadas para fora. Os relatórios sobre o desenvolvimento, desde sua primeira publicação, ressaltavam as estratégias positivas do Leste Asiático e, em especial, da Coreia.

A visão do autor coincide com a visão geral que o GBM difundiu acerca do desenvolvimento do Leste Asiático.[10] Nesse sentido, a região apresentava um estilo de desenvolvimento com baixas taxas de inflação, pouco protecionismo, política cambial realista e que evitava sobrevalorizações, além de um crescimento muito mais equilibrado do ponto de vista do bem-estar. Entre 1960-80, o Leste Asiático conseguia aumentar significativamente suas exportações e diminuir as desigualdades distributivas, o que não ocorrera com a América Latina.

O país apresentado como exemplo, a Coreia, conseguira a partir da década de 1960, por meio de políticas liberais, promover uma série de reformas que possibilitaram ganhos de produtividade e crescimento acelerado. O autor reconhece que o país adotou durante duas décadas fortes esquemas de subsídios, mas o grande diferenciador em relação à América Latina residia na *política de resultados*. O governo coreano concedia os subsídios condicionando-os aos resultados; de modo complementar, a exposição à competição externa induzia as firmas a uma busca permanente por preço e qualidade.

Outros fatores são também apresentados no dinamismo da região: forte apoio à formação de *capital humano*, projetos de infraestrutura, eliminação de barreiras protecionistas e manejo

---

[10] Em 1993, o Banco publicou um famoso estudo sobre a experiência do desenvolvimento no Leste Asiático: "The East Asian Miracle: Economic Grouwth and Public Policy". Sobre as controvérsias do estudo e suas conclusões e para uma visão crítica a respeito dele, ver Wade (1996).

fiscal adequado. Tudo somado trouxe uma melhor difusão do progresso técnico, melhor distribuição de renda e baixa necessidade de financiamento externo em relação à América Latina.

A Coreia serviu como um exemplo irradiador para os países da região: Malásia, Tailândia e Indonésia. A expansão do modelo servia como uma confirmação de seus atributos e aumentava as comparações com a América Latina, que sofria um período de extremas dificuldades (década de 1980).

Novamente, a Cepal é citada como exemplo de instituição que difundirá os estudos comparativos entre as duas regiões, contribuindo para a formação do novo consenso exportador. A Cepal teria cumprido o papel de *despolitizar* o debate, na medida em que reconhecia as vantagens do desenvolvimento asiático. Sua participação no debate abria as portas para a aceitação de que os argumentos do GBM não eram puramente doutrinários (neoliberais).

> Quando uma instituição que, por décadas, defendeu a orientação para dentro expressa dúvidas sobre sua validade e reconhece que há lições para serem apreendidas com a experiência do Leste Asiático de políticas orientadas para fora, torna-se difícil considerar essas dúvidas como simples propaganda neoliberal. (Ibid., p.52)

Se havia um estilo de desenvolvimento externo a seguir, na América Latina uma ave solitária poderia servir como exemplo e transportar os frutos da transformação para o resto da região. Observo que na análise do autor, o Chile aparece como aquele que poderia servir como parâmetro, como modelo, tal qual a Coreia servira para a Ásia. Talvez o país com uma das transições políticas mais difíceis e tardias, por conta de um ciclo militar duríssimo. Um país que representa em população e território menos de um décimo da população e território brasileiras, mas que crescera entre 1985 e 1990 a uma taxa anual de 6,3%, enquanto a América Latina crescia a 1,7% (Cepal, 2001).

Esse não é e não foi um país qualquer na história latino-americana. Os eventos políticos que sacudiram o Chile durante os anos 1970 ainda repercutem na região, não como uma história da vitória da democracia contra o comunismo, mas como a derrota de um governo civil, eleito democraticamente, por uma associação entre interesses domésticos contrariados e apoios externos camuflados. País importante também por abrigar, como prenúncio, como antecipação, ainda na década de 1970, a primeira história de experimentação liberal, radicalmente liberal. Uma experiência que não tardaria a ser acompanhada por mais dois países, Argentina e Uruguai, cada um a seu estilo, mas com um mesmo desfecho – ambos, também, sob o comando dos militares. Tal experiência antecipara em pouco mais de quinze anos o que viria a acontecer na região.

A experiência chilena foi importante porque primeiro sepultava de fato e simbolicamente a tentativa de Allende de construir uma alternativa socialista por via democrática. A aproximação do governo Pinochet com a escola de Chicago e a oferta de um laboratório real para a introdução de seus postulados era uma grande oportunidade de contestação às políticas intervencionistas, mas, acima de tudo, contra o que se pensava que representavam: um caminho para o socialismo ("para a servidão", nas palavras de Hayek, 1997).

Para Edwards (op. cit., p.53), o que se passou no Chile durante os anos 1970 introduziu na América Latina os princípios de uma economia orientada para o mercado. A experiência chilena promoveu um processo de privatização massivo,[11] porém mantendo sob controle do Estado a principal empresa na produção de cobre (produto estratégico na pauta exportadora do país), a redução de tarifas de importação, a eliminação de barreiras não tarifárias, a reforma tributária, a reforma da legislação trabalhista, a liberalização financeira[12] e o início da reforma previdenciária.

Os efeitos das reformas são conhecidos, com a economia chilena entrando em *default* no início dos anos 1980. A questão que se coloca diante dos fatos é como um país governado por uma das mais ferozes ditaduras do último ciclo autoritário regional, que levou a cabo os princípios orientados por Chicago

---

[11] De 527 empresas estatais em 1973, muitas das quais foram estatizadas sob o governo de Allende, 202 voltaram aos seus antigos proprietários. "Em 1980 restariam apenas 24 empresas estatais, principalmente do setor de infraestrutura e mineração de cobre" (Cano, 2000, p.312).

[12] Para uma análise das experiências de liberalização financeira no Cone Sul, ver Cintra (1999).

e que acabou mergulhando na crise financeira, pode servir de exemplo para a região?.

O autor admite que a experiência sofreu um forte revés, mas os erros não estavam na natureza das reformas e sim em problemas conjunturais (como a crise da dívida) e no manejo inadequado da taxa de câmbio, que permitiram uma sobrevalorização prejudicial às contas externas. Em 1983, as críticas ao modelo de liberalização tornaram-se generalizadas, porém quando a economia chilena voltou a recuperar-se, em 1985, e até 1989, cresceu a taxas vigorosas; as virtudes do mercado reapareceram. Evidente está que para Edwards esses eram os efeitos virtuosos das reformas processadas durante a década de 1970.

Seriam esses os efeitos virtuosos das reformas de mercado, ou o resultado de uma gestão pragmática adotada a partir de 1983, que tinha como conteúdo a recuperação do equilíbrio financeiro e a promoção de um processo de especialização exportadora do país? Assim como na Ásia, a história do Chile parece ser contada pela metade, omitindo-se exatamente aquela metade que não se encaixa ao discurso que se quer construir.

> A polarização entre uma modalidade de "crescimento liderado pelas exportações" e um "crescimento liderado pelo mercado interno" ou, conforme o Banco Mundial, a existência de uma via "orientada para fora" e de uma outra "orientada para dentro", tal como as que supostamente teriam predominado na Ásia e na América Latina, revela interpretações e mecanismos de causalidade muito distintos e mesmo opostos. [...] A rigor, a versão neoclássica do crescimento liderado pelas exportações, difundida pelo Banco Mundial, enfatiza não propriamente o papel das exportações no crescimento, mas a importância da neutralidade de incentivos (tarifas, taxa real de câmbio etc.) e da abertura externa (importações) para a alocação eficiente de recursos. Segue-se dessa abordagem corolário inteiramente arbitrário: as vias de crescimento lideradas pelas exportações foram construídas por políticas econômicas "amigáveis aos mercados", o contrário do que teria predominado naquelas lideradas pelo mercado interno. (Medeiros e Serrano, 2001, p.105)

Não restam dúvidas de que o processo de abertura comercial chilena foi efetivamente aprofundado, bem como reformas importantes orientadas para o mercado foram implementadas, mas para o nosso propósito o importante é destacar como esse processo foi simbolicamente construído, como chegou aos ouvidos dos dirigentes regionais, das elites políticas latino-americanas, dos meios de comunicação e qual o papel do Banco Mundial na construção desse discurso. As pistas estão nas próprias palavras do autor. Ao final da década de 1980 o governo militar exauriu suas forças e o retorno à democracia foi ratificado com as eleições presidenciais de 1989, que levou ao poder o democrata-cristão Patrício Aylwin.

> Com o tom das eleições presidenciais de 1989, ficava claro que o criticismo ao desenvolvimento voltado para o Mercado havia perdido intensidade. De fato, os três candidatos apresentaram propostas econômicas marcadamente similares, que partilhavam importantes elementos. O que foi particularmente significativo foi o programa do futuro presidente Patrício Alwins, elaborado na maior parte pelo Cieplan,[13] que ancorava-se às mais importantes orientações de políticas pró-mercado. (Ibid., p.54)

Também de grande importância foi a mudança de foco na gestão das políticas sociais, que deixavam para trás as velhas políticas populistas e concentravam os recursos para o atendimento das necessidades das camadas mais pobres da população, em detrimento dos subsídios à classe média e aos mais ricos, algo tradicional na lógica distributiva do desenvolvimento latino-americano.

Com o exemplo asiático e agora com uma estrela local, resta verificar, sempre na abordagem do autor, quais foram os atores políticos na construção do programa político neoliberal. Nesse sentido, as instituições multilaterais tiveram sua importância.

Embora fundamentais no processo de implementação das reformas, essas instituições não teriam alcançado sucesso sem que o antigo modelo (SI) não tivesse esgotado suas possibilidades, sem que os programas de estabilização heterodoxos não tivessem falhado em seus propósitos, sem que instituições locais (Cepal)

---

[13] Corporacion de Estudios para América Latina. Este instituto é um *Think-Tank* muito ligado aos governos democráticos da Concertación (aliança política que governou o Chile de 1990 até 2010).

não passassem a fazer uma autocrítica admitindo as virtudes do mercado e sem que houvesse uma adesão das elites locais. Nesse aspecto, estou em boa medida de acordo com o autor. Vale também lembrar que as reformas introduzidas na década de 1990 ocorreram sob os princípios da democracia liberal, ou seja, após o fim do ciclo militar. Isso cria uma aparente correspondência entre democracia e mercado, algo que me parece precipitado admitir do ponto de vista analítico, principalmente se levar em consideração as consequências sociais, econômicas e institucionais que advieram ao final dos 1990 e se negligenciar que os anos de ajuste e reformas foram marcados por protestos, muitas vezes violentos.[14]

Tanto o GBM, como o FMI sabiam que as reformas estruturais tinham um longo caminho a percorrer, o qual implicava avanços e recuos e incluía custos, perdedores e ganhadores, enfim, que envolvia uma disputa política. Daí mais uma vez a insistência, com Bourdieu (op. cit.), em se tratar de um programa político, embora, como todo programa que procura ser universal tenha de se deparar com as especificidades locais e resulte em diferentes caminhos, tempos e movimentos em termos da ação coletiva. Do ponto de vista desse trabalho,[15] a eficácia da ação política pode ser medida em função do maior ou menor grau de adesão,

---

[14] "1985: Equador. O governo aumenta o preço da gasolina em 67%, para reduzir o déficit fiscal, e as passagens de ônibus em 50%. O principal sindicato convoca uma greve geral de dois dias, que leva à morte de sete pessoas. [...] 1985: Bolívia. Quinze dias de greves e de revoltas foram provocados pelo forte aumento do preço dos alimentos e da gasolina exigido pelas medidas de ajuste estrutural preparadas e financiadas pelo Banco Mundial e pelo FMI. [...] 1989: Venezuela. Mais de trezentas pessoas (outras falam de 2 mil) foram mortas durante revoltas contra as elevações brutais dos preços da gasolina (100%) e dos transportes públicos. [...] México, 1994. A rebelião zapatista estoura em Chiapas em 1º de janeiro, notadamente contra a entrada em vigor do tratado de livre comércio entre Estados Unidos, Canadá e México." (Toussaint, 2002, p.355-9). Os levantes indígenas no Equador (2000), com a renúncia do presidente e a profunda crise institucional Argentina, a partir da desvalorização do peso (2001), mostram uma sorte de eventos que ainda estão em processo e dão um indicador de como há uma tensão permanente entre os ajustes e a institucionalidade democrática.

[15] O GBM faz periodicamente avaliações sobre o sucesso dos programas, usando parâmetros quantitativos e qualitativos. O que estou destacando é que a abordagem que preside minhas indagações é de outra natureza.

da velocidade de implementação das reformas e da longevidade em termos de legitimidade.

Com relação ao primeiro item, sugiro uma alta eficácia; com relação ao segundo, existem diferenciações de um país para outro, o que será mostrado mais adiante; e, quanto ao terceiro ponto, ainda é difícil fazer qualquer tipo de avaliação, a não ser ressalvar que a chave desse processo se encontra no grau de insulamento das áreas-chave de decisão no interior de cada Estado, fundamentalmente do núcleo duro da esfera econômica, como também da extensão e profundidade das mudanças normativas e sua rigidez com relação às possibilidades de mudança. Além disso, existem fatores exógenos, variáveis que não podem ser controladas pelos atores políticos e que podem interferir pontualmente ou em todo o processo. A incorporação dessas variáveis à análise, desde uma perspectiva histórico-estrutural, permite a verificação do movimento e das tendências do processo; portanto, trata-se de algo que vai além da aferição do grau de efetividade da implementação do programa.

Na acepção da obra que estamos analisando, as instituições têm o papel de influenciar os atores domésticos na adesão, formulação e implementação das reformas. Para tanto, existem cinco mecanismos de influência: (1) a elaboração de pesquisas empíricas, que deem caráter científico às proposições; (2) análise econômica e setorial; (3) o fornecimento de empréstimos; (4) o diálogo político; e (5) as condicionalidades.

Procurou-se tratar de alguns desses pontos nos capítulos anteriores, bem como da orientação intelectual subjacente. O quarto item sempre é de difícil aferição, pois se trata da ação comunicativa, como refere Habermas, ou de um aspecto da formação do *consenso* que passa pela intersubjetividade, por meio dos encontros das altas rodas (Mills, 1981), das relações interpessoais que são criadas ao longo das carreiras dos homens que serão os vetores da implementação dos programas, da tradução do discurso e da *vulgarização da vulgarização*, que chegará ao grande público por meio de *slogans*, metáforas, frases curtas, códigos simplificados de elucidação e mitificação. Quando os arranjos estão feitos, quando *corações e mentes* estão convencidos de que essa é a melhor alternativa, ou ao menos a *second best*, na falta de outra (típico dos discursos *pragmáticos* de que a globalização é um processo inexorável), enfim, quando os inimigos estão vencidos (os comunistas antigamente, os populistas hoje), é aí que o programa se transforma em políticas públicas.

Para isso, é preciso um longo caminho, muitos contatos, a formação de um ambiente propício – portanto, a formação do *consenso*.

> O Brasil provou ser um interessante exemplo de como instituições multilaterais foram capazes de influenciar políticas de comércio por meio do trabalho econômico e do diálogo político. Em 1987, o governo do Brasil anunciou sua intenção de implementar uma reforma comercial gradual que não contemplava a redução agressiva de barreiras não tarifárias. O Banco Mundial considerou o programa muito tímido e manifestou sua preocupação com as autoridades brasileiras. Adicionalmente, no sentido de aumentar a percepção do público brasileiro sobre os benefícios econômicos da abertura, o Banco organizou uma série de seminários e conferências. Essa troca de ideias gerou vários relatórios que foram discutidos com intelectuais e autoridades brasileiras por um período de vários meses. Como resultado desse processo, o governo Collor de Melo ficou numa posição de agir rapidamente na frente das reformas em 1990, quando a maior parte das barreiras não tarifárias foram eliminadas e um programa de redução tarifária foi introduzido. (Ibid., p.56-7)

A necessidade de recursos transformou a região em caudatária dos eventos que ocorriam na economia mundial. Algo pior, talvez, tenha acontecido na Europa do leste, e algo certamente muito pior ocorreu na África subsaariana. Pior no sentido da imposição: o outro lado da moeda do consenso. Se o diálogo tenta persuadir, a restrição monetária limita as possibilidades de escolha para as famílias, para as firmas e para as unidades soberanas do sistema de Estados. Na falta de recursos, os países alinham-se na fila das instituições multilaterais, buscando recursos em última instância, buscando, todavia, igualmente, um aval simbólico que os credencie junto à comunidade de negócios.

> As instituições multilaterais também exercem influência por meio de seus programas de empréstimos. Em particular, condicionando a liberação de recursos, por meio da implementação básica das reformas, as instituições multilaterais forçaram as autoridades latino-americanas

a desenvolver programas amplos e consistentes de reformas. [...] essas condições cobriam um volume grande e diversificado de áreas, tais como reforma de comércio, privatização e liberalização financeira. (Ibid., p.57)

Na década de 1990 os *ventos do norte* sopraram novamente em direção ao sul; o progresso nas negociações sobre a dívida e a aceitação das reformas enquadrariam a região, possibilitando modificações normativas importantes nas legislações dos países, em conformidade com a dinâmica prenunciada da acumulação no plano internacional. A conversão regional obedeceria a uma conjunção de políticas que guardariam coerência entre si: estabilidade monetária; abertura comercial; reforma do Estado; abertura financeira; harmonização nas regras sobre investimentos e reformas institucionais. A sequência dependeria das condições internas de cada país.

O último ponto, ou seja, a problemática institucional, seria reforçado ao longo da década e constitui-se, ainda hoje (2002), em um tema central do GBM.

> A emergência dessa nova convergência econômica, e o fato de que diferentes grupos de convencimento começaram a se deslocar para a região com perspectivas similares, gerou um sentimento de esperança na América Latina. A despeito desse otimismo, muitos desafios e dificuldades havia pela frente, incluindo-se a criação de novas instituições que ajudariam a modernizar as estruturas políticas e econômicas. (Ibid., p.59)

4.3 A LONGA MARCHA

Em meados da década de 1990 muitas reformas já haviam sido implementadas na região. Vários planos de estabilização reduziram significativamente o fenômeno inflacionário que atormentara os países latino-americanos durante a década anterior. A volta dos créditos voluntários contribuíra para o bom andamento das reformas e dava alento aos governantes que as implementaram. Particularmente, México, Argentina, Brasil e Peru haviam aderido aos ensinamentos das instituições financeiras multilaterais. Os três últimos, que representaram o bastião da heterodoxia nos anos 1980, agora eram exemplos de programas bem-sucedidos de estabilização. É certo que o Brasil ainda engatinhava com o Plano Real, mostrando sua vocação tardia para a adesão, ou, então, sua complexidade em termos de estrutura econômica, política e social. A Argentina, sob Menen, cumpria à risca a cartilha das reformas. "El Chino", como era conhecido popularmente Alberto Fujimori,[16] o político *outsider*, o azarão, governava soberano o Peru, em uma perspectiva bastante diferente de Alan García, do ponto de vista doutrinário. No México, o Partido Revolucionario Institucional (PRI) parecia entrar na *modernidade*, abandonando os velhos esquemas populistas e dando uma feição mais tecnocrática ao regime, ao mesmo tempo que aproximava definitivamente a estratégia externa mexicana da estadunidense, com a entrada em vigor do Tratado Norte-Americano de Livre Comércio (Nafta). Tudo somara para o avanço das reformas.

Para uma análise mais precisa, foram comparados dois quadros que buscaram sintetizar o conjunto das reformas implementadas na região até meados da década, no que resultou a síntese a seguir (Quadro 4.3.1).[17]

---

[16] Embora uma figura política fora dos padrões tradicionais – e que corria à revelia do tradicional quadro partidário peruano –, Fujimori conseguiu rapidamente legitimidade com o combate ao Sendero Luminoso, grupo guerrilheiro de orientação maoísta que avançara durante os anos 1980. "O novo governo do presidente Alberto Fujimori 'usou' claramente o esquema neoliberal. Fujimori tinha na verdade duas estratégias, preparadas por diferentes equipes econômicas antes da eleição. Uma delas era um plano moderado de esquerda, e a outra, um plano neoliberal; sua abordagem consistiu, em parte, em considerar qual das duas traria mais financiamento externo. A resposta estava clara, e daí o 'Fujichoque', uma desvalorização maciça da moeda com ajustamento dos preços relativos, ao que se somou um arrocho monetário e fiscal. O choque foi acompanhado por um comprometimento maior com uma estratégia pró--mercado que rapidamente atraiu financiamento externo. A captura do líder do Sendero por forças especiais, juntamente com o controle abrupto da inflação, granjearam popularidade e credibilidade suficientes para sustentar as políticas de governo" (Thorp, 1998, op. cit., p.267).

[17] Para precisar o conteúdo dessa síntese, levou-se em conta o início das reformas, a natureza (por exemplo, deixando de lado os programas de estabilização que não tiveram uma orientação mais próxima do *consenso*), e, nas reformas financeira, tributária e trabalhista, buscou-se mais rigor, só incluindo aquelas que tiveram maior profundidade. Nas informações de Thorp encontrei uma amostra maior de países, porém nas de Edwards havia um detalhamento mais preciso do conteúdo das reformas, o que permitiu um cruzamento de informações. Nesse sentido, a síntese difere das tabelas originalmente apresentadas pelos autores utilizados, mesmo considerando que as fontes foram as mesmas.

Quadro 4.3.1: Reformas estruturais (1985-1995).

	Estabilização	Liberalização comercial	Reforma tributária	Reforma financeira	Privatizações	Reforma trabalhista	Previdenciária
1985	Chile; Bolívia	Chile	Bolívia	Uruguai			Chile (1981)
1986		Bolívia; Costa Rica		México			
1987		Jamaica			Jamaica		
1988	México	Guatemala; Guiana			Chile		
1989	Venezuela	Argentina; El Salvador; Paraguai; Trinidad e Tobago; Venezuela		Chile; Venezuela			
1990	República Dominicana	Brasil; Equador; Honduras; Peru; República Dominicana		El Salvador; Peru; Trinidad e Tobago; Nicarágua	Argentina	Colômbia; Guatemala	
1991	Argentina; Colômbia; Nicarágua; Uruguai; Guatemala	Colômbia; Nicarágua; Uruguai	Argentina	Honduras; Guatemala; República Dominicana	Belize; Guiana; Jamaica; Venezuela; Brasil	Argentina; Peru	
1992	Guiana; Honduras; Jamaica	Guatemala	Peru; Nicarágua	Argentina; Jamaica	Barbados; México		
1993			El Salvador	Equador; Bahamas	Nicarágua		Peru
1994	Brasil	Belize; Haiti; Suriname	Equador; Guatemala; Honduras; Jamaica; Paraguai; Venezuela	Barbados; Belize; Haiti	Chile; Peru; Trinidad e Tobago		Argentina; Colômbia
1995	Suriname				Bolívia	Panamá	

Fontes: BID apud Thorp (1998, p.242-3); Edwards (op. cit., p.60-4).

O quadro sinaliza um processo de mudança que avançou mais rapidamente pela liberalização comercial. Até o início dos anos 1990, a região havia promovido uma série de medidas de redução tarifária e eliminação de barreiras não tarifárias. Paralelamente, entravam em cena os programas de estabilização caracterizados sobretudo pela contenção dos gastos e por alguma forma de ancoragem cambial, fosse em sua versão extrema do câmbio fixo argentino, fosse nas versões mais suaves de tipo *crowling peg,* que admitiam flutuações estreitas (Brasil e México). Programas desse tipo tinham como contrapartida a exigência de um controle de gastos mais rigoroso, uma espécie de camisa de força no orçamento, pois a confiança internacional no valor da moeda implicava em uma permanente demonstração de equilíbrio das contas internas (nem sempre as coisas funcionaram como se previa).

No caso argentino, a fixação da taxa de câmbio exigia que as políticas monetária e fiscal estivessem de acordo com a disponibilidade de reservas.[18] A taxa de câmbio fixa, em tese, amarra as possibilidades de utilização dos instrumentos de política econômica para fins expansionistas; em última instância, serve como uma garantia de que a economia está protegida das aventuras populistas.

> Esse regime impõe uma restrição forte sobre a política monetária, e isso deve servir para estimular a adoção de práticas anti-inflacionárias. Ademais, sob determinadas condições, a taxa de câmbio fixa serve para ajudar a estabilizar os preços nominais e as expectativas. Isso porque fixa um preço nominal importante que passa a servir como fator *orientador* na fixação dos preços internos. (Zini Jr., 1996, p.120)

Liberalização comercial e financeira e estabilidade eram mecanismos que se complementavam dentro do modelo. A liberalização comercial permitia a exposição dos produtores internos ao mercado internacional, promovendo um choque de competitividade e segurando os preços, o que era fundamental para a estabilidade. A liberalização financeira, por sua vez,

---

[18] Para uma avaliação comparativa dos tipos de regimes cambiais, ver Zini Jr. (1996). No caso de uma avaliação sobre a relação entre mobilidade de capital, âncoras nominais e estabilização, ver Goldenstein e Leme (1995).

permitia o aumento da disponibilidade de recursos diante dos desequilíbrios decorrentes da valorização cambial, mas não somente isso – também era um mecanismo para facilitar o processo de privatizações. A negociação da dívida, via Plano Brady, já mostrara esse nexo, permitindo o *swap* de ativos financeiros; em outras palavras, permitindo que se trocassem títulos da dívida por ações de empresas privatizáveis.

> Desde 1989, a abordagem oficial combina dois mecanismos para aliviar o nível de endividamento. Primeiro, o uso do mercado secundário de títulos para redução da dívida foi ativamente encorajado. Embora esta técnica tenha sido utilizada desde meados dos anos 1980, atingiu seu apogeu após 1988, quando, em alguns países, *swaps* de títulos de dívida tornaram-se um importante modo de privatização de empresas estatais. Segundo, acordos diretos de redução de dívida entre credores (bancos comerciais) e países individuais tornaram-se mais comuns depois da introdução do Plano Brady. Entre 1989 e 1992 Argentina, Brasil, Costa Rica, México, Uruguai e Venezuela alcançaram acordos com seus credores e reduziram seus níveis de endividamento. (Edwards, op. cit., p.73)

Assim, o Plano Brady era um incentivo ao movimento financeiro que crescia exponencialmente. Incentivo porque jogava novos produtos no mercado secundário de títulos. Transformava créditos duvidosos em novos instrumentos para valorização. Isso fica evidente quando se comparam os deságios que vinham sendo praticados pelo mercado. À medida que se aproxima o período dos acordos, os descontos caem significativamente.

Quadro 4.3.2: Mercado secundário: evolução dos descontos nos preços de ativos referentes a países *problemáticos* (em US$ centavos por dólar do valor de face).

	Jun. 1987	Set. 1988	Set. 1989	Fev. 1990
Argentina	47	21,75	18,25	11,75
Brasil	61	46,25	27,75	28,75
Chile	69	59,5	61	63,5
Colômbia	–	66,5	64,25	59,75
México	56	46,75	40,75	38,75
Venezuela	70	51	40,25	35,25

Fonte: The World Bank – World Debt Tables – vários números. Apud Lima (1997, p.200).

A negociação da dívida, nesses termos, inseria a América Latina no circuito das finanças globalizadas. Além disso, era mais um reforço às instituições multilaterais para que exigissem o aprofundamento das reformas.

Para ser aceito nas negociações do Plano Brady, os países tinham que mostrar seriamente o desejo – além de algumas ações – de se engajarem em reformas econômicas. De um ponto de vista de incentivos, essa nova iniciativa intencionava ter dois efeitos: primeiro, recompensar países realmente comprometidos na implementação de reformas modernizantes, e, segundo, enxugar o montante de débito associado com países que, sob os auspicios do Plano Brady, alcançaram amplos acordos com seus credores para reduzir o valor de seus débitos. Venezuela e Uruguais engajaram-se em 1990 e 1991, e Argentina e Brasil assinaram os esboços dos acordos em 1992. (Edwards, op. cit., p.79)

É importante observar o ambiente externo e verificar como as medidas que foram sendo tomadas inseriam a região na lógica da financeirização. No início dos anos 1990, três eventos concomitantes mudaram o padrão de financiamento regional: a queda da taxa de crescimento e de juros nos países da Organização para Cooperação e Desenvolvimento Econômico (OCDE) e as reformas na América Latina.

Quadro 4.3.3: Taxa média anual de variação do PIB (1980-90; 1990-94); países selecionados de renda média alta.

	1980-1990	1990-1994
Reino Unido	3,2	0,8
Itália	2,4	0,7
Canadá	3,4	1,4
França	2,4	0,8
Alemanha	2,2	1,1
Estados Unidos	3,0	2,5
Japão	4,1	1,2

Fonte: World Bank Development Report (1996).

Tanto o crescimento caiu quanto os juros nominais e reais. A *prime rate* passou de 6,1% (taxa real) em 1989 para 3,0%

em 1993 (Toussaint, 2002, p.135). Os primeiros anos da década de 1990 foram favoráveis ao deslocamento do capital dinheiro para os mercados *emergentes*, bem como de investimentos diretos externos (IDE), nesse caso pelo espaço de valorização criado com os programas de privatizações.

Quadro 4.3.4: Fluxo líquido de capitais privados para os países emergentes, América Latina e Brasil (US$ bilhões).

	1990	1991	1992	1993	1994	1995
Total dos mercados emergentes	47,7	123,8	112,6	172,1	136,3	226,9
Investimento estrangeiro direto	18,4	31,3	35,4	59,4	84,0	92,6
Portfólio	17,4	36,9	56,1	84,4	109,6	36,9
Empréstimos bancários e outros	11,9	55,6	21,0	28,3	–57,3	97,4
Total América Latina	13,7	24,1	55,6	66,8	49,4	53,1
Investimento estrangeiro direto	6,7	11,3	13,9	13,4	23,1	24,7
Portfólio	17,5	14,7	30,3	44,0	66,7	3,0
Empréstimos bancários e outros	–10,5	–2,0	11,4	9,4	–40,4	25,5

Fonte: Adams et al. (1999, p.92-3); Mathieson; Schinasi et al. (2000, p.46-7) apud Cintra e Castro (2001).

De um lado, uma crescente massa de capital em busca de valorização; de outro, um conjunto de países procurando sair do estrangulamento financeiro. A saída Brady foi aquela que permitiu conjugar os interesses do mercado, ou seja, os interesses baseados na lógica da financeirização com a necessidade de financiamento externo das economias regionais. Esse plano dava continuidade a algo que já vinha ocorrendo espontaneamente no sistema financeiro internacional, à medida que os títulos da dívida já eram negociados com considerável deságio durante os anos 1980. Ele também reforçava uma das características principais da globalização financeira, ou seja, as transações com títulos das dívidas públicas tanto dos países centrais como dos países periféricos.

De um lado, existe uma ligação direta entre o crescimento potencial do capital globalizado e liberalizado, e, por outro lado, o aumento dos déficits públicos nos países industrializados, depois do início dos anos 1980. [...] Era necessário apelar aos investidores internacionais, em particular aos investidores institucionais, para adquirir os títulos públicos nacionais. É desse modo que, no início, as autoridades públicas liberalizaram e modernizaram os sistemas financeiros para satisfazer às suas próprias necessidades de financiamento. (Plihon, 1996, p.95)

Do lado da estabilização, os ganhos foram expressivos. As taxas de inflação tiveram uma queda significativa – produto da conjunção das políticas adotadas com um ambiente externo de aumento da liquidez para os países *emergentes*.

Quadro 4.3.5: Taxa de inflação para países selecionados – América Latina (1991-1995).

	1991	1992	1993	1994	1995
Argentina	172	24,6	10,6	4,3	3,3
Bolívia	21	12,4	8,8	7,4	10,2
Brasil	441	1.009,1	2.150,0	2.663,0	84,5
Chile	21,8	15,4	12,7	11,4	8,2
Peru	409,5	73,5	48,6	23,7	11,1
México	23	15,5	9,8	7,1	34,9
Nicarágua	2.950	23,6	20,2	7,9	11

Fonte: Fundo Monetário Internacional (FMI); World Bank staff estimates apud Burki e Perry (1997, p.30).

Afora Chile e México, os outros países haviam experimentado processos hiperinflacionários recentes. O Brasil introduziu seu plano de estabilização somente em 1994, tendo sido o último (com exceção do Suriname) país a entrar na rota da estabilização. Mesmo que a taxa de inflação brasileira pareça bastante alta, o importante é verificar a queda brusca e ter em conta que o plano foi implementado em meados de 1994, carregando nos índices parte dos índices inflacionários do período anterior.

As taxas de crescimento regional também apresentaram sensível recuperação, ainda que sob uma base anterior (década de 1980) sofrível e muito abaixo das taxas registradas na década de 1970. A melhoria do quadro pode ser verificada nos números apresentados adiante.

Quadro 4.3.6: PIB (taxas de crescimento anual, %) para 1970-1980; 1980-1990 e 1990-1994.

	1970-1980	1980-1990	1990-1994
Argentina	2,8	−0,9	7,7
Brasil	8,6	1,6	2,3
Chile	2,5	2,8	6,8
Colômbia	5,4	3,7	4,0
México	6,7	1,7	2,6
Peru	3,9	−1,2	4,9
Uruguai	3,0	0,5	4,7
América Latina (19)	5,6	1,2	3,6

Fonte: Cepal apud Ffrench-Davis (1997).

Algumas observações devem ser feitas. Embora o México seja um dos países que mais cedo iniciou o processo de estabilização, as taxas de crescimento foram modestas, só perdendo para o Brasil, que promoveria a estabilização a partir de 1994. O país que mais se beneficiou do influxo de capitais foi a Argentina, o que deve ser visto com cautela, pois o regime de câmbio fixo se caracteriza por fortes taxas de crescimento na fase ascendente da oferta de liquidez e quedas bruscas na minguante.

Nesse aspecto, o novo padrão de financiamento caracterizou-se por uma excessiva volatilidade, resultado das facilidades criadas para o deslocamento do capital na forma líquida. Facilidades criadas, em primeiro lugar, pela abertura das contas de capital, eliminando-se barreiras à entrada, e, em segundo, por meio dos avanços nas tecnologias de informação, que diminuíram os custos de transação.

A volatilidade já tinha dado seus recados nas sucessivas crises nos mercados de capitais dos países industrializados.[19] A decisão de investir ou não depende das expectativas dos detentores da riqueza; estas, por sua vez, dependem da qualidade das informações, da acessibilidade isonômica dos agentes a elas, de bons sistemas de supervisão e regulação e de uma quantidade de fatores exógenos que não são pré-determinados, ou não podem ser

---

[19] Para uma análise de longa duração das crises financeiras, ver Kindleberger (2000).

apreendidos com exatidão. Os mercados não funcionam sob as condições de concorrência perfeita; há problemas de assimetrias no acesso às informações, na estrutura de supervisão e regulação, assim como nas diferentes disposições dos agentes com relação aos horizontes de investimentos. Sobre esse último aspecto é desnecessário dizer que o aumento da velocidade das transações e as facilidades em termos de mobilidade geram imensas possibilidades para a especulação encurtando os prazos de retorno do investimento. A troca contínua de posições na composição dos portfólios aumenta a volatilidade em termos de *precificação*, seja dos ativos tradicionais (ações) como dos índices futuros, e – o mais dramático – exporta para a taxa de câmbio e de juros esta lógica de funcionalidade.

Esse modelo tem implicações claras sobre o manejo das políticas soberanas, limitando o raio de manobra dos governos. Todavia, esta limitação também é assimétrica. Tanto maiores serão os riscos quanto maior for a dependência da economia do país com relação ao capital externo. Esta *mágica* da dependência é alimentada pelos momentos de abundância na disponibilidade de recursos. Por meio da abertura da conta de capital e da criação de incentivos, via eliminação de barreiras à entrada no sistema financeiro, podem-se complementar as necessidades de financiamento externo e garantir padrões de consumo que não se sustentam a longo prazo. Se durante a crescente do ciclo os recursos forem prioritariamente orientados para cobrir o hiato entre a disponibilidade de recursos interna e o padrão de consumo, deixando de ser aplicados na produção, as necessidades futuras de financiamento serão agravadas. A estabilidade ancorada no afluxo de recursos externos sustenta-se, por suposto, em um regime de acumulação profundamente instável.

A expansão desse regime serviu e serve às economias que oferecem baixo risco e necessitam de recursos externos para sustentar seus respectivos níveis de bem-estar, uma combinação difícil de ser alcançada na América Latina. Daí a associação entre os interesses dos Estados Unidos e a desregulamentação das contas de capital. Como uma economia deficitária, mas emissora da *moeda internacional*, a economia norte-americana pode fazer uso da política monetária para manejar o grau de liquidez internacional a seu favor. Do ponto de vista político, isso alimenta as assimetrias e reforça o poder do hegemon. Porém, essa é uma funcionalidade contraditória, porque não resolve o problema do baixo dinamismo na esfera produtiva, substituída que foi pela dominância financeira, ao mesmo tempo que pode minar o poder do beneficiário caso os frutos não sejam repartidos de forma a garantir certo grau de adesão necessário para o exercício do poder.

A defesa da liberalização e suas justificativas teóricas juntaram-se às necessidades de valorização e financiamento na economia mundial. Mais uma vez o GBM não deixou de cumprir seu papel fazendo o *elogio* da liberdade do capital. Seus documentos apegaram-se à teoria da *repressão financeira* para justificar a necessidade da abertura dos sistemas financeiros, não só na América Latina, mas também nos países *emergentes* mundo afora.

O problema é que a vida real, o movimento concreto dos interesses em disputa, suas contradições, resolvem emergir de tempos em tempos. Da mesma forma que os sintomas da instabilidade haviam se manifestado nos países centrais, não tardaram a mostrar-se nas plagas latino-americanas. O México – sempre o México – foi o primeiro a dar sinais do esgotamento desse tipo de ciclo de financiamento, mostrando que o caminho das reformas era longo, pleno de sustos e passível de reversão.

4.4 A CRISE MEXICANA E O APROFUNDAMENTO DAS REFORMAS: PARA ALÉM DO CONSENSO DE WASHINGTON

O México fora um dos primeiros países na América Latina a ingressar no ciclo de reformas liberais. Enquanto Argentina, Peru e Brasil marchavam pela heterodoxia, em dezembro de 1987, o governo De La Madri inaugurava seu programa de estabilização, o famoso Pacto de Solidariedade Econômica e Social. O programa previa uma série de reformas liberalizantes e, como viria a acontecer com os programas de estabilização dos anos 1990, também se ancorava na taxa de câmbio. Paralelamente, o país iniciava seu processo de renegociação da dívida externa, o que ajudava na retomada dos créditos voluntários, empurrando, portanto, sua economia para o novo padrão de financiamento.

As reformas não foram necessariamente tomadas em bloco nem tiveram inicialmente a profundidade e amplitude que viriam a ter a partir dos anos 1990. Isso não impediu que a liberalização comercial, que já vinha em andamento desde 1984, fosse levada adiante e que produzisse seus efeitos positivos sobre o nível geral de preços e negativos sobre o balanço de pagamentos. O programa de estabilização também tinha suas especificidades, ou seja, em princípio, aliava medidas como controle de preços com políticas pró-mercado, o que de certa forma dava um tempero heterodoxo à estabilização. Também introduzia, ao menos formalmente, uma preocupação com as chamadas *políticas sociais compensatórias*, admitindo-se que os programas de ajuste deveriam ser acompanhados por mecanismos de proteção às camadas mais vulneráveis da população. Essas políticas seriam levadas em consideração pelos organismos multilaterais em vários outros programas de ajuste, como os mecanismos mais adequados para remediar os custos inerentes às medidas de eliminação de subsídios, corte de gastos, restrição orçamentárias, enfim, como antídotos às políticas de contenção da demanda.

Em 1988, para dar continuidade às reformas e ao programa de estabilização o PRI conduziu à presidência o ministro das Finanças, o sr. Salinas de Gortari (Cano, 2000). O programa de estabilização e o desenrolar dos acontecimentos no México obedeceram a parâmetros muito particulares, contrastantes com as experiências de outros países na região. Primeiro, um sistema político sob comando de um único partido, o PRI, que já durava cerca de setenta anos. Assim, as reformas passavam pela própria reforma do PRI e pela condução que esse partido daria ao país, o que em última instância levava os destinos do país paralelamente às disputas internas desse agrupamento político. Em segundo lugar, o movimento sindical mexicano era controlado pelo partido do governo, o que ajudou inicialmente o programa de estabilização. "A capacidade dos líderes sindicais de garantir a contenção salarial foi também uma característica peculiar do México" (Thorp, op. cit., p.265).

Por último, é de suma importância que se leve em consideração a estratégia norte-americana para a região e o papel ocupado pelo México. Essa estratégia contava com a criação do Nafta e a expansão dos acordos bilaterais, na ausência de progressos mais significativos em termos multilaterais, e também como resposta às tendências regionalistas, em especial com a criação da União Europeia (UE), que se verificavam na segunda metade dos anos 1980. Desde meados dessa década (Gilpin, 2000, p.232) o governo Reagan decidira-se por combinar uma estratégia de unilateralismo agressivo com uma política de resultados, o que também significava aderir aos acordos multilaterais quando conveniente.[20] A estratégia norte-americana com relação ao México, tinha como pano de fundo a expansão das *maquilas*, aproveitando as diferenças de remuneração do fator trabalho. Era algo parecido com a expansão das empresas japonesas na Ásia, com uma diferença vital: as *maquilas* não agregavam praticamente valor ao produto, tampouco transferiam tecnologia. Essas empresas, em boa medida localizadas no norte do México, também poderiam servir para aplacar o problema migracional, mediante a oferta de postos de trabalho em uma região de fronteira, no país de origem do maior contingente de migrantes residentes nos Estados Unidos.

O México, como toda a região, sempre teve seu destino muito próximo dos acontecimentos de seu maior vizinho. A diferença é que em relação a outros países (por exemplo, Brasil e Argentina), sua proximidade refletiu-se em uma dependência excessiva dos fluxos de comércio com o vizinho do norte. A estratégia norte-americana casou-se com a perspectiva tecnocrática, agora majoritária no jogo das forças dentro de PRI. Salinas de Gortari era a representação de que o partido abandonara o nacionalismo, mas que durante a transição para o um novo regime partidário, um novo sistema de repartição do poder político poderia capitanear os acontecimentos de acordo com os ventos que sopravam do norte. O PRI perdera o conteúdo, mas ainda não o controle sobre

---

[20] Gilpin (2000, p.232) utiliza o termo *"multitrack"* para definir esta estratégia. "Essa nova política comercial, a qual foi perseguida de maneira mais vigorosa pela administração Bush (1989-1993) e ainda mais agressivamente pela administração Clinton, recebeu uma série de rótulos: unilateralismo agressivo, GATT-mais, orientada por resultados e administração de comércio. O termo 'multitrack'é mais apropriado que outros porque denota a mudança da política americana do pós-Guerra que era comprometida com uma política econômica baseada exclusivamente em princípios de multilateralismo e não discriminação (...) para uma combinação intencional de multilateralismo, unilateralismo e iniciativas de comércio regionais."

a imensa estrutura burocrática e sobre as instituições mexicanas, aí incluídos os sindicatos. As fraturas apareceriam, mas de tal maneira que as reformas já haviam tomado seu curso. Nem todos os dissensos políticos se colocaram contra os rumos dos acontecimentos, o que se verifica pelo nascimento e ascensão do Partido da Ação Nacional (PAN), que levaria um de seus quadros à presidência da república na segunda metade dos anos 1990, rompendo com o longo reinado do PRI.[21]

As fraturas à esquerda também emergiriam, com a formação do Partido da Revolução Democrática (PRD) de Guatémoc Cárdenas e com a surpreendente revolta indígena de Chiapas, sob a simbologia do Zapatismo. A revolta ocorreu em 1994, mesmo ano de exaustão do programa de estabilização. Foi um ano conturbado do ponto de vista político, com eleições presidenciais, assassinato de um candidato a presidente na disputa interna do PRI[22] e rupturas importantes na vida política mexicana. Embora o PRI, com Ernesto Zedillo, ainda viesse a comandar o país por mais seis anos, talvez o ano de 1994 tenha representado um dos anos mais importantes da história contemporânea do México.

O período (1988-94) fora marcado pelo controle inflacionário, porém com desempenho em termos de crescimento muito abaixo das expectativas. A combinação de um regime de liberalização comercial, valorização cambial e afluxo de capitais especulativos seria fatal para as condições de manutenção do equilíbrio externo. Se as diferenças entre o México e os outros países da região são significativas, pelas peculiaridades histórias de cada nação, o mesmo não se pode dizer em termos de destino dos programas implementados. Assim como no México, Brasil e Argentina experimentariam o amargo sabor da fuga de capitais e da crise externa.

A crise tinha em sua trajetória todos os ingredientes que se repetiriam nas crises posteriores na região. Em síntese, o México captara recursos crescentes no mercado externo, mas descuidando-se do câmbio e sem gerar capacidade produtiva

---

[21] Refiro-me a Vicente Fox, eleito presidente do México em 2000. O PAN é um partido fortemente enraizado no norte do México, região que mais se expandiu em função do Nafta, por meio da explosão do número de *maquilas*.
[22] Refiro-me ao assassinato de Luis Donoldo Colosio (Fuentes, 1994).

suficiente para auferir receitas cambiais que cobrissem a crescente dos passivos externos.

> Em quatro anos o estoque de passivos externos líquidos do México elevou-se para US$ 92 bilhões; desses, apenas cerca de US$ 20 bilhões corresponderam a IED (*investimento externo direto*). Esse alto estoque de passivos, em sua maioria propensos à volatilidade, junto com um significativo atraso cambial e o volumoso déficit em conta-corrente correspondente, parecem ser as variáveis determinantes da vulnerabilidade do México e da profundidade do ajuste recessivo que se iniciou em dezembro de 1994. (Ffrench-Davis, op. cit., p.30)

A crise mexicana apareceria para o GBM como o primeiro grande susto na *longa marcha* para as reformas. Algumas publicações do escritório regional do Banco passaram a utilizar uma linguagem cheia de símbolos *épicos* (Longa Marcha, Revolução...), emprestando ao discurso do Banco um caráter salvacionista e completamente distante da sobriedade dos textos técnicos. Os títulos de alguns textos mostram o espírito da época: *From Dispair to Hope* (op. cit.), *Dismantling the Populist State – the Unfinished Revolution in Latin America and the Caribbean* (Burki e Edwards, 1996) e *The Long March – A Reform Agenda for Latin America and the Caribbean in the Next Decade* (Burki e Perry, 1997).

O Banco encarava sua tarefa regional como uma verdadeira revolução e, como tal, exigia de seus líderes – os políticos locais, as coalizões revolucionárias – aquilo que se exige em todo momento revolucionário: o espírito de sacrifício e uma vigília permanente.

> A crise tornou claro para os tomadores de decisão, os intelectuais e o público que havia infindáveis tarefas emergenciais. [...] Os eventos no México também deixaram claro para os líderes regionais que a reforma é um processo contínuo que nunca acaba e que eles deveriam ficar permanentemente alertas às mudanças de ambiente nas quais eles operavam. [...] Se você quer ir em algum lugar adiante, você deve correr ao menos duas vezes mais rápido. (Burki e Perry, 1998, p.1-2)

Ir mais rápido queria dizer abrir a *segunda fase das reformas* (ou a terceira?). A segunda fase deveria combinar a *reconstrução do Es-*

tado (ou destruição?) e a redução da pobreza e das desigualdades. Nesse aspecto, a experiência mexicana mostrava o perigo que poderia representar um período prolongado de sacrifícios para as camadas mais vulneráveis da população. Perigo em termos políticos, em termos do comprometimento da vitória do *mercado* sobre as instituições arcaicas do populismo latino-americano.

O inimigo pós-Guerra Fria era o populismo e suas instituições. O populismo aqui toma um significado vulgar, representando o capitalismo de compadrio e as práticas a ele associadas (corrupção, má alocação de recursos, ineficiência, nacionalismo...).

A crise mexicana era um sintoma de que a patologia populista não fora extirpada. Embora o GBM reconhecesse que a principal razão da crise residira no insustentável nível do déficit na conta de transações correntes do balanço de pagamentos (ibid, p.3), o Banco vinha alertando para o elevado nível de dependência externa, mas as medidas de ajuste foram postergadas pelas autoridades mexicanas. Nesse aspecto, houve um erro de cálculo estratégico, que, combinado a um cálculo político de curto prazo, agravou o problema. O cálculo estratégico baseava-se nos ganhos de produtividade em função da modernização produtiva mexicana e na entrada em vigor do Nafta, ambos elementos que serviriam como fontes de receitas cambiais. E os ganhos de produtividade também seriam um argumento utilizado na defesa do *currency board* na Argentina e no *crowling peg* brasileiro. Há dois equívocos nesta proposição: a presunção de que haverá fluxos contínuos de capital financiando a transição até a retomada do equilíbrio na balança comercial; e a desconsideração dos impactos regressivos em termos de estrutura produtiva que um regime prolongado de sobrevalorização cambial pode provocar. Esses equívocos não foram levados em consideração nem pelas autoridades mexicanas nem pelas instituições multilaterais durante muito tempo. Não obstante, é importante que se destaque que o GBM, a partir da crise mexicana e em contraste com FMI, seria muito mais prudente com relação aos programas de estabilização com ancoragem cambial.

No segundo aspecto da derrocada mexicana reside a crítica do Banco com relação à permanência de uma lógica antieconômica na dinâmica política regional. Mesmo que se leve em consideração que os governantes mexicanos eram aliados das reformas, em determinado momento prevaleceu o cálculo político sobre as necessidades do ajuste. Aí contaram a complicada conjuntura política mexicana no ano de 1994 e os custos econômicos da transição política que estava em curso. A necessidade de manutenção do processo político sob controle do PRI impedia uma atitude mais ousada por parte de seus dirigentes, pois se tratava de um ano eleitoral e, como supramencionado, o quadro político mexicano apresentava sinais de fratura tanto no partido dominante como na sociedade civil.

> Com o espectro das eleições presidenciais, as autoridades não estavam dispostas a implementar políticas creditícias e fiscais contracionistas durante a primeira metade de 1994, e apesar do declínio da liquidez internacional, o banco central decidiu manter sua programação monetária, esterilizando a redução nas reservas internacionais. Durante 1993 e 1994 a pretensão fiscal tinha sido relativamente perdida. O balanço fiscal deteriorou em 2 por cento do PIB, enquanto o balanço primário deteriorou-se em 3 pontos do PIB. (Ibid., p.4)

Além disso, o pacto político que fora fundamental para conter os salários em 1987 agora se mostrava, na visão do Banco, anacrônico, pois impedia a tomada de medidas mais duras.

> Adicionalmente, o acordo tripartite com os patrões e os sindicatos – o assim chamado *pacto* – levou o governo a desistir de uma depreciação inicial para corrigir a sobrevalorização acumulada. O crescimento salarial havia ficado acima da depreciação nominal, um excesso que não havia sido compensado por ganhos de produtividade. Depois das eleições presidenciais ganhas pelo candidato Ernesto Zedillo do PRI, as autoridades ainda resistiram em colocar em marcha um plano de ajustamento contracionista. (Ibid., p.4)

A história é conhecida, ou seja, o México foi obrigado a desvalorizar sua moeda (20 de dezembro de 1994), o que seria seguido de um profundo ajuste recessivo no ano de 1995. O ajuste incluía medidas fiscais como a elevação da Taxa de Valor Agregado, de 10% para 15%, um choque nas tarifas públicas e redução de gastos públicos com uma meta de superávit de 4,4% do PIB (Ibid., p.5). Como resultado da crise, o México apresentou em 1995 uma queda de 4,8 pontos percentuais do PIB, um crescimento de 45,7% na inflação e o agravamento das tensões sociais, com o crescimento das taxas de desemprego (Ibid., p.27).

No bojo das reformas não deve ficar desapercebido o papel do GBM no sentido de *incentivar* mudanças importantes no setor financeiro – prática que seria usual nas crises financeiras da década de 1990.

> Com a assistência de uma grande operação do Banco Mundial, o México desenhou um plano para fortalecer o setor bancário por meio de supervisão intensiva e regulação. Aumentou-se o capital requerido e o provisionamento de reservas para perdas, e removeram-se os impedimentos para a aquisição estrangeira de bancos mexicanos. (Ibid., p.5)

A preocupação com as reformas e com o destino do Nafta levou o tesouro norte-americano, sob a administração Clinton, a promover um amplo *colchão de liquidez* (cerca de US$ 53 bilhões), dando fôlego aos investidores retardatários e à transição mexicana. Certamente, os recursos não foram destinados graciosamente; foram exigidas contrapartidas significativas em termos de soberania.

> O Congresso dos Estados Unidos exigiu como garantia as faturas de exportações mexicanas de petróleo, depositadas em conta rotatória no FED, além de obrigar o México a assumir o receituário do FMI [...] e de pagar todas as despesas com estudos, juros, viagens, comissões e outras inerentes a "esse" socorro financeiro. (Cano, op. cit., p.443-4)

O aporte de recursos sob a batuta do tesouro norte-americano diminuiu o efeito de contágio da crise, mas nem por isso deixou de colocar às claras as insuficiências do modelo, tanto para os críticos à esquerda quanto para o Banco. Também não impediu que a taxa de crescimento de alguns países da região sofresse uma súbita retração. O país que mais sinalizou as tensões do mercado foi a Argentina, cujo regime de conversibilidade representava a radicalidade em termos de ancoragem cambial. No ano de 1994 a Argentina crescera 7,1%, enquanto em 1995 o crescimento caiu a zero.

Como salientei, para o GBM a crise mexicana era decisiva em termos de suporte político para as reformas. Nesse aspecto, o Banco tratou de identificar a crise com a insuficiência das reformas, e o baixo contágio, com as virtudes do modelo. Era preciso desmontar os resquícios do passado e aprofundar as mudanças institucionais.

> Na sequência da crise Mexicana as economias latino-americanas provaram estar resistentes aos distúrbios externos. Após o momento crítico, o temor de que houvesse uma quebra regional não se materializou. Como apontáramos um ano antes em *Latin America After Mexico: Quickening the Pace*, a crise mexicana serviu como um alerta para as nações latino-americanas: na maioria dos países as lideranças políticas estão crescentemente atentas ao fato de que a reforma é um desafio sem fim. As lideranças regionais estão agora tratando de desmontar as estruturas econômicas e sociais do Estado na América Latina, incluindo suas instituições populistas, enquanto inventam e constroem suas sucessoras: uma administração estatal moderna e eficiente. (Burki e Edwards, op. cit., p.1)

Uma mudança importante se faz notar ao longo dos anos. Embora o tom revolucionário esteja presente, o GBM trata de pensar as reformas dentro do contexto democrático. Refiro-me a esse aspecto como uma mudança em relação à década de 1970, quando o Banco se escondeu em sua *neutralidade* estatutária para apoiar governos autoritários e desencorajar nações *rebeldes*. O processo de mudanças deveria buscar legitimar-se pelo voto, o que, por sua vez, dava maior legitimidade internacional e resultava na impressão de que o que se passava era um movimento autóctone de mudanças (ao menos é o que parece estar subentendido no maior engajamento da instituição às conquistas democráticas). Mesmo por essa via o discurso não faz o elogio da democracia, mas toma-a como um dado, como algo do novo contexto regional e que não pode ser mudado.

> Esse processo é, contudo, economicamente e politicamente difícil e, se não manejado cuidadosamente, pode ter efeitos negativos nas condições sociais. Com as regras democráticas aparentemente solidificadas em quase todos os países, é muito menos provável a implementação de

reformas por decreto. O maior desafio a que os líderes regionais farão face nos anos vindouros, contudo, é obter e manter o suporte do voto em consonância com as necessidades da reforma do estado. (Ibid., p.1)

A preocupação do Banco justificava-se pelo crescente perigo de que as reformas perdessem a legitimidade e as coalizões reformistas fossem alijadas. O Brasil, como um *late reformer*, dava certo alento ao modelo, trazendo um novo estoque de ativos para valorização no circuito internacionalizado das finanças, o que garantia o controle da inflação e colocava todo seu peso regional a favor das reformas. O presidente Fernando Henrique Cardoso[23] era um reforço incomparável para os apelos reformistas. Um intelectual refinado e com ampla circulação internacional, antigo membro da Cepal, um homem cuja origem intelectual e política se ligava à esquerda, enfim, um *príncipe* na hora certa. O Brasil já vinha nas trilhas do mercado desde 1987,[24] com o início da abertura cambial, mas agora tratava-se de levar adiante, no maior país da região, o desmantelamento das estruturas econômicas e sociais do populismo latino-americano. Como o próprio *príncipe* brasileiro diria, na versão local do programa político neoliberal: precisamos acabar com a era Vargas.[25]

Os protagonistas da virada liberal no plano internacional ganharam esse importante reforço, mas já por essa época estava claro que crises violentas poderiam eclodir na adoção dos programas de ajuste e que as consequências sociais poderiam levar a retrocessos políticos. O discurso do Banco para a região, expresso em diversos documentos, dentre os quais aqueles que apontei neste capítulo, apressava-se em adiantar o que era preciso: um crescimento rápido; consolidar os ganhos macroe-

---

[23] Fernando Henrique foi eleito presidente da República ao final de 1994 e tomou posse em meio à crise mexicana. Nem por isso a trajetória do regime cambial brasileiro foi alterada; o regime de ancoragem permaneceu até a crise de 1999.

[24] Sobre as mudanças em termos de política econômica e a ascensão do discurso liberal no Brasil, ver Velasco e Cruz (1992). Sobre as mudanças no regime cambial brasileiro, sugiro Freitas (1996), Zini Jr. (op. cit.) e Gonçalves (1996).

[25] Referência ao período em que Getúlio Dornelles Vargas (1930-44 e 1950-54) esteve no poder e durante o qual uma série de reformas, sob o signo autoritário ou não, foram implementadas, dando origem à modernização da economia e das instituições da sociedade brasileira.

conômicos; melhorar os serviços públicos, reduzir a corrupção e a violência social; e, por fim, diminuir a extensão da pobreza e da desigualdade.

As preocupações estão sempre associadas ao problema do cálculo político que o Banco faz com relação às reformas. O problema não era a escandalosa exclusão social, os níveis absurdos de violência nas cidades e nas zonas rurais, mas as consequências que esses problemas poderiam produzir em termos políticos.

O discurso do Banco assemelha-se à montagem de um estratagema para a guerra, ou seja, a neutralidade estatutária, o distanciamento político. Todo esforço por mostrar-se uma instituição *para todos* cai por terra quando se verifica que o que está em jogo é puro cálculo político, projetos em disputa, jogos de poder, persuasão e dissuasão, dominação e subordinação.

> Reverter o curso ou dar marcha à ré nos esforços reformistas seria um erro trágico. Reversões políticas e reformas abortadas são comuns na América Latina e invariavelmente resultaram em ainda maiores frustrações e retrocessos. Igualmente prejudicial seria a aceitação geral da opinião de que é chegada a hora de baixar a guarda no fronte macroeconômico. [...] Renovado suporte para o programa de reforma é um dos mais fundamentais e difíceis desafios que os governos latino-americanos enfrentarão no futuro imediato. No sentido de manter – ou aumentar – o suporte do voto para as reformas, será necessário encontrar os seguintes interrelacionados e concretos resultados... (Ibid., p.3)

As medidas relacionadas visam a criação de um ambiente no qual o quadro social não afete o quadro político. Mas diminuir a pobreza, retomar o crescimento, diminuir a violência..., ou seja, aumentar os níveis de bem-estar não era uma consequência das próprias reformas? Essa não era a promessa da globalização?

Se era, não se confirmou, ou então a variável tempo não estava contando a favor, como demonstrara a crise mexicana. As reformas tinham de ser aprofundadas e isso deveria ser feito em uma combinação de crescimento, estabilidade e mudança institucional. O círculo virtuoso das expectativas começava a ser rompido e muito provavelmente pelas próprias inconsistências do modelo, que privilegiava outra combinação: crescimento sem repartição, concentração financeira e produtiva, tudo isso sob uma clara vantagem para as nações mais ricas, revivendo o velho mecanismo da pulsão externa para as nações periféricas.

O Banco admitira que as reformas estavam em perigo. Ao fazê-lo, consubstanciava as críticas externas de que elas não cumpriam a promessa de melhorias nos níveis de bem-estar, mas isso não impedia que a ideia predominante, ao menos para a América Latina, continuasse no mesmo tom: continuar e aprofundar as reformas em uma perspectiva de retirar do caminho os entraves ainda existentes do Estado Populista. Refundar o Estado? O que significava esta transformação que ganhava um caráter *revolucionário*?

O Estado latino-americano era a caricatura dos problemas que de alguma forma afetavam todos os Estados no sistema capitalista, porém isso não ficava exposto na análise do Banco para a região. Preponderava a especificidade de que havia um Estado populista que se sustentava por relações de compadrio e que retirava renda da sociedade para grupos de interesse privilegiados. O Estado era visto ao mesmo tempo como onipresente e fraco, aliás o mesmo discurso que seria repetido à exaustão durante os anos 1990 pelos líderes reformistas regionais.

O diagnóstico de que a América Latina sofria com as assimetrias em termos de acesso aos bens públicos, de que as instituições precisavam ser fortalecidas e de que reformas eram necessárias não era uma exclusividade do Banco; ao contrário, era uma discussão antiga na região. Fora palco de debates durante anos na Cepal, fora objeto de estudo da teoria da dependência e de tantas outras vertentes críticas do pensamento latino-americano, mas as raízes desses problemas e as estratégias para enfrentá-los abria uma fenda enorme entre as diversas interpretações em disputa. Sem dúvida, a análise institucional entrava na agenda do Banco como o resultado de anos de experiências e fracassos em lidar com sociedades culturalmente distintas, complexas e problemáticas no mundo periférico.

O Banco admite as diferenças, para logo em seguida plasmá-las em um único corpo:

> A América Latina é uma região altamente diversificada. Os países têm diferentes tradições, culturas e histórias. Naturalmente, esses passados individuais irão afetar o caminho pelo qual os países trilharão a

reforma do estado. Apesar dessa diversidade, contudo, há princípios gerais que deveriam guiar as reformas institucionais que são o centro dos processos de segunda geração. Talvez o princípio fundamental seja que o papel do Estado deveria ser limitado, mas forte. (Ibid., p.25)

Um dos problemas dessa abordagem residia em querer aplicar uma receita anglo-saxã de organização econômica e social, supostamente superior, a realidades tão distintas. Problema maior era construir um discurso que separava o mundo entre o modelo virtuoso dos países centrais, dos tigres asiáticos e o modelo do fracasso latino-americano ou africano.

Quando, em 1997, a Ásia entrou em crise, o discurso sofreu um abalo fundamental, que abriria espaço para um dissenso interno, como fica explicitado nos vários textos e documentos do então vice-presidente e economista-chefe do GBM, Joseph Stiglitz. Curiosamente, as críticas de Stiglitz ficaram restritas à atuação das instituições multilaterais na Ásia e, em particular, à atuação do FMI. Talvez isso explique por que na produção intelectual do escritório do GBM na América Latina os ecos do dissenso não se fizeram observar. O apego do escritório regional à Teoria da Repressão Financeira, que sustentava suas investidas nas reformas dos sistemas financeiros regionais, permaneceu inabalável, o que serve para mostrar que o dissenso não se deu entre as instituições de Bretton Woods, mas no interior de uma delas.

A análise institucional não representa uma virada intelectual no Banco; ao contrário, entra na agenda pela tradição do pensamento dominante do GBM, ou seja, com o arcabouço teórico da teoria neoclássica.[26] Baseia-se na Nova Economia Institucional (NEI), cujo projeto reside em dotar a teoria neoclássica de uma abordagem histórica, institucional, mesmo que isso implique uma série de problemas conceituais.

> O programa de pesquisa da nova economia institucional liderado por Douglas North busca simultaneamente desenvolver uma teoria econômica das instituições e prover um conjunto de evidências histó-

---

[26] Para uma instigante análise sobre a Nova Economia Institucional ver Velasco e Cruz (2001) e Medeiros, (2001).

ricas sobre como as instituições afetam o desenvolvimento econômico das nações. [...] O programa teórico da assim chamada nova economia institucional (NEI) objetiva construir uma teoria sobre a formação e a evolução das instituições que seja incorporável à economia neoclássica e com ela compatível, economia cujas propriedades e hipóteses são consideradas um caso particular. (Medeiros, 2001, p.78)

À diferença da suposição walrasiana de equilíbrio geral, a NEI supõe a existência de custos de transação e assimetrias na captura das informações por parte dos atores participantes do mercado de trocas. Embora haja essa importante diferença com os pressupostos da concorrência perfeita, a identidade entre a NEI e a teoria neoclássica é reforçada no suposto liberal da crença no livre mercado.

A economia institucional de North nada tem de iconoclasta. Ele não quer demolir, nem sequer abandonar um terreno batido para explorar novas paragens, armado de outras metáforas. Sua tarefa é a de um reformador moderado. O procedimento que adota para esse fim é bastante simples. Identificando dificuldades da teoria neoclássica no trato de certos problemas – ou questões por ela silenciadas – passa a reexaminar seus supostos, a fim de introduzir-lhes as alterações necessárias para acomodar os fenômenos problemáticos. A expectativa é de que por essa via a tradição, que é a sua, venha a ser enriquecida. A ideia de romper com ela não parece tentá-lo. (Velasco, 2001, p.11)

A abordagem neoclássica está presente na construção teórica da NEI uma vez que esta assume o individualismo metodológico, a presunção de que as ações sociais são moldadas por ações racionais produto das escolhas individuais.

Ao distinguir as instituições em *"market oriented"* e *"polity oriented"* (Medeiros, op. cit.), os institucionalistas neoclássicos formularam a hipótese de que o desenvolvimento é uma função da evolução institucional, sendo que as instituições devem servir como mecanismos de emulação e garantia do livre funcionamento do mercado. As instituições *"market oriented"* diminuem os custos de transação enquanto as *"polity oriented"* dificultam o funcionamento do mercado pelo aumento dos custos de transação, o que resultaria em um obstáculo ao desenvolvimento.

O movimento teórico do novo institucionalismo liderado por North parece fazer o seguinte percurso:
- ao reconhecer que o mundo real não se aproxima da concorrência perfeita, é introduzida no cenário uma sociologia institucional;
- nesta é construído um modelo de instituição idealizado e funcional que, no limite, recria as condições favoráveis à livre concorrência;
- o modelo anglo-saxão de economia de mercado é descrito como o mais próximo desse modelo e evidência da importância dessas instituições para o desenvolvimento;
- o subdesenvolvimento decorre da existência de instituições que inibem as relações econômicas; essas instituições persistem porque obedecem à racionalidade política de grupos não competitivos encastelados no Estado. (Ibid., p.81)

A diferença entre boas e más instituições reside na capacidade de criar um ambiente onde a racionalidade política esteja subordinada à racionalidade econômica. Nesse aspecto, a economia de mercado precede a política e esta deve circunscrever-se no âmbito da diminuição dos custos de transação: garantia da concorrência, dos contratos e, em última instância, da propriedade privada. As institucionais fornecem regras que buscam diminuir ou eliminar as incertezas dos agentes econômicos (incerteza, não o risco, pois esse é algo inerente ao processo capitalista). É possível concluir que a democracia cumpre uma função subsidiária ao mercado; consequentemente, que as instituições devem permanecer insuladas das pressões dos grupos particulares (independência do Banco Central, Lei de Responsabilidade Fiscal etc.). No fundo, trata-se de uma *democracia enclausurada*. A lógica do insulamento reside no suposto de que os formuladores de regras, os governantes, enfim, as forças políticas, procuram maximizar suas rendas em detrimento dos resultados inerentes ao processo de mercado.

> Os detentores do poder político definem direitos de propriedade movidos por seus interesses e de acordo com seus próprios critérios; não surpreende que o resultado de sua ação seja quase sempre uma estrutura que eleva os custos de transação e cria obstáculos ao crescimento econômico. (Velasco, op. cit., p.7)

É bastante sugestivo que uma das instituições citadas como exemplo de *"polity oriented"* seja a Cepal. Nesse aspecto, a instituição cumpre uma função ideológica que reforça as deficiências do desenvolvimento latino-americano.

> Os retornos crescentes, característicos das fases iniciais das instituições que proveem desincentivos para a atividade produtiva, criarão organizações e grupos de interesses alicerçados nos constrangimentos existentes. Eles irão moldar a política em termos de interesses... Os construtos mentais subjetivos dos participantes irão desenvolver uma ideologia que não somente racionaliza as estruturas sociais, mas que contribui para seu pobre desempenho. Como resultado, a economia irá desenvolver políticas que reforçam as organizações e os incentivos existentes. Assim, tanto os escritos da Comissão Econômica para América Latina e Caribe (CEPAL) e da teoria da dependência explicam o fraco desempenho das economias latino-americanas na base dos termos de comércio internacional... Essa explicação não somente racionaliza as estruturas econômicas latino-americanas, como contém implicações políticas que reforçariam o escopo de trabalho institucional existente. (North, op. cit., apud Velasco, op. cit., p.22-3)

No centro das preocupações estão os direitos de propriedade e o que é de suma importância: o insulamento das instituições diante das pressões políticas. Isso nos leva novamente ao problema da democracia: democracia sim, mas enclausurada. Democracia que não se estende às instituições, posto que nelas a tomada de decisões pertence aos *experts*, à tecnocracia treinada sob os auspícios da ideologia dominante (para usar um eufemismo). Democracia que, em última instância, servirá para garantir aquilo que se diz supostamente combater: a reprodução das desigualdades.

Mistura-se no discurso o que é da tradição republicana, ou seja, a separação entre os poderes com a autonomia do econômico em relação ao político, como se aqueles que tomam as decisões no campo econômico, que governam as instituições (órgãos) econômicas, pudessem ter um mandato comparável aos representantes eleitos pelo sufrágio universal. O mais grave nessa acepção é o suposto da infalibilidade e da imunidade. Pensa-se a tecnocracia econômica como um corpo infalível, que garante ao mercado o último martelo, sendo esta uma instância impessoal... Pensa-se em uma tecnocracia que, ao adquirir autonomia, estará imune aos apelos clientelistas, como se os *elos burocráticos* também não se estabelecessem entre os tecnocratas de plantão e os interesses das frações dominantes do capital. Ao contrário, esse insulamento é a representação do poder de veto destas frações, é a garantia exigida por elas de que não importam quais os governantes eleitos, os interesses das camadas dominantes estarão preservados. O Banco Central, certamente, passa a ter o *status* da Suprema Corte e do Legislativo – ao menos é o que se depreende do discurso, com relação ao que o GBM chama de autoimposição de limites à ação do Estado:

> A autoimposição de limites é, talvez, um dos mais importantes e difíceis desafios na criação do novo Estado Latino-Americano. Isso pode ser parcialmente complementado pela criação de instituições autônomas, como a Suprema Corte, um Banco Central independente e corpos regulatórios independentes. (Ibid., p.25-6)

Nesse aspecto, o consenso de Washington era pouco. Fazia-se necessário ampliar as ações, desconstruir estruturas, recriar o espaço social, inundar o imaginário regional com o mar de símbolos da revolução modernizante, e, como diz Tavares (1993), levar adiante uma "modernização conservadora" em conformidade com as necessidades dos ajustes do regime de acumulação.

4.5 A EXPLICITAÇÃO DA NATUREZA INSTÁVEL DO REGIME DE ACUMULAÇÃO E O ESPAÇO PARA O DISSENSO – BALANÇO E PERSPECTIVAS DOS PROGRAMAS DE AJUSTE ESTRUTURAL

A leitura que o GBM fez do sucesso dos Tigres Asiáticos colocou a instituição em uma situação bastante delicada, quando em 1997 estourou a crise na região. Assim como ocorrera na América Latina, o Leste e o Sudeste Asiáticos sentiram o vendaval das finanças globalizadas, à diferença de que lá era necessário encontrar novas razões, que não as costumeiras referências ao populismo latino.

O problema das instituições de Bretton Woods agravara-se em termos de perdas no grau de legitimidade dos programas de ajuste estrutural. A crise asiática trazia para o primeiro plano a natureza instável de um regime internacional desregulado, cujos interesses do capital financeiro tinham a capacidade de se sobrepor às políticas de pleno emprego, ao manejo das políticas públicas por parte dos Estados. A crise asiática tornou-se mais emblemática por abrir espaço para um dissenso interno, em que se sobressaiu o então economista chefe do GBM, Joseph Stiglitz.

A questão central é que se algo havia dado errado na Ásia, era justamente a adoção de políticas recomendadas pelas instituições multilaterais.

Antes de refletir sobre a crise, contudo, talvez seja razoável pensar que o discurso construído pelo GBM ao longo dos anos 1980, em que a Coreia aparece como o modelo para a periferia capitalista, tenha cometido várias omissões. Wade (1996)[27] já havia demonstrado como o trabalho seminal de 1993 do GBM sobre o desenvolvimento asiático *(The East Asian Miracle)* era uma peça ideológica a serviço dos interesses do sócio-majoritários do GBM.

Produto das pressões do Japão – país que passou a ocupar o segundo lugar na hierarquia do Banco – o estudo deveria servir como um contraponto à visão dominante de que o desenvolvimento asiático fora conquistado por uma opção firme pelo livre mercado.

Segundo Wade (op. cit.), as razões que levaram o Japão a pressionar o GBM para promover um estudo que contrastasse com a própria visão do Banco tinha um pano de fundo composto de quatro elementos: (1) a crença de que o modelo de desenvolvimento fora exitoso por sua ênfase no capital produtivo, e não no financeiro; (2) a crença no crédito direto e no dirigismo estatal; (3) o desejo de expandir sua influência na Ásia; e o mais importante, (4) uma forma de demonstrar poder político, tentando dobrar a visão do GBM.

---

[27] As opiniões de Robert Wade tornaram-se mais relevantes por representarem o dissenso. Wade fora colaborador do GBM e acompanhara de perto as disputas internas em torno do projeto.

Para o GBM, a promoção de um estudo com essa perspectiva mexia com a balança interna do poder e desafiava os principais argumentos levantados a favor da estratégia liberalizante – "se o Banco abraçasse a visão japonesa, iria de encontro à estratégia e do poder diplomático dos Estados Unidos, o qual havia usado o Banco como um instrumento de sua própria infraestrutura externa de poder num grau maior que qualquer outro Estado" (Ibid., p.15).

O estudo teria que de alguma forma atender aos interesses do Japão, mas, acima de tudo, não poderia ferir as estratégias do hegemon. Em outras palavras, segundo Wade (op. cit.), o estudo forçosamente foi levado a cabo como maneira de atender às pressões japonesas, mas o controle intelectual ficou com figuras-chave do núcleo duro neoclássico: Lawrence Summers, Nancy Birdsal e John Page.[28]

Nesse aspecto, o estudo foi dirigido com a sugestiva orientação: "o Mercado é inocente até que se prove que é culpado, o governo é culpado até que se prove inocente (Ibid., p.26). As disputas internas do Banco refletiram-se em disputas dentro do governo norte-americano. O estudo foi publicado em 1993, mesmo período em que começaram as pressões para que os países asiáticos adotassem medidas de liberalização no setor financeiro e na conta de capital do balanço de pagamentos, mostrando que a orientação neoliberal, com seus notórios vínculos com Wall Street e o Departamento do Tesouro, estava fortalecida dentro da administração democrata.

Nesse ano, Stiglitz era presidente do Conselho de Consultores Econômicos[29] de Bill Clinton e relatou a disputa interna da seguinte forma:

> As sementes da calamidade tinham sido plantadas. No início dos anos 1990, os países do leste asiático tinham liberalizado suas finanças

---

[28] Segundo Wade (op. cit.), os três principais membros do estudo seriam deslocados posteriormente para importantes posições na estrutura de poder dos Estados Unidos: Summers, para o Departamento de Tesouro da gestão Clinton; Birdsall, para a vice-presidência do BID; e John Page, para ser chefe-economista do Banco para o Oriente Médio.

[29] "[...] comitê composto por três especialistas indicados pelo presidente dos Estados Unidos para fornecer orientação econômica às divisões do poder executivo do governo norte-americano" (Stiglitz, 2002, p.12).

e seus mercados de capitais – não porque eles precisassem atrair mais fundos (as taxas de poupança eram de 30 por cento ou mais) mas por pressão internacional, incluindo-se alguma do Departamento do Tesouro Americano. [...] O Tesouro empurrou a liberalização na Coreia do Sul em 1993 mesmo com a oposição do Conselho de Assessores Econômicos. (2000)

A supremacia da "alta finança"[30] acompanhou a retomada da hegemonia norte-americana e foi um de seus elementos principais de afirmação. De Reagan a Clinton, o discurso dominante e a orientação da política externa na área econômica foi sempre na direção da abertura dos mercados, com grande ênfase na liberalização do setor de serviços e nos temas relativos ao investimento internacional.

> Desde a administração Reagan, o governo dos Estados Unidos tem acreditado fortemente que os interesses financeiros americanos seriam grandemente beneficiados pela liberalização dos movimentos de capital e tem feito esforços concertados para abrir as economias estrangeiras para esses investimentos. A administração Clinton, liderada pelo secretário do Tesouro Robert Rubin e seu assessor Lawrence Summers, sustentou entusiasticamente esses esforços levando-os adiante. A administração adotou uma estratégia de usar a economia como um instrumento de política externa e fez da abertura mundial para o movimento de capitais Americanos um objetivo chave de sua estratégia. (Gilpin, 2000, p.135)

É por isso que insisto na tese de que o ajuste das economias periféricas, em última instância, é o produto do ajuste das economias centrais. Um processo que não ocorre do dia para noite, mas que rapidamente se espalhou por meio da instrumentalização das instituições de Bretton Woods.

A crise asiática foi a sequência da crise do México, e, por sua vez, antecederia uma série de crises: a Rússia em 1988, o Brasil em 1999, a Argentina e a Turquia em 2001. Quantas mais virão? O sistema mostra-se instável, basta ver a recorrência das crises,

---

[30] Sobre o termo "alta finança", ver Polanyi, em *The Great Transformation*.

mas o mais importante é que ele é uma fonte permanente de instabilidade social e política.

Sua força consiste na capacidade impressionante de criação de riqueza em sua forma mais abstrata e pela sustentação política subjacente, localizada nos interesses do hegemon e da alta finança. Disso decorre que sua fraqueza também reside nesses dois aspectos, pois do ponto de vista da riqueza abstrata, assim como cria fortunas da noite para o dia, promove verdadeiras quebradeiras com velocidade ainda maior. Sob o ângulo político, que hegemonia é essa que produz benefícios quase exclusivos, em detrimento da maior parte dos Estados nacionais? É possível que um sistema assim possa funcionar sem que tenhamos o acirramento dos conflitos internacionais, sem que a *supremacia moral* do hegemon seja seriamente questionada? Qual é o alcance do dissenso que se verificou dentro das altas rodas do comando internacional?

São perguntas que estão na ordem do dia, mas que acima de tudo revelam que as crises desnudaram a crença no fim dos ciclos econômicos, que viveríamos em um mar de prosperidade e que o sistema, alicerçado na liberdade plena para o capital, funcionava a contento. O dissenso que se apresentou no interior do governo norte-americano, bem como no Banco Mundial, não foi capaz de mudar os rumos da estratégia externa dos Estados Unidos. No GBM, ao mesmo tempo que as discussões sobre a Ásia e sobre a Rússia cresciam, os documentos mais significativos produzidos e veiculados pelo escritório do Banco na América Latina indicam que a confiança no livre mercado, no discurso do programa político neoliberal, não sofreu abalos consistentes. Toda preocupação com a questão institucional estava e está ancorada em uma abordagem teórica bastante conhecida do GBM. O que chama a atenção é maneira como o programa de reformas ganhou amplitude à medida que as crises se avolumavam.

As reformas institucionais, ou os programas de ajuste estrutural a elas vinculados, passaram a compreender não apenas a problemática da legislação trabalhista, mas também a reforma do judiciário, do sistema educacional, da previdência, da saúde, dos direitos de propriedade, do sistema político, enfim, do conjunto da vida institucional dos países latino-americanos.

Que reformas eram e são necessárias, isso é inegável, posto que a realidade latino-americana é ilustrativa da má distribuição de renda, da privatização secularizada do Estado, do cerceamento das liberdades como um processo recorrente, de um pacto elitista que criou as bases de um capitalismo excludente. Olhe-se para qualquer dos quadrantes do mapa latino-americano e se enxergará esta história. As diferenças são significativas, é bem verdade, embora não sirvam para mascarar os aspectos fundantes da condição periférica como elemento intrínseco do desenvolvimento regional.

Na trajetória histórica desses povos, vê-se uma tensão permanente entre o desejo de autodeterminação e os obstáculos externos e internos desta conquista. É nesse sentido que, do ponto de vista metodológico, há uma necessidade urgente de voltarmos à questão original do pensamento crítico latino-americano, de nos pensarmos como região, como possibilidade de estruturação de um projeto regional, que certamente não se localiza na criação de uma Área de Livre Comércio das Américas (Alca) – esta sim um golpe fatal para qualquer pretensão de um desenvolvimento capaz de conciliar o crescimento com a equidade.

Precisamos pensar em um processo que implique a desprivatização do Estado, o que significa concluir a transição republicana e aprofundar a democracia. Será preciso ir além e contra o Consenso de Washington. Que Estado que emerge do propalado "consenso latino-americano" erigido pelo GBM e expresso em seus documentos? Em que sentido a absorção de instituições *"oriented-market"*, aliadas ao projeto de *"exported-oriented"* poderá nos auxiliar na superação do déficit democrático, social, tecnológico e financeiro que nos aflige?

As propostas pós-Consenso (de Washingnton) que o GBM apresenta caminham em dois sentidos: restrição do acesso às decisões econômicas e descentralização do Estado. A primeira é o que dá sentido ao projeto das reformas institucionais e resulta no enfraquecimento do Estado, uma vez que se jogam os destinos da política econômica na mão dos setores rentistas do capital internacional, dos grandes conglomerados internacionais, e acaba-se por concentrar mais ainda o excedente. As propostas de descentralização, embora não remetam necessariamente ao cerceamento da democracia, podem fragmentar a costura de um projeto coordenado e a elaboração de políticas estratégicas internas e externas, à medida que fomentam a competição entre as unidades locais (províncias, estados e municípios).

As propostas de reforma institucional visam a criação de um ambiente *harmonioso* com relação às mudanças ocorridas no plano internacional. Em outras palavras, adaptar as instituições locais ao processo de globalização. Nisso, as crises financeiras, na perspectiva do GBM, vieram para corroborar a fraca institucionalidade das economias periféricas. Estranhamente, mesmo as instituições asiáticas se mostraram fracas. A resposta do GBM para esta questão é rápida: um bom ambiente macroeconômico não se faz só com boas políticas macroeconômicas, mas com instituições que as sustentem (Burki e Perry, 1998, p.3). Pois bem, até aqui fica o dito pelo não dito. Qual ambiente, quais políticas, para quem?

Se o suposto é um mundo com plena liberdade para os fluxos de capital, sobra pouco em termos de capacidade adaptativa diante das possibilidades especulativas que se abrem e do enorme poder de veto que se cria para os detentores da riqueza líquida. Nesse aspecto, partilho a ideia de que o regime de acumulação que aí está se apresenta de forma instável, não porque as instituições não estejam preparadas para os desafios criados pela globalização, mas porque há um conflito entre a apropriação do excedente por parte dos grupos rentistas internacionais e a perseguição de políticas de pleno emprego. Conflito esse que se cria pela forma como se desenvolve a concorrência interestatal, ou seja, pelo interesses conflitantes do hegemon e da periferia. A admissão da incompatibilidade entre as políticas de pleno emprego e a liberdade plena para a alta finança era um dos pressupostos de Bretton Woods; as políticas atuais caminham no sentido contrário.

> A orientação de Keynes sobre o FMI, que enfatizava os fracassos do mercado e o papel do governo na criação de empregos, foi substituída pelo mantra do livre mercado da década de 1980, parte de um novo "Consenso de Washington" – um consenso entre o FMI, o Banco Mundial e o Departamento do Tesouro dos Estados Unidos com relação às políticas "certas" para os países em desenvolvimento –, que demonstrava uma abordagem radicalmente diferente para o desenvolvimento econômico e a estabilização. (Stiglitz, 2002b, p.43)

Mesmo diante da gravidade da crise asiática – e da presença de Stiglitz no Banco –, as propostas apresentadas para a América Latina permaneceram fiéis aos reclamos do Tesouro norte-americano e das finanças internacionais. A abertura do setor bancário ao capital internacional não é justificada somente em termos de convergência das taxas de juros, algo que seria uma apreciação convencional da teoria do investimento internacional, mas como uma forma de forçar a melhoria institucional, senão vejamos:

> O processo real de incremento da presença dos bancos estrangeiros nos mercados domésticos incentiva a melhoria dos sistemas de supervisão nacionais e suas convergências em direção aos padrões internacionais, aumentando a velocidade de coordenação entre os países. Dadas as assimetrias de informação, se os depositantes tiverem uma escolha entre os bancos domésticos e estrangeiros eles irão escolher os bancos que são supervisionados de uma forma mais efetiva. Isso criará um incentivo para os bancos nacionais e as autoridades de supervisão para melhorar a supervisão com o intuito de atrair depositantes. (Burki e Perry, 1998, p.54)

Boas instituições são aquelas que, em síntese, produzem um ambiente seguro para os negócios, que diminuem custos de transação e que, acima de tudo, protejam a *sociedade civil* do poder das burocracias, dos *rent sekkers*. Com relação ao sistema financeiro, a ninguém interessa que seja fraco, pois um dos problemas mais sérios que uma sociedade pode enfrentar é uma crise de pagamentos, mas volto a insistir: é possível criar um sistema estável sem controles sobre a conta de capital? No modelo construído para o Banco, há uma identidade entre a proteção aos direitos de propriedade e o bom funcionamento do sistema; nesse aspecto, um sistema financeiro *reprimido* tenderia a afugentar os investidores e a produzir uma alocação ineficiente do excedente. A abertura da conta de capital seria uma forma de garantir os direitos de propriedade, o que, por sua vez, criaria incentivos para a atração de capital. Bom para os detentores da riqueza, bom para a periferia. O que as crises têm demonstrado é o contrário. "A liberalização dos mercados de capitais tem sido imposta apesar de não haver nenhuma prova que demonstre que ela estimula o crescimento econômico." (Stiglitz, op. cit., p.43)

Ir além do Consenso de Washington não significou abandonar a visão dominante, ou retroceder em termos de liberalização do sistema financeiro, ponto sensível do avanço *aberturista*. Talvez seja necessário um ajuste aqui e um acolá; ajustes de tempo e de movimento, nas táticas e nas estratégias, mas reafirmando o conteúdo expresso pelas decisões de Washington.

É fundamental entendermos esses vínculos estruturais e as discussões internas no interior do hegemon, para termos claro quem foram os ganhadores e os perdedores e quais foram as consequências disso em termos da política institucional para a região. Como procurei demonstrar nos parágrafos acima, as disputas internas no hegemon resultaram na prevalência das opiniões do Tesouro e de Wall Street.

Essa vitória representou para a América Latina uma política mais profunda em termos de mudança, ao menos no que tange às proposições reformistas; algo que certamente passou por diferenças em termos de amplitude e tempo da adoção das reformas conforme o país que se queira analisar. Não obstante essas diferenças, a convergência foi grande e os resultados em termos de crescimento e as recompensas em termos de bem-estar não foram substanciosos, nem aqui nem em qualquer parte do mundo que tenha sido capturada pela onda das desregulamentações (a exceção foram os Estados Unidos da América).

Após a segunda metade dos anos 1990, em meio ao processo turbulento de crises, o maior país da América Latina só fez aprofundar o caminho dos ajustes. O Brasil foi a *bola da vez*, tanto no que se refere à continuidade dos programas regionais, como no que concerne à captura na rede da alta finança. Um ponto de destaque das reformas foram os movimentos de alienação patrimonial e investidas externas em termos de aquisições. Também na área financeira muito se fez. A liberalização cambial já vinha desde o final dos anos 1980, mas a permissão para a entrada de bancos estrangeiros na área de varejo foi obra do governo Fernando Henrique Cardoso.[31]

As reformas no Brasil foram acompanhadas pela mesma receita aplicada aos outros países da região. A diferença é que o

---

[31] Sobre a reforma do sistema financeiro e sua maior internacionalização, ver Minella (2001).

Brasil chegara atrasado ao processo. Dado o volume de ativos a negociar e o tamanho do mercado interno, o país conseguiu atrair recursos suficientes para manter um programa de estabilização ancorado no câmbio até 1999. A queda da inflação foi o grande trunfo em termos de legitimidade do governo para a intensificação dos programas de *reformas* estruturais. Os custos também foram elevados, com um crescente déficit em transações correntes e deterioração do quadro fiscal interno, mesmo que o esforço arrecadador tenha contribuído para a geração de superávits primários significativos.

Embora as reformas tenham prosseguido com bastante ímpeto e as relações do governo brasileiro com as instituições multilaterais tenham sido de grande proximidade, como ocorrera com a Argentina, o país não ficou livre de assistir a mais uma crise cambial.

As crises na América Latina, Europa do leste e Ásia empurraram os programas de ajustamento estrutural do GBM para a necessidade de auxiliar o FMI na tarefa de emprestador de última instância. O círculo fechou-se em uma intrincada rede de supervisão e monitoramento das economias latino-americanas, que iniciaram o novo século com dificuldades semelhantes àquelas enfrentadas no início dos anos 1980. Esta dupla combinação de aumento do grau de influência das instituições financeiras multilaterais (IFMs) e a falta de perspectivas no curto prazo deixa um rastro de instabilidade política e social, que em última instância pode ser convertida em instabilidade institucional.

A trajetória dos programas de ajuste na segunda metade dos anos 1990 pode ser bem demonstrada pela divisão dos recursos entre os países e pelos tipos de condicionalidades associados.

Quadro 4.5.1: Empréstimos de ajustamento do GBM (1980-2000) em volume (US$ mi) e percentual.

Categoria	FY80	FY85	FY90	FY95	FY99	FY00
Total de empréstimos do BIRD e AID	11.482	14.384	20.702	22.522	28.994	15.277
Empréstimo de ajustamento	425	1.608	5.479	5.324	15.326	5.107
Empréstimo de ajustamento em % do total	3,7	11,2	26,5	23,6	52,9	33,4
Número de empréstimos	6	14	33	30	48	23

Fonte: Cálculos do *staff* do World Bank baseado nos dados do Structural Adjustment Program, apud World Bank, 15 jun. 2001.

O crescimento da participação dos programas de ajustamento estrutural do GBM está associado ao aumento da agenda das reformas, como fica expresso na introdução das temáticas relativas às reformas institucionais. O que se percebe, também, é um aumento significativo no volume, bem como na participação, associados às crises financeiras depois de 1995. Ambas estão interligadas, pois as crises foram oportunidades abertas para uma revisão em termos de amplitude das reformas, tanto quanto para o aumento do grau de influência das IFMs.

A relação entre as crises e a distribuição dos recursos fica evidente quando analisamos os dados relativos à concentração espacial da distribuição desses recursos, como segue abaixo.

Quadro 4.5.2: Principais tomadores de recursos dos programas de ajustamento estrutural (US$ mi).

País	FY80-89	País	FY90-00
México	3,415	Argentina	7,055
Turquia	2,995	República da Coreia	7,000
Argentina	1,550	Federação Russa	6,200
Filipinas	1,452	México	5,951
Marrocos	1,285	Indonésia	2,850
Nigéria	1,202	Peru	2,133
Brasil	1,155	Costa do Marfim	2,055
Bangladesh	1,063	Brasil	2,021
Paquistão	1,038	Ucrânia	2,010
Indonésia	950	Tailândia	1,750

Fonte: Cálculos do *staff* do World Bank baseado nos dados do Structural Adjustment Program apud World Bank, 15 jun. 2001.

Quadro 4.5.3: Participação dos programas de ajuste estrutural por grupo de renda (% volume de recursos).

	1980-4	1985-9	1990-4	1995-7	1998-9	2000
Renda baixa	33	34	39	22	20	17
Renda média baixa	23	21	30	52	30	25
Renda média alta	45	45	31	26	50	58

Fonte: Cálculos do *staff* do World Bank baseado nos dados do Structural Adjustment Program apud World Bank, 15 jun. 2001.

Cruzando as informações das tabelas apresentadas, verifica-se que, até o final da década de 1980, foi grande a participação dos países com "renda média alta" na captura dos recursos. Isso é o resultado da crise da dívida, que somente a partir de 1989 começa a ser resolvida, em função da introdução do plano Brady. Do início até meados dos anos 1990, a tendência verificada é de queda na participação desse grupo de renda, porém quando emergem as crises financeiras o volume de recursos cresce acentuadamente. Como se observa no quadro relativo aos desembolsos do GBM, no ano de 1999, o volume de recursos destinados aos programas de ajustamento estrutural supera a metade do total de empréstimos da instituição.

A crise asiática foi emblemática da virada em termos de destino de recursos e, observando os quatro países que mais captaram recursos para ajustamento na década de 1990, ou seja, Argentina, Coreia, Federação Russa e México, nota-se que a relação entre as crises financeiras e o destino dos recursos fica claramente estabelecida.

A modalidade dos instrumentos destinados aos programas também sofre alterações durante as duas décadas em análise. Durante os anos 1980, existiam dois tipos de instrumentos, os *Structural Adjustment Lendings* (SALs) e os *Sectorial Adjustment Lendings,* porém, na década de 1990, surgiram três tipos de linhas de empréstimo, conforme se verifica no Quadro 4.5.4.

A introdução dos novos instrumentos teve como perspectiva dar respostas às necessidades de financiamento dos novos *entrantes* (SSALs), a uma melhor maneira de supervisionar o destino das reformas (PSALs) e à importância assumida pelas unidades subnacionais (SNALs).

No caso dos SSALs, os fatores determinantes foram a crise asiática e o volume de recursos, bem como a importância estratégica dos demandantes. O programa foi estendido para outras regiões, como a América Latina, e, das novas linhas de financiamento, foi a que absorveu o maior volume de recursos (ver Quadro 4.5.5).

Os PSALs, por serem programas de longa duração e desembolso sequencial, permitem um amplo escopo de reformas e uma supervisão mais detalhada. Os SNALs, por sua vez, são o

Quadro 4.5.4: Quadro-síntese dos tipos de ajustamento.

Tipo	Finalidade
Structural Adjustment Loans (SALs)	Apoio às reformas promotoras do crescimento, do uso eficiente dos recursos e do equilíbrio de médio e longo prazos do balanço de pagamentos
Sector Adjustment Loans (SECALs)	Suporte à mudança de políticas e reformas institucionais em setores específicos
Special Structural Adjustment Loans (SSALs)	Empréstimos destinados a situações específicas de necessidade de financiamento externo, tanto para prevenir a erosão da credibilidade externa como para mitigar efeitos de choques externos
Programatic Structural Adjustment Loans (PSALs)	Consiste em empréstimos plurianuais para programas de reformas institucionais ou construção institucional; são programas de maior duração, de três a cinco anos, que focalizam o fortalecimento em termos de governança, processos orçamentários e programas sociais
Subnational Adjustment Loans (SNALs)	Destinados ao fortalecimento institucional no plano subnacional

Fonte: World Bank Adjustment Retrospective (Final Report), p.8.

Quadro 4.5.5: Tipos de empréstimos para ajustamento e participação relativa (1980-2000).

	1980-1989	1990-1997	1998-2000	1980-2000
SAL	36	38	61	45
SECAL	64	48	19	43
PSAL	0	0	2	1
SSAL	0	0	16	5
SNAL	0	0	2	1
DRL(a)	0	7	0	3
RIL(a)	0	7	0	3
Total	100	100	100	100

(a) Debt Reduction Loans (DRLs) e Rehabilitation Loans (RILs).
Fonte: World Bank Adjustment Retrospective (Final Report), p.8.

produto da importância crescente que as Unidades Estaduais e as Províncias adquiriram a partir dos programas de descentralização do Estado que ganharam ímpeto na década de 1990; tais programas contaram com amplo suporte do GBM.

Durante as duas últimas décadas, os governos subnacionais aumentaram em importância – por exemplo, na Índia, América Latina, países da antiga União Soviética e China. Frequentemente, os serviços que são importantes para as pessoas pobres – por exemplo, autoestradas, sistemas de irrigação, sistemas urbanos de transporte, serviços sociais e agricultura extensiva – são de responsabilidade dos estados ou das municipalidades, e o governo nacional tem pouca autoridade para implantar reformas ou financiar os custos das reformas. O empréstimo direto para o governo responsável oferece uma forma de suportar melhorias no direcionamento deses serviços. Por essa razão o Banco introduziu os SNALs. (Ibid., p.10)

Sob esse aspecto, é importante observar como os programas de *reformas* estruturais vão promovendo pouco a pouco o esvaziamento das estruturas de decisão centrais de poder dos Estados nacionais, que são transferidas ou para baixo ou para cima – no caso, para as organizações multilaterais.[32]

Do ponto de vista das condicionalidades, os programas tiveram alterações importantes entre as décadas de 1980 e 1990. Como já salientado, as reformas caminharam para a questão institucional e ganharam relevância o setor público, as privatizações e o setor financeiro. A participação das políticas de curto prazo ou relativas a preços e comércio ficaram ofuscadas pela emergência da temática institucional.

---

[32] "A globalização financeira, a liberalização da economia mundial, a internacionalização das atividades econômicas limitam a possibilidade de ação do Estado, que tem seu poder erodido em duas direções: para baixo, transferindo-se competências para as coletividades locais: construção escolar, formação profissional, serviços urbanos, saúde e assistência social etc.; para cima, os Estados nacionais cedem parte de suas competências a outros tipos de organizações: Grupo dos Sete (G-7), Acordo Geral de Tarifas e Comércio (Gatt), Organização Mundial do Comércio (OMC), Comissão Europeia etc. O Estado nacional deixa de ser a fonte única do direito e das regulamentações. Prerrogativas reguladoras (deliberações sobre política econômica, monetária, cambial, tributária etc.) são transferidas para administrações supranacionais, que aparecem como as guardiãs de uma racionalidade superior, imunes às perversões, limites e tentações alegadamente presentes nos sistemas políticos identificados com os Estados nacionais" (Moraes, 2001, p.39).

Quadro 4.5.6: Evolução das condicionalidades por setor.

	1980-1988	1989-1994	1995-1997	1998-2000
Comércio, política cambial e monetária	31	30	25	12
Infraestrutura	22	12	8	5
Setor social	3	8	9	18
Setor público	15	17	16	24
Setor privado e financeiro*	28	34	43	41

* Nesse setor, encontram-se as privatizações e as reformas do setor financeiro.
Fonte: Adjustment Lending Conditionality and Implementation Database (Alcid) apud World Bank, 15 jun. 2001, p.23.

O foco das condicionalidades a partir de 1995 não pode ser separado do quadro das crises financeiras. Assim, verifica-se uma forte ligação entre as crises e os desembolsos exigindo como contrapartida reformas nos setores financeiro, social e público.

Embora declinantes, as políticas ligadas à gestão dos instrumentos de política econômica ainda ocuparam um lugar de destaque até 1997. A tendência verificada direcionou-se para uma abordagem mais generalista.

> Em termos de desenho de programa, as operações recentes de ajustamento com foco na gestão econômica têm sido tipicamente suportadas por um trabalho setorial e econômico amplo, frequentemente acompanhado por assistência técnica para melhoria fiscal e gestão moderna da dívida, contabilidade e tecnologia de informação. Empréstimos recentes tem considerado um amplo leque de aspectos econômicos, incluindo reformas no mercado de trabalho e crescente foco na política fiscal. (World Bank, 15 jun. 2001, p.44)

Essa tendência também se coaduna com a perspectiva geral de ênfase nas reformas institucionais. Os dados a seguir mostram esse comportamento. Também os Relatórios sobre o Desenvolvimento (WDR) de 1995 em diante tratam cada vez mais de temas relacionados às mudanças no plano das instituições e nos sistemas de regulações (serviços, investimentos, relação capital-trabalho etc).[33]

---

[33] O Relatório sobre o desenvolvimento mundial de 2002 tem como tema central a temática das instituições: Building Institutions for Markets.

Quadro 4.5.7: Condicionalidades relativas à gestão econômica (%; 1980-2000).

	1980-1988	1989-1984	1995-1997	1998-2000
Política comercial	53	36	29	17
Inflação e taxa de juros	10	10	4	4
Regime cambial	10	8	4	2
Déficit orçamentário	7	10	18	12
Controle de preços e política salarial	10	15	15	11
Políticas macro/fiscal em geral	10	22	29	54

Fonte: Adjustment Lending Conditionality and Implementation Database (Alcid) apud World Bank, 15 jun. 2001, p.44.

As condicionalidades relativas ao que o Banco chama de "desenvolvimento do setor privado" concentraram-se em medidas cuja finalidade foi criar um ambiente institucional pró-mercado que possibilitasse a diminuição dos custos de transação. Nesse sentido, mereceram destaque as privatizações e as mudanças no marco regulatório, permitindo a retirada de barreiras à entrada, bem como a criação de incentivos por meio de garantias de direitos de propriedade.

Nos anos 1980, um dos objetivos maiores do Banco foi estabelecer incentivos para o desenvolvimento do setor privado por meio da estabilidade macroeconômica e preços relativos apropriados. Empréstimos de ajustamento para a liberalização comercial, remoção de preços e controles de câmbio e liberalização financeira setorial foram levados em consideração. A despeito dessas reformas, muitos países fracassaram na atração de investimento privado significativo; isso sugere que a estabilização macroeconômica e a reforma de preços relativos eram necessárias, mas não suficientes para um crescimento eficiente comandado pelo setor privado. A agenda da reforma então se expandiu, enfatizando reformas microeconômicas e institucionais para construir ou melhorar os mercados, removendo constrangimentos governamentais e integrando melhor as políticas reformistas. Um amplo leque de procedimentos, regulamentações e reformas legais vieram no sentido de remover barreiras de entrada e saída, reduzindo a rigidez dos mercados, simplificando sistemas de impostos, facilitando os direitos de propriedade e modificando as restrições de comércio. No meio dos anos 1990, com os países em desenvolvimento diante dos desafios da globalização e da volatilidade dos fluxos de capital, o Banco incentivou medidas para aumentar a competitividade e a integração global. Na sequência da crise do leste asiático, a ênfase mudou dos incentivos para a boa governança, reestruturação corporativa e do montante de débitos. (World Bank, op. cit., p.56)

As áreas em termos de condicionalidades nesse item podem ser vistas no quadro a seguir.

Quadro 4.5.8: Condicionalidades relativas ao desenvolvimento do setor privado.

	1980-1988	1989-1994	1995-1997	1998-2000
Gestão financeira	21	13	9	6
Trabalho, emprego e outras políticas do setor privado	6	3	2	2
Estrutura regulatória e políticas de competição	7	14	8	32
Privatização, reestruturação e gestão	67	70	81	60

Fonte: Adjustment Lending Conditionality and Implementation Database (Alcid) apud World Bank, 15 jun. 2001, p.57.

O aumento das condicionalidades, como também do escopo das reformas demonstra uma necessidade imperiosa de se responder às frustrações dos programas de ajustamento, os quais não se converteram em melhorias das condições de vida, tampouco em crescimento econômico. Em última instância, as reformas institucionais representaram – e representam – uma tentativa de se criar um ambiente normativo de preservação das *conquistas* em termos de liberalização de desregulamentação.

As taxas de crescimento do PIB na América Latina despencaram na década de 1980. Mesmo depois da conquista do controle inflacionário, a partir dos anos 1990, não se pode verificar uma melhora significativa, como se vê nos quadros 4.5.9 e 4.5.10.

As cifras de crescimento do produto mostram um comportamento de extrema dependência quanto ao fluxo externo de recursos. Como os programas implementados na região aprofundaram a internacionalização financeira e produtiva, a necessidade de financiamento externo tornou-se um ponto de estrangulamento durante a década de 1990. Enquanto os fluxos foram regulares e crescentes, até meados da década, as taxas de crescimento obedeceram a uma trajetória similar de crescimento e regularidade, porém a partir das crises financeiras da segunda metade dos anos 1990 os fluxos ficaram cada vez mais escassos (ver Quadro 4.5.11), o que refletiu na irregularidade das taxas de crescimento e em sua tendência de queda.

Quadro 4.5.9: Crescimento do PIB para dezessete países da América Latina, por décadas.

	1950s	1960	1970	1980
Argentina	2,9	4,4	2,8	-0,6
Bolívia	0,5	5,6	3,9	0,2
Brasil	6,8	6,1	8,7	1,7
Chile	4,0	4,3	2,7	3,2
Colômbia	4,7	5,2	5,4	3,7
Costa Rica	7,3	6,8	5,5	2,3
República Dominicana	5,8	5,4	7,1	2,5
Equador	5,0	4,8	9,0	1,8
El Salvador	4,7	5,7	2,7	-0,3
Guatemala	3,8	5,5	5,7	0,9
Honduras	3,1	5,0	5,7	2,4
Jamaica	8,1	4,4	-0,7	2,1
México	6,1	7,1	6,7	1,9
Paraguai	2,8	4,7	8,7	3,1
Peru	5,5	5,1	3,9	-0,8
Uruguai	2,2	1,6	3,1	0,2
Venezuela	7,6	6,0	1,9	-0,5
LAC	4,8	5,2	4,9	1,4

Fonte: Cepal, baseado em figuras oficiais. Apud Paunovic, 2000, p.10.

Quadro 4.5.10: Crescimento do PIB para dezessete países da América Latina (1990 a 2001).

	1990	1991	1992	1993	1994	1995	1996	1997	1998	1999	2000	1990-2000	2001
Argentina	-1,3	10,5	10,3	6,3	8,5	-5,8	4,8	8,6	3,8	-3,4	-0,6	3,8	-4,5
Bolívia	4,6	5,3	1,6	4,3	4,7	4,7	4,7	4,2	5,2	0,4	1,8	3,8	1,3
Brasil	-3,7	1,0	-0,5	4,9	5,9	4,2	2,8	3,2	0,3	0,9	4,3	2,1	1,5
Chile	3,7	8,0	12,3	7,0	5,7	10,6	7,4	7,1	3,6	-0,1	4,9	6,4	2,8
Colômbia	4,3	2,0	4,0	5,4	5,8	5,8	2,1	3,1	0,5	-4,1	2,7	2,8	1,5
Costa Rica	3,6	2,3	7,7	6,3	4,5	2,4	-0,6	3,2	8,3	8,1	1,7	4,3	1,0
República Dominicana	-5,8	1,0	8,0	3,0	4,3	4,8	7,3	8,1	7,3	8,0	7,3	4,8	2,7
Equador	3,0	5,0	3,6	2,0	4,4	2,3	2,0	3,4	1,0	-9,5	2,8	1,8	6
El Salvador	4,9	3,6	7,4	7,4	6,0	6,3	2,0	4,0	3,8	3,3	2,0	4,6	1,9
Guatemala	3,1	3,7	4,8	3,9	4,0	4,9	3,0	4,1	5,1	3,9	3,1	3,9	1,8
Honduras	0,1	3,3	5,6	6,2	-1,4	4,3	3,7	4,9	3,3	-1,5	5,0	2,7	2,7
Jamaica	4,1	0,8	1,8	1,3	1,0	2,2*	-1,9	-1,4	-1,0	0,7	0,5	0,7	1,8
México	5,1	4,2	3,6	2,0	4,4	-6,2	5,2	7,0	5,1	3,6	6,8	3,7	-0,4
Paraguai	3,1	2,5	1,8	4,1	3,1	4,7	1,3	3,5	-0,6	-0,1	-0,6	2,1	2,4
Peru	-3,2	2,9	-1,6	6,4	13,1	7,3	2,5	7,2	-0,5	0,9	3,0	3,5	0,2
Uruguai	0,9	3,2	7,9	3,0	6,3	-1,8	5,3	5,1	4,4	-2,9	-1,5	2,7	-2,9
Venezuela	6,5	9,7	6,1	0,3	-2,4	3,7	-0,4	5,1	0,7	-5,8	4,0	2,5	2,8
Total	1,9	4,0	4,9	4,3	4,6	3,2	3,0	4,7	2,9	0,1	2,7	3,3	1,1

Fonte: Até 1997, dados do FMI (World Economic Outlook, 1997); * Cepal (2002); a partir de 1997, Cepal (2002).

Quadro 4.5.11: Transferência líquida de recursos – América Latina (países selecionados) – US$ mi.

	1990	1993	1994	1995	1996	1997	1998	1999	2000
Argentina	-5830,7	9416,4	8145,0	446,7	5259,1	9391,7	10653,2	5766,6	1828,7
Brasil	-7345,5	-1713,6	-896,0	19598,7	19743,0	6242,0	7285,0	-1273,0	4490,0
Chile	868,1	1070,0	2004,4	-625,9	1951,7	4175,1	29,1	-2551,1	-1180,9
México	2395,9	18426,6	-992,0	-1464,0	-9338,9	5170,4	4944,5	1661,3	6495,7
Peru	-138,6	1330,6	3729,1	3044,6	3721,8	3319,8	1140,4	-502,1	-140,5
América Latina	-17233,8	842,9	10687,2	19572,3	22903,3	33440,4	28300,2	-3158,4	1232,3

Fonte: Cepal: Statistical Yearbook for Latin America and Caribean (2001).

Para países que adotavam regimes cambiais rígidos, como Brasil e Argentina, a escassez de recursos resultou em crises cambiais, tanto mais drásticas quanto maiores eram os limites estruturais para a rolagem dos passivos externos e internos. Embora o Brasil ainda tenha sustentado seu modelo no afluxo de investimento externo direto (IED), que cresceu significativamente com os programas de privatizações em setores-chave (telecomunicações e infraestrutura em geral), o esgotamento do estoque de ativos representou um item a mais na vulnerabilidade externa, o qual se tornou a marca regional. No caso mexicano, as taxas de crescimento ficaram adicionalmente atreladas ao desempenho da economia dos Estados Unidos, principalmente a partir da entrada em vigor do Nafta.

O que torna o cenário mais delicado é a tendência de reversão dos fluxos líquidos em direção ao centro. A combinação da queda do nível de atividade nos países centrais, com uma nova onda protecionista que se instala na maior economia do mundo (Estados Unidos), indicavam que o início do novo século pode abrir uma nova rodada de ajustes regressivos, o que seria desastroso para a América Latina ante as baixas taxas de crescimento das duas últimas décadas.

No plano social, o quadro agravou-se em função do crescimento do desemprego em boa parte dos anos 1990. O *processo de modernização conservadora* não foi capaz de gerar um círculo virtuoso de crescimento e melhoria das condições de vida das populações dos países da região. Mesmo nos períodos de crescimento durante a década de 1990, a taxa de desemprego não cedeu; ao contrário, em vários países se verificou um aumento.

Quadro 4.5.12: Taxas de desemprego (áreas urbanas) na América Latina (1990 a 2001; países selecionados).

	1990	1994	1997	2000	2001
Argentina	7,4	11,5	14,9	15,1	17,4
Bolívia	–	3,1	4,4	7,6	8,5
Brasil	4,3	5,4	5,4	7,1	6,2
Chile	7,8	7,8	6,4	9,2	9,1
Colômbia	10,5	8,9	12,4	20,2	18,2
Equador	6,1	7,8	9,3	14,1	10,4
México	2,7	3,7	5,5	2,2	2,5
Peru	8,3	8,2	9,2	8,5	9,3
Uruguai	8,5	9,2	11,5	13,6	15,3
América Latina	5,8	6,6	7,6	8,4	8,4

Fonte: Cepal: Estúdio Económico de América Latina y el Caribe 2001-2 (2002) e Panorama Social de América Latina y el Caribe (2002).

A tendência que se verificou na ação do GBM com relação ao quadro de deterioração dos indicadores econômicos não foi animadora. A saída dos democratas e a eleição do governo republicano, com George W. Bush como presidente dos Estados Unidos, apontou para uma atitude externa mais agressiva nos planos militar, político e econômico, ao mesmo tempo que cresceram as medidas protecionistas no plano interno.[34,35]

O mais importante em um contexto como esse foi a verificação de que os programas de ajustamento criaram um ambiente

---

[34] A indicação de Anne Krueger como vice-presidente do FMI mostra que a administração Bush não estava disposta a retroceder na política de aumento do grau de influência das IFMs nos destinos dos países periféricos.

[35] Como pode-se verificar posteriormente, o quadro agravou-se a partir do 11 de setembro e da escalada belicista do governo George W. Bush. Paradoxalmente, a primeira década do século XXI seria marcada pelo rompimento de vários países em desenvolvimento com a trajetória liberal dos anos de ajustamento. Em boa medida os anos de chumbo dos ajustes serviram como aprendizado e previniram muitos governos contra novos ciclos de endividamento reforçando a necessidade de diminuir o grau de exposição externa para aumentar-se o nível de autonomia interna.

que diminuiu o poder dos Estados nacionais diante das influências externas. O agravamento da crise na América Latina facilitou uma atitude mais intrusiva por parte das IFMs, o que não significou decretar o fim de possibilidades alternativas no sentido da elaboração de políticas estratégicas que visassem a diminuição dos estragos produzidos pelo aumento da dependência externa. Ao contrário, embora a correlação de forças indicasse maior fragilidade do poder de negociação dos países periféricos, uma atitude passiva só fez agravar a situação.

Este capítulo buscou traçar a gênese dos programas de ajustamento nos anos 1990, relacionando-os ao que se convencionou chamar de "consenso latino-americano". Buscou-se verificar quais condições históricas possibilitaram a entrada da América Latina no contexto da *globalização*, focalizando o GBM como ator privilegiado desse processo. O próximo capítulo, buscará estabelecer o nexo entre a economia, o poder político e a influência externa.

5
Economia, poder e influência externa

Convém lembrar que a luta que travamos na Cepal foi também contra uma "academização" precoce da ciência que acaba sendo uma forma de subordinação a constrangimentos inibidores da criatividade: quem não usa certa linguagem e adota certos modelos é desqualificado, independentemente do que tenha a dizer. A ciência institucionalizada é sempre conservadora. Tome-se qualquer revista de economia "classe A" de língua inglesa: seus padrões de seleção dos artigos a publicar comportam um visível conteúdo ideológico. [...] A economia vai avançando na busca do formalismo, na adoção dos métodos que fizeram a glória das ciências naturais. Ora, o objeto de estudo das ciências sociais não é algo perfeitamente definido como um fenômeno natural, e sim algo em formação, sendo criado pela vida dos homens em sociedade. A ciência social admite a evidência de que a vida humana é, em parte significativa, um processo criativo consciente, o que implica postular o princípio da responsabilidade moral. (Celso Furtado, 1998)

Nas *Regras do Método Sociológico,* de Durkhein, aprendemos que as instituições permanecem à medida que suas funções se adaptam às mudanças estruturais. Caso haja uma alteração no rumo dos acontecimentos que implique em uma separação entre a função e a estrutura, a tendência é de que se observe o desaparecimento da instituição.

Ao analisarmos o GBM durante o período dos ajustamentos estruturais, verificamos que sua dinâmica está preponderantemente relacionada à dinâmica da acumulação e aos interesses da potência hegemônica. Essa é a natureza estrutural de sua funcionalidade na economia-mundo. A amplitude funcional e a maneira pela qual foi exercida alterou-se ao longo do tempo sem que tenha ocorrido uma ruptura com seus laços de dependência estrutural, já que as alterações estiveram de acordo com os interesses dominantes no interior da instituição. As formas analíticas de aferição desse suposto são diversas, e procurou-se, ao longo do livro, estabelecer a maior abrangência possível. Do surgimento como organização para a reconstrução europeia, logo se converterá em braço forte da expansão corporativa do padrão industrial norte-americano (fordismo). A funcionalidade proto-hegemônica fica evidente nos conflitos da Guerra Fria e ganha amplitude no corolário das políticas de ajustamento. Aliás, nada mais revelador de seu caráter instrumental que o *significante* "ajustamento", que remete às exigências adaptativas impostas às partes que resolveram rebelar-se contra o todo ou que por razões conjunturais apresentaram sintomas disfuncionais.

A forma de recrutamento de pessoal, que coloca ênfase em determinadas instituições universitárias inglesas ou americanas, a expansão institucional representada pela criação de diversas agências, a estrutura interna de decisão – enfim, vários são os aspectos que denunciam as relações estruturais que a instituição trava com o sistema de Estados e com a economia-mundo dominante.

O conjunto simbólico dos *significantes* que compuseram a história do GBM, no período analisado, é, em grande medida, uma expressão da ideologia dominante, consubstanciada em termos concretos em uma multiplicidade mais ou menos coerente de políticas econômicas adotadas mundo afora.

Esse conjunto abstrato de símbolos pode ser apreendido no discurso da globalização, como expressão mitificada do movimento de expansão do capital e na ressurreição liberal depois do colapso do keynesianismo e das políticas desenvolvimentistas.

O GBM representa nessa pesquisa mais que um ator ativo desse processo. Representa uma possibilidade empírica de observação. Um ator intelectual, certamente, mas também um foro privilegiado de observação da instrumentalização de interesses e dos jogos de poder do sistema de Estados.

O destino de boa parte da humanidade depende, em grande medida, de instituições como essa, portanto, das altas rodas que comandam o poder no mundo, principalmente nas esferas política, econômica e militar.

> Em cada uma dessas áreas institucionais, os meios de poder ao alcance dos que tomam decisões aumentaram enormemente. Sua capacidade executiva central foi ampliada, e criaram-se e fortaleceram-se rotinas administrativas modernas. À medida que cada um desses domínios se amplia e centraliza, as consequências de suas atividades se tornam maiores, e seus contatos com outros domínios aumentam. As decisões de um punhado de empresas influem nos acontecimentos militares e políticos, além dos econômicos, em todo o mundo. [...] Se há intervenção governamental na economia das grandes empresas, há também interferência destas no processo de governo. No sentido estrutural, esse triângulo de poder é a fonte das diretorias interligadas, de grande importância para a estrutura do presente. (Mills, 1981, p.15-6)

O GBM cumpriu esse papel, ou seja, ele estabeleceu um diálogo útil entre os atores relevantes na condução das políticas econômicas dos países periféricos com os atores relevantes do topo da hierarquia do sistema de Estados. Estabeleceu um diálogo entre a academia e o público, no sentido de transformar ideias acadêmicas em diretrizes de políticas econômicas; fez, portanto, a *intermediação simbólica* na construção do consenso em torno das frações dominantes do capital e de suas representações estatais.

Isso não passa despercebido por analistas afinados com a instituição, que na tentativa de sustentar sua importância, acabam por revelar seus objetivos instrumentais, suas relações estruturais, sua natureza de instituição a serviço da ordem.

Em um conjunto de entrevistas realizadas por Nicholas Stern (Stern e Ferreira, 1997, p.596), entre dezembro de 1990 e setembro de 1992, com várias figuras proeminentes[1] da vida intelectual do Banco, ficou a seguinte impressão:

---

[1] Citarei alguns dos entrevistados apenas como ilustração: Hollis Chenery, Stanley Fischer, Shahid Husain, Anne Krueger, Robert McNamara, Moeen Qureshi, Ernest Stern, Vito Tanzi.

Muito poucos dos entrevistados viam o Banco como tendo um papel maior em termos de liderança intelectual na profissão econômica. Muitos, contudo, viam que o Banco preenchia um importante papel em destilar as ideias mais úteis e os conceitos econômicos numa forma que pudesse ser manejável pelos *policymakers* nos países devedores e a importância do banco na liderança da discussão sobre o desenvolvimento. (Stern e Ferreira, op. cit., p.597)

Além de difusor de ideias, o GBM também tem um poderoso instrumento de convencimento: o dinheiro. As linhas de crédito e financiamento do Banco são mecanismos eficazes de reverberação das políticas dominantes.

Nesse aspecto, a influência externa dependerá da *fraqueza das nações*. Stallings (1992) nos oferece três dimensões pelas quais se transmite a influência externa: (1) *markets*; (2) *linkage*; e (3) *leverage*.

A primeira, no caso, os mercados, opera segundo o "ciclo internacional dos negócios", que se manifesta para os países periféricos por meio de uma maior ou menor disponibilidade de recursos líquidos. Dessa maneira, os mercados podem, e de fato o fazem, exercer seu poder de veto diante de políticas domésticas que não atendam a seus interesses. Há nessa dimensão também o fato de que o ciclo econômico desempenha papel diferenciado conforme o poder relativo de cada Estado nacional. O que se verifica nesse trabalho é que nos momentos de queda das taxas de retorno no centro há uma sobreoferta de liquidez, que geralmente dá início aos ciclos de endividamento externo na periferia. A liquidez pode transformar-se em endividamento externo, bem como na inflação de ativos, processo típico de criação de bolhas especulativas tão bem descrito por Kindleberger.

Ambas as circunstâncias criam um *trade-off* entre o aumento do raio de manobra das políticas domésticas e a diminuição de influência das Instituições Financeiras Multilaterais (IFMs). O reverso é verdadeiro, ou seja, quando alguma perturbação atinge as expectativas dos detentores da riqueza líquida privada, verifica-se uma fuga de ativos de maior risco para aplicações mais seguras, desencadeando crises cambiais e, na pior das hipóteses, crises de pagamentos. Nesse tipo de cenário, crescem as pressões internacionais e o grau de influência das IFMs, à medida que essas se convertem em emprestadoras de última instância. Isso foi observado de 1995 em diante em boa parte dos países semiperiféricos. As crises mexicana, asiática, brasileira e argentina são exemplos claros desse fenômeno, como também, em menor medida, a crise russa, no que certamente deve ter exercido influência sua posição geoestratégica, como nação que comanda meios de destruição importantes, além dos benefícios auferidos pela alta do preço do petróleo, produto de peso importante em sua pauta de exportações.

A dependência dos mercados dá-se também pela balança comercial, em função do padrão de consumo de cada país, com reflexos sobre as coalizões internas de poder. Países cujos padrões de consumo guardam estreita relação com mercadorias produzidas e oferecidas pelo resto do mundo, sem a contrapartida da produção interna, têm seu crescimento constrangido pela necessidade de financiamento das importações. A falta de satisfação desse padrão de consumo pode levar ao descontentamento parcelas importantes da população e a pressões políticas significativas no plano doméstico. A liberalização, sustenta-se, então, sob uma base social cosmopolita e associada, cuja ação política dá, muitas vezes, espaço ao oportunismo e a atividades míopes de captura de renda (processos de privatização feitos *a forceps* indicam este fenômeno). A influência externa é, portanto, uma função das ligações (*nodes*) existentes entre os interesses dos grupos domésticos e dos grupos externos, em um processo intrincado de redes (*networks*) de influência e poder.

Estas ligações (*linkages*) são processos que se desenvolvem no plano real dos negócios, mas também em um intenso trabalho de persuasão, formação de quadros e assessoramento externo. Segundo Stallings (op. cit.), as coalizões mais internacionalistas, que geram ligações mais fortes de dependência, estabelecem-se por meio das relações entre tecnocratas e as agências internacionais, pelos hábitos de consumo, assim como pelo grau de internacionalização financeira e produtiva. Em termos de política econômica, os governos mais internacionalistas podem ser identificados com as políticas mais ortodoxas (ligadas ao *status quo* no sistema de Estados).

Em momentos de crise, esses atores apresentam-se como aqueles que são reconhecidos no ambiente internacional, que geram confiança nos mercados e supostamente seriam os elementos mais adequados para conduzir os destinos da política econômica. Nesse tipo de cenário, observa-se com grande facilidade a entrada em operação do poder de veto do mercado,[2] transformando o processo democrático e a decisão soberana em reféns das expectativas dos detentores privados da riqueza. Contribuem sobremaneira para essa dinâmica política a pressão exercida pelas instituições financeiras multilaterais.

O grau de influência (*laverage*) dessas instituições, ou seja, seu efetivo poder de influenciar as políticas soberanas, dá-se nesse jogo intrincado de laços de dependência, os quais foram significativamente aprofundados nos anos dos programas de ajustamento estrutural, sendo esse o mecanismo que por excelência representa a correia de transmissão dos interesses dos países centrais diante das nações periféricas. Aqui a influência externa é menos sutil e dá-se pelo mecanismo de oferta de crédito condicionado.

Tanto maiores serão as condicionalidades quanto maior for a fraqueza conjuntural e a estrutural de cada país. No primeiro aspecto, refiro-me aos choques externos, e no segundo, às instituições que cada país possui e à capacidade delas de produzir respostas eficazes diante das pressões do ambiente econômico, político e social, ou seja, do grau de capacidade para agir de forma autônoma diante dos custos do ajuste (poder de autonomia em função da transferência de custos).

---

[2] Este processo de ligação entre os tomadores de decisão no plano doméstico e o *status quo* internacional, para tomar o curso conforme descrito, precisa de uma variável-chave: que a coalizão dominante de poder no plano doméstico esteja de acordo. Um fenômeno interessante, a ser observado, diz respeito às interações entre coalizões reformista e o *status quo* internacional. Coalizões reformistas, que não estejam de pleno acordo com as ideias dominantes nas relações internacionais, podem utilizar-se de quadros especializados em aspectos econômicos, os quais guardem ligações e pertençam às redes dominantes internacionais, para diminuir o grau de incerteza e estabelecer um diálogo com o ambiente externo. Isto representa uma estratégia de diálogo político e de reconhecimento de que em determinados contextos é necessário exercer o reformismo de forma incremental (algo que se assemelha ao que Gramsci poderia chamar de "transformismo", embora, na visão aqui adotada, esta seja uma ação racional em ambientes de incerteza que não necessariamente indique a renúncia aos princípios que norteiam uma determinada ação). Nomear um ministro das finanças com esse tipo de vínculo, portanto, não implica renunciar ao exercício de políticas soberanas, mas dotá-los de eficácia instrumental em contextos de constrangimento.

É no âmbito dessas três esferas que o programa político do neoliberalismo triunfou na América Latina. Triunfou porque conseguiu transformar ideias abstratas em projetos concretos, inteligíveis e críveis. Nessa intermediação, apresentou uma utopia, ou seja, um motivo para que as pessoas acreditassem que os sacrifícios conjunturais eram custos menores diante de benefícios futuros maiores. Em uma realidade na qual os sacrifícios para boa parte da população (para a imensa maioria) já eram um dado do cotidiano, criou-se a possibilidade da *longa marcha* do *desespero para a esperança*.[3] O Banco Mundial enfrentou a tarefa de construir uma agenda coerente para uma região que enfrentava problemas reais. Não fugiu dos temas que se lhe apresentaram. Conseguiu, por fim, convencer!

A América Latina é muito diferente nas partes que compõe seu todo, mas também é semelhante: é desigual na distribuição da riqueza, heterogênea quanto ao progresso técnico, corrupta... Foi dessa miséria social e política que se formou a identidade em termos de conversão das políticas econômicas nos anos de chumbo dos programas de ajustamento estrutural.

Conversão esta que inaugurava um segundo ciclo de endividamento pós-Bretton Woods e o primeiro do século, aprofundando os laços de dependência financeira, produtiva e comercial. Ao longo das anos de ajustamento, verificamos a recorrência do antigo fenômeno da pulsão externa, via inexorável de nossos laços de dependência e subordinação. Dependência que nesse livro foi

---

[3] No período posterior à implementação dos ajustes, muitos países latino-americanos inverteram a expressão, ou seja, a estrada escolhida demonstrou ser o *caminho da servidão*; com isso, houve uma progressiva alteração nos rumos políticos latino-americanos, e o resultado foi que começaram a perceber que as saídas para a crise não eram fáceis, que o processo de aumento da autonomia dependeria de um esforço na direção da diminuição da necessidade de financiamento externo que não passasse pelo dinheiro fácil da alienação patrimonial e do endividamento externo. A longo prazo, os preços fundamentais da economia (câmbio e juros) teriam de buscar um ponto de equilíbrio entre a disponibilidade de fatores e o grau de produtividade destas economias, o que não passava necessariamente pelas prescrições apontadas pelo programa neoliberal. A virada política latino-americana em direção aos partidos e movimentos de esquerda (autointitulados), embora constitua uma fraca identidade normativa, teve como ponto comum a rejeição aos programas de ajustamento.

estudada a partir das relações institucionais, da funcionalidade desigual do desenvolvimento econômico e do sistema de Estados.

Uma voz dissidente do *mainstream*, Joseph Stiglitz, foi ao ponto central quando tratou das assimetrias internacionais:

> Não podemos retroceder. A globalização chegou para ficar. A questão é: como fazê-la dar certo? A mudança mais fundamental e necessária para fazer a globalização funcionar diz respeito ao seu gerenciamento. Isto exige do FMI, do Banco Mundial e de todas as instituições econômicas internacionais uma alteração nos direitos de voto. (Stiglitz, 2002b, p.84)

Não sei se a globalização chegou para ficar. Também não estou de acordo que o problema é de gerenciamento; porém, esta é a questão: o poder de voto no interior das instituições que em última instância pautam a agenda internacional do desenvolvimento. Esse poder de voto refletiu quase à perfeição a dinâmica política do sistema de Estados. Como procurei demonstrar no segundo capítulo, o poder no interior do Banco refletia os atributos específicos das unidades soberanas, em especial o comando da riqueza mundial e o poder das armas. Isso não basta para entender a dinâmica da reprodução das desigualdades entre os Estados, mas ajuda a explicar parte de seu funcionamento, sobretudo se levarmos em consideração que o poder de voto é um reflexo das assimetrias e, sobretudo, um vetor para a manutenção de uma hierarquia internacional com pouquíssimo espaço para uma mobilidade ascendente. Nisso residiu a fraqueza do regime de acumulação proposto pelo programa neoliberal. A crise dos programas de ajustamento colocou em questão as promessas do andar de cima do sistema de Estados.

Por mais que sejam feitos exercícios econométricos, que sejam selecionadas variáveis ao gosto do cliente, é visível sob uma perspectiva comparativa e histórica que os programas de ajuste estrutural não cumpriram sua promessa.

> Aqueles que criticam a globalização geralmente ignoram seus benefícios. Mas seus patrocinadores têm sido talvez até mais desequilibrados. Para eles, a globalização (que costuma estar associada à aceitação do capitalismo triunfante ao estilo norte-americano) significa progresso;

os países em desenvolvimento devem aceitá-la se quiserem crescer e combater a miséria de maneira eficaz. Entretanto, para muitos no mundo em desenvolvimento, a globalização não trouxe os benefícios econômicos prometidos. A distância cada vez maior entre os que têm e os que não têm vem deixando um número bastante grande de pessoas no Terceiro Mundo em um estado lamentável de miséria, sobrevivendo com menos de um dólar por dia. (Stiglitz, 2002b, p.31)

Diante das promessas não cumpridas, os programas de ajustamento ficaram cada vez mais associados às crises recorrentes e exigiram cada vez mais sacrifícios das populações afetadas, levando alguns países à exaustão em termos de capacidade de pagamentos. Diante do agravamento das condições econômicas e sociais, bem como da adoção de receitas que se mostraram inadequadas, emergiu o limite político da implementação dos ajustes. O insulamento do campo econômico, dos tomadores de decisão, com relação aos desejos coletivos, às manifestações da sociedade civil, foi sendo a contrapartida normativa exigida pela fraqueza dos programas das *instituições multilaterais*. Algo que exigia modificações constitucionais e empurrava as novas democracias contra a parede.

A estabilidade econômica sob as condições de ajustamento encontrou seu limite no esgarçamento do tecido social e na incapacidade das elites domésticas latino-americanas em encontrar apoio político para seus impulsos golpistas. No fundo, a garantia exigida pelas finanças internacionais e pelo *status quo* internacional se dava sob a forma de *enclausuramento da democracia*. Como bem salientava Moraes, ao referir-se às características autoritárias do neoliberalismo:

> é urgente barrar a vulnerabilidade do mundo político (*necessidade dos programas de ajuste* [grifo do autor]) à influência perniciosa das massas pobres, incompetentes, malsucedidas. Em primeiro lugar, reduzindo esse universo político – ou o campo de atividades sobre as quais elas podem influir, desregulamentando, privatizando, emagrecendo o Estado. Em segundo lugar, reduzindo o número de funcionários estatais que estejam submetidos à pressão das massas. Alguns funcionários – os que controlam botões decisivos da política pública, como as finanças e a aplicação da justiça – devem ser protegidos por cordões sanitários que

lhes permitam ser mais sensíveis às pressões da Razão, que os nossos neoliberais identificam cada vez mais abertamente com a "sabedoria" dos mercados financeiros internacionais. (2001, p.63)

As IFMs foram bastante eficazes na condução dos interesses dos países centrais, no entanto, disso não se depreende que foram favoráveis à missão de criar um ambiente internacional estável e propício ao desenvolvimento. Infelizmente, a instabilidade é a marca dos novos tempos e faz-nos lembrar de momentos nada auspiciosos da história do capitalismo no século XX. Em geral, regimes financeiros liberais são fortemente controlados do ponto de vista da apropriação do excedente e direcionam seus vetores de força na garantia da captura de rendas para alta-finança, em detrimento dos setores mais desprotegidos da população.

A sensação de instabilidade no plano social é um veneno para a democracia, pois cria um sentimento permanente de frustração diante das escolhas que são feitas e da incapacidade dos governos em responder às expectativas. Não quero com isto assumir uma visão fatalista, que resultaria na incapacidade em admitir que a dinâmica social pode tomar rumos surpreendentes diante de situações adversas, mas não há como ignorar o caráter autoritário do regime de acumulação sob a dominância financeira. Isso também implica, do ponto de vista metodológico, não cair na tentação da análise de conjuntura para explicar fenômenos de mais longa duração.

O que saliento são as tendências de média e longa duração do atual regime de acumulação. Nesse aspecto, é inegável que a atual arquitetura da *governança* global representa um freio à mobilidade ascendente das nações, que a baixa capacidade de gestão das políticas domésticas mina os laços de solidariedade social, principalmente porque contrapõe à liberdade do capital a incapacidade de se perseguirem políticas de pleno emprego.

Atacar o atual quadro de *enclausuramento* da democracia, significa transformar as relações interestatais, modificando o poder de voto no interior das organizações internacionais e redirecionando as prioridades em termos da agenda do desenvolvimento. É importante ter em consideração que essa é uma tarefa que se dá pela ação coletiva no plano nacional e internacional.

Mais que nunca, é preciso estabelecer o diálogo na diferença, aproximando as ações de atores que não se acomodam diante dos imperativos do imenso poderio das altas finanças internacionais, que, durante os programas de ajustamento, serviram aos interesses da política externa do hegemon e capturaram boa parte dos governos reformistas europeus.

A hegemonia, como ressaltava Gramsci, é um projeto cultural, econômico e social. As bases morais do atual regime mostram-se cada vez mais frágeis. As fissuras na coalizão dominante no concerto dos Estados podem ganhar relevância como subproduto do unilateralismo que o hegemon adotou e da competição interestatal em meio às incertezas no sistema de estados. Mas não há espaço para ilusões. A periferia só logrará um espaço maior no plano internacional se conseguir unificar seus esforços e reivindicar uma nova ordem internacional. Utopia? A história mostra que as nações mais frágeis são presas fáceis das políticas das nações mais ricas.

A crise da dívida mostrou como foi fácil unir os credores e dividir os devedores, na estratégia de renegociação *caso a caso*. Por sua vez, alguns países semiperiféricos, que se encontram na parte superior do andar inferior da hierarquia internacional (ver Capítulo 2), possuem meios para exercer influência maior nas instituições econômicas internacionais. Acordos de transferência tecnológica, comerciais e culturais podem dar impulso às relações entre estes países.

O mais significativo, em termos de aprendizado, que se pode inferir deste estudo, diz respeito à importância do ambiente institucional para processar as mudanças sociais. Se há fraqueza na determinação de políticas domésticas, se há excesso de influência externa, muito provavelmente o ambiente institucional doméstico e regional tem um peso importante nesta trajetória. Há uma simbiose entre interesses com baixa legitimidade no plano regional, característicos do déficit democrático da história latino americana e interesses externos não passíveis de controle democrático que acabou por criar estruturas políticas, econômicas e sociais propícias à captura de rendas e ao aprofundamento das desigualdades. A análise do poder, da formação do consenso como elemento indispensável da dominação, exige como contrapartida, por parte do polo subordinado, uma sofisticação crescente em termos de ação externa. Nesse aspecto, a América Latina deixou muito a desejar nas duas últimas décadas do século XX. Em boa medida os desafios internos para substituir estruturas sociais perversas e estruturais estatais deterioradas e a serviço de elites regionais corruptas exige uma virada cultural e política de longa duração, embora não de todo fadada ao fracasso. As lições do passado devem jogar luz contra a tentação de apegar-se à defesa de um Estado corrupto e ineficiente e o jogo das elites "cosmopolitas" que desconhecem os interesses e as necessidades coletivas.

Por fim, gostaria de ressaltar as palavras de Celso Furtado, inseridas no início dessa conclusão, ou seja, se pretendemos algo mais que a simples reprodução do padrão de dominação centro-periferia, devemos romper com os elementos simbólicos da dominação. A desburocratização da produção do saber e a insubordinação contra os cânones das *ciências oficiais* são de fundamental importância.

Referências

ABDELAL, R. *Capital Rules*: The construction of global finance. Harvard: Harvard University Press, 2007.

Acordo de criação do GBM. Disponível em http://siteresources.worldbank.org/EXTABOUTUS/Resources/ibrd-articlesofagreement.pdf Acesso em: 02 jun. 2012.

AGHION, B. A.; FERREIRA, F. The World Bank and the Analysis of the International Debt Crisis. In: HARRIS, J.; HUNTER, J.; LEWIS, C. M. (Orgs.). *The New Institutional Economics and Third World Development*. Londres/Nova York: Routledge, 1995.

AGOSÍN, M.; TUSSIE, D. Globalización, regionalización y nuevos dilemas en la Politica de comercio exterior para el desarrollo. *El Trimestre Económico*. [s. d].

AHAMED, L. *Lords of Finance*: The Bankers Who Broke the World. Londres: Penguin Books, 2009.

ANDERSON, P. Balanço do Neoliberalismo. In: SADER, E.; GENTILI, P. (Orgs.). *Pós-neoliberalismo*. Rio de Janeiro: Paz e Terra, 1995.

ARMIJO, L. E. The Terms of the Debate: What's Democracy got to do with it. In: _____. *Debating the Global Financial Architecture*. New York: State University of New York Press, 2002. p.1-62.

ARRIGHI, G. *A ilusão do desenvolvimento*. Petrópolis: Vozes, 1997.

_____. *O longo século XX*. São Paulo: Editora da Unesp, 1996.

_____. *A ilusão do desenvolvimento*. Petrópolis: Vozes, 1997.

ARRUDA, M. *Dívida e(x)terna*: para o capital tudo, para o social, migalhas. Petrópolis: Vozes, 1999.

ASHLEY, R. K. The Poverty of Neorealism. In: KEOHANE, R. O. (Org.) *Neoralism and its Critics*. New York: Columbia University Press, 1986.

AXELROD, R.; KEOHANE, R. O. Achieving Cooperation under Anarchy: Strategies and Institutions. *World Politics*. v.38, n.1, out. 1985. p.226-54.

BACHA, E. L.; MENDONZA, R. M. O FMI e o Banco Mundial: um memorando latino-americano. In: FANELLI, J. M. et al. (Orgs.). *Recessão e crescimento*: o FMI e o Banco Mundial na América Latina. Rio de Janeiro: Paz e Terra, 1986.
BADELHA, C. A. G. A nova ortodoxia do desenvolvimento: uma crítica do debate em torno da visão do Banco Mundial e elementos para uma abordagem alternativa neo-schumpeteriana. *Revista de Economia Política*. v.18, n.1, jan.-mar. 1998. p.69.
BAER, M. *O rumo perdido*: a crise fiscal e financeira do Estado brasileiro. Rio de Janeiro: Paz e Terra, 1993.
_____. et. al. Desafios à reorganização de um padrão monetário internacional. *Economia e Sociedade*. Campinas, v.4, jun. 1995. p.79-126.
BARRO, J. R.; LEE, J-W. Losers and Winners in Economic Growth. In: *Proceedings of the World Bank Annual Conference on Development Economics 1993*: Supplement to the World Bank Economic Review and the World Bank Research Observer. Washington, 1994.
BATISTA, P. N. O Consenso de Washington: a visão neoliberal dos problemas latino-americanos. In: BATISTA, P. N. et al. *Em defesa do interesse nacional*. 3.ed. Rio de Janeiro: Paz e Terra, 1995.
BATISTA Jr., P. N. *A economia como ela é...* . 2.ed. São Paulo: Boitempo, 2001.
_____. *Mitos da globalização*. Série Assuntos Internacionais. Universidade de São Paulo, São Paulo, n.52, set. 1997.
BELLAMY, R. *Liberalismo e sociedade moderna*. São Paulo: Editora da Unesp, 1994.
BELLO, W. Structural adjustment programs. In: MANDER, J.; GOLDSMITH, E. (Orgs.) *The Case Against The Global Economy*: and for a Turn Toward the Local. San Francisco: Sierra Club Books, 1996.
BELLO E SILVA, C. A. Apogeu e crise da regulação estatal: da vigorosa estatização no Milagre ao estrangulamento financeiro. *Novos Estudos do CEBRAP*. São Paulo, n.34, 1992.
BHAGWATI, J. O Mito do Capital. *Gazeta Mercantil*. São Paulo, 8 maio 1998.
BIANCHI, A . Adjustment in Latin America, 1981-86. In: CORBO, V. et al. *Growth-Oriented Adjustment Programs*. Washington: IMF and World Bank, 1987.
BIELSCHOWSKY, R. Evolución de las ideas de la CEPAL. *Revista da CEPAL*. Santiago, CEPAL, out. 1998.
_____. Cinquenta anos de pensamento na CEPAL – uma resenha. In: BIELSCHOWSKY, R. (Org.). *Cinquenta Anos de Pensamento na CEPAL*. Rio de Janeiro: Record, 2000.
BIELSCHOWSKY, R.; STUMPO, G. A internacionalização da indústria brasileira: números e reflexões depois de alguns anos de abertura. In:

BAUMANN, R. (Org.). *O Brasil e a economia global*. Rio de Janeiro: Campus/SOBEET, 1996.
BELLUZZO, L. G. Dinheiro e as transfigurações da riqueza. In: TAVARES, M. C.; FIORI, J. L. (Orgs.). *Poder e dinheiro*. Petrópolis: Editora Vozes, 1997.
_____. O declínio de Bretton Woods e a emergência dos mercados "globalizados". *Economia e sociedade*. Campinas, n.4, jun. 1995. p.1-182.
_____. Finança global e ciclos de expansão. In: FIORI, J. L. (Org.). *Estados e moedas no desenvolvimento das nações*. Petrópolis: Vozes, 1999.
BIRDSALL, N.; JAMES, E. Efficiency and Equity in Social Spending. *World Bank Working Papers*. Washington, World Bank, mai. 1990.
BORDO, M.; JAMES, H. *The past and the future of IMF reform*. 2009. Disponível em: http://sciie.ucsc.edu/JIMF/bordojamesimfmarch09V3.pdf. Acesso em: 23 abr. 2011.
BORON, A. A. Os "novos leviatãs" e a pólis democrática: neoliberalismo, decomposição estatal e decadência da democracia na América Latina. In: SADER, E.; GENTILI, P. (Orgs.). *Pós-neoliberalismo II*: que Estado para que Democracia? Petrópolis: Vozes/Clacso, 1999.
BOSSONI, B. *IMF suirvillance*: A Case Study on IMF Suirvillance. Independent Evaluation Office of IMF, 2008.
BOUGHTON, J. Why White, not Keynes? Inventing the postwar international monetary system. *IMF working paper*, 05/52, 2002.
BOURDIEU, P. L'essence du néolibéralisme. *Le Monde Diplomatique*, mar. 1998.
_____. *O poder simbólico*. Rio de Janeiro: DIFEL, 1989.
BOYER, Robert. Estado, mercado e desenvolvimento: uma nova síntese para o século XXI? *Economia e Sociedade*. Campinas, v.12, jun. 1999. p.1-20.
_____. *A teoria da regulação*. São Paulo: Nobel, 1990.
BRAGA, J. C. de S. Alemanha: império, barbárie e capitalismo avançado. In: FIORI, J. L. (Org.). *Estados e moedas no desenvolvimento das nações*. Petrópolis: Vozes, 1999.
BRUNHOFF, S. L'instabilité monétaire internationale. In: CHESNAIS, F. (Org.). *La mondialization financière*. Paris: Syros, 1996.
BUCHANAN, J.; TULLOCK, G. *El cálculo del consenso*: fundamentos lógicos de la democracia constitucional. Madrid: Espasa-Calpe, 1980.
BURKI, S. J.; PERRY, G. E. *The Long March*: A Reform Agenda for Latin America and the Caribbean in the Next Decade. Washington: World Bank Group, 1997.
BURKI, S. J; PERRY, G. E. et al. *Beyond the Washington Consensus*: Institutions Matter. Washington: World Bank Group, 1998.
CALLAGHY, T. M. Lost Between State and Market: the Politics of Economic Adjustment in Ghana, Zambia, and Nigeria. In: NELSON, J.

M. (Org.). *Economic Crisis and Policy Choice*: the Politics of Adjustment in the Third World. New Jersey: Princeton University Press, 1990.

CANO, W. *Soberania e política econômica na América Latina*. São Paulo: Editora da Unesp, 2000.

CAUFIELD, C. *Masters of Ilusion*. New York: Henry Holt and Company, 1997.

CASANOVA, P. G. *Globalidad, neoliberalismo y democracia*. (Mimeo) [s. d.].

CEPAL. Transformação produtiva com equidade: a tarefa prioritária do desenvolvimento da América Latina e do Caribe nos anos 90. In: BIELSCHOWSKY, R. (Org.). *Cinquenta anos de pensamento na CEPAL*. Rio de Janeiro: Record, 2000.

CHAUDRY, K. A. *The Myths of the Market and the Comon History of Late Developers*. Berkeley: University of California, 1992.

CHESNAIS, F. *A mundialização do capital*. São Paulo: Xamã, 1996.

_____. Mondialisation du Capital & Regime d'Accumalation à Domination Financière. *Philosophie, Critique & Littérature*. Paris, Agone, n.16, 1996.

CHESNAUX, J. *Modernidade-Mundo*. Petrópolis: Vozes, 1996.

CHOMSKY, N. Democracia e mercados na Nova Ordem Mundial. In: GENTILI, P. (Org.). *Globalização excludente*. Petrópolis: Vozes/Clacso, 1999.

CINTRA, M. A. M. *Uma visão crítica da teoria da repressão financeira*. Campinas: Editora da Unicamp, 1999.

CINTRA, M. A. M.; CASTRO, E. M. M. de. *O aprofundamento da internacionalização do setor financeiro e a dolarização dos países latino-americanos*. (Mimeo) 2001.

COELHO, J. C. *Economia, Poder e Influência Externa:* O Grupo Banco Mundial e as políticas de ajustes estruturais na América Latina, nas décadas de oitenta e noventa. Tese de Doutorado. Campinas: Universidade Estadual de Campinas, 2002.

COHEN, B. J. *Currency and State Power*. Texto preparado para conferência em homenagem a Stephen D. Krasner. Stanford: Stanford University, dez. 2009.

COLCLOUGH, C.; MANOR, J. *States or markets?* Neo-liberalism and the development policy debate. Oxford: Clarendon Press, 1991.

COUTINHO, L. Coreia do Sul e Brasil: paralelos, sucessos e desastres. In: FIORI, J. L. (Org.). *Estados e moedas no desenvolvimento das nações*. Petrópolis: Vozes, 1999.

COX, R. W. Social Forces, States and World Orders: Beyond International Relations Theory. In: KEOHANE, R. E. (Org.). *Neorealism and its Critics*. New York: Columbia University Press, 1986.

COX, R. W. Social Forces, States, and World Orders: Beyond International Relations Theory (1981). In: COX, R. W.; SINCLAIR,

T. J. (Orgs.). *Approaches to World Order*. 2.ed. London: Cambridge University Press, 1999.

COX, R. W.; JACOBSON, H. K. Decision Making (1977). In: COX, R. W.; SINCLAIR, T. J. (Orgs.). *Approaches to World Order*. 2.ed. London: Cambridge University Press, 1999.

DENHAM, M. The World Bank and NGOs. Documento preparado para su presentación en la International Studies Association. Atlanta: abr. 1992.

DEVLIN, R.; FFRENCH-DAVIS, R.; GRIFFITH-JONES, S. Fluxos de Capital e Desenvolvimento – Implicações para as políticas econômicas. In: FFRENCH-DAVIS, R.; GRIFFITH-JONES, S. (Orgs.). *Os Fluxos financeiros na América Latina*: um desafio ao progresso. Rio de Janeiro: Paz e Terra, 1997.

DRAIBE, S. *Rumos e metamorfoses*: um estudo sobre a constituição do Estado e as alternativas da industrialização no Brasil (1930-1960). Rio de Janeiro: Paz e Terra, 1985.

DORNBUSCH, R. The Latin American Debt Problem: Anatomy and Solutions. In: STALLINGS, B.; KAUFMAN, R. (Orgs.). *Debt and Democracy in Latin America*. San Francisco: Westview Press, 1989.

DURKHEIM, E. *As regras do método sociológico*. São Paulo: Nacional, 1987.

EDWARDS, S. *Crisis and Reform in Latin America*: from Despair to Hope. Washington: Oxford University Press/World Bank Group, 1995.

EICHENGREEN, B. *Globalizing Capital*: A History of the International Monetary System. Princeton: Princeton University Press, 1996.

_____. *A globalização do capital*: uma história do sistema monetário internacional. São Paulo: Editora 34, 2000.

_____. *The G-20 and the IMF*: an uneasy relationship. Disponível em: <http://www.globalasia.org/V5N3_Fall_2010/Barry_Eichengreen.html>. Acesso em: 19 abr. 2011.

_____. *The Financial Crises and Global Policy Reforms*. California: University of California at Berkley, 2009.

_____. A Blueprint for IMF Reform: More than Just a Lender. *International Finance*. v.10, n.2, 2007. p.153-75.

EICHENGREEN, B.; DELONG, J. B. *Between Meltdown and Moral Hazard*: The international Monetary and Financial Policies of the Clinton Administration. California: University of California at Berkley/NBER, 2001.

EVANS, P. The State as Problem and Solution: Predation, Embedded Autonomy, and Structural Change. In: HAGGARD, S.; KAUFMAN, R. (Orgs.). *The Politics of Economic Adjustment*. Princeton: Princeton University Press, 1992.

FAJNZYLBER, F. *La industrialización trunca de América Latina*. México: Editorial Nueva Imagen, 1983.

_____. Industrialização da América Latina: da "caixa preta" ao "conjunto vazio". In: BIELSCHOWSKY, R. (Org.). *Cinquenta anos de pensamento na CEPAL*. Rio de Janeiro: Record, 2000.

FANNELLI, J. M.; MACHINEA, J. L. O movimento de capitais na Argentina. In: FFRENCH-DAVIS, R.; GRIFFITH-JONES, S. (Orgs.). *Os Fluxos financeiros na América Latina*: um desafio ao progresso. Rio de Janeiro: Paz e Terra, 1997.

FARHI, M.; CINTRA, M. A. M. A Arquitetura do Sistema Financeiro Internacional Contemporâneo. *Revista de Economia Política*. v.29, n.3, jul.-set. 2009. p. 274-94.

FFRENCH-DAVIS, R. As políticas de ajuste e suas repercussões sócio-econômicas". *Revista de Política Externa*. São Paulo: Paz e Terra, v.3, n.3, dez.-jan.-fev., 1994-95.

_____. O "efeito tequila", suas origens e seu alcance contagioso. In: FFRENCH-DAVIS, R.; GRIFFITH-JONES, S. (Orgs.). *Os fluxos financeiros na América Latina*: um desafio ao progresso. Rio de Janeiro: Paz e Terra, 1997.

FIORI, J. L. Globalização, hegemonia e império. In: TAVARES, M. C.; FIORI, J. L. (Orgs.). *Poder e dinheiro*. Petrópolis: Vozes, 1997.

_____. Introdução: de volta à riqueza de algumas nações. In: FIORI, J. L. (Org.). *Estados e moedas no desenvolvimento das nações*. Petrópolis: Vozes, 1999.

_____. Estados, moedas e desenvolvimento. In: FIORI, J. L. (Org.). *Estados e moedas no desenvolvimento das nações*. Petrópolis: Vozes, 1999.

_____. Introdução: depois da retomada da hegemonia. In: FIORI, J. L.; MEDEIROS, C. (Orgs.). *Polarização mundial e crescimento*. Petrópolis: Vozes, 2001.

_____. Sistema Mundial: império e pauperização para retomar o pensamento crítico latino-americano. In: FIORI, J. L.; MEDEIROS, C. (Orgs.). *Polarização mundial e crescimento*. Petrópolis: Vozes, 2001.

FISHER, S. Economic Growth and Economic Policy. In: CORBO, V. et al. (Orgs.). *Growth-Oriented Adjustment Programs*. Washington: IMF/World Bank, 1987.

FMI. IMF Enhances Crisis Prevention Toolkit. *IMF Press Release*, n.10/321. Disponível em <http://www.imf.org/external/np/sec/pr/2010/pr10321.htm>. Acesso em: 30 ago. 2010.

_____. IMF Enhances Crisis Pevention Toolkit. *IMF Press Release*, n.10/321. Disponível em: <http://www.imf.org/external/np/sec/pr/2010/pr10321.htm>. Acesso em: 30 ago. 2010.

_____. *Understanding Financial Interconnectedness*. Prepared by the Strategy, Policy, and Review Department and the Monetary and Capital Markets Department. In collaboration with the Statistics Department and in consultation with other Departments. Approved by Reza Moghadam and José Viñals, 4 out. 2010. Disponível em: www.ifm.org. Acesso em: 1 abr. 2011.

_____. *Initial Lessons of the Crisis*. Prepared by the Research, Monetary and Capital Markets, and Strategy, Policy, and Review Departments. Approved by Oliver Blanchard, Jaime Caruana, and Reza Moghadam, 6 fev. 2009. Disponível em: <www.ifm.org>. Acesso em: 4 abr. 2011.

FONSECA Jr., G. Aspectos da teoria das relações internacionais. *Política Externa*. São Paulo: Paz e Terra/Universidade de São Paulo, v.3, n.3, dez. 1994.

FORRESTER, V. *O horror econômico*. São Paulo: Editora da Unesp, 1997.

FREITAS, C. E. de. Liberdade cambial no Brasil. In: BAUMANN, R. (Org.). *O Brasil e a economia global*. Rio de Janeiro: Campus/Sobeet, 1996.

FRIEDEN, H.; ROGOWSKI, R. The Impact of the International Economy on National Policies: An Analytical Overwiew. In: MILNER, H.; KEOHANE, R. (Orgs.). *Internationalization and Domestic Politics*. New York: Columbia University Press, 1986.

FUENTES, C. Eleição será teste para democracia mexicana. *Folha de S. Paulo*, São Paulo, 21 ago. 1994.

FURTADO, C. *O Capitalismo global*. São Paulo: Paz e Terra, 1998.

GALBRAITH, J. K. *The Great Crash 1929*. London: Penguin Books/Hamish Hamilton, 1984.

GILL, S. A América Latina e o Príncipe Pós-Moderno. In: GILL, S. (Org.). *Gramsci, materialismo histórico e relações internacionais*. Rio de Janeiro: Editora UFRJ, 2007a.

_____. Gramsci e a política global: uma proposta de pesquisa pós-hegemônica. In: GILL, S. (Org.). *Gramsci, materialismo histórico e relações internacionais*. Rio de Janeiro: Editora UFRJ, 2007b.

_____. "Epistemologia, ontologia e a 'escola italiana'". In: GILL, S. (Org.). *Gramsci, Materialismo Histórico e Relações Internacionais*. Rio de Janeiro: Editora UFRJ, 2007c.

GILPIN, R. The Richness of The Tradition of Political Realism. In: KEOHANE, R. O. (Org.). *Neorealism and its Critics*. New York: Columbia University Press, 1986.

_____. *The Political Economy of International Relations*. Oxford: Princeton University Press, 1987.

_____. *The Challenge of Global Capitalism*: The World Economy in the 21st century. Princeton (NJ): Princeton University Press, 2000.

GOLDENSTEIN, L. *Repensando a dependência*. Rio de Janeiro: Paz e Terra, 1994.

GOLDENSTEIN, L.; LEME, M. C. da S. Mobilidade de capital, âncoras nominais e estabilização. *Economia e Sociedade*. Campinas, n.4, jun. 1995.

GOMES, J. M. *Política e democracia em tempos de globalização*. Petrópolis: Vozes; Buenos Aires: Clacso; Rio de Janeiro: Laboratório de Políticas Públicas, 2000.

GONÇALVES, R. Globalização Financeira, Liberalização Cambial e Vulnerabilidade Externa da Economia Brasileira. In: BAUMANN, R. (Org.). *O Brasil e a economia global*. Rio de Janeiro: Campus/Sobeet, 1996.

GONÇALVES, R. et al. *A nova economia internacional*. Rio de Janeiro: Campus, 1998.

GONTIJO, C. Política de estabilização e abertura externa: uma análise comparativa das experiências do Chile, Argentina e do México. *Revista de Economia Política*. São Paulo, v.15, n.1, 1995.

GONZALES, J. F. M. et al. *O Brasil e o Banco Mundial*: um diagnóstico das relações econômicas (1949-1989). Brasília: IPEA/IPLAN, 1990.

GOWAN, P. Crise no centro: consequências do novo sistema de Wall Street. *Estudos Avançados*. São Paulo, n.65, 2009. p.49-72,

GRAMSCI, A. *Os intelectuais e a organização da cultura*. 6.ed. Rio de Janeiro: Civilização Brasileira, 1988a.

_____. *Maquiavel, a política e o Estado moderno*. 6.ed. Rio de Janeiro: Civilização Brasileira, 1988b.

GRAY, J. *Hayek on Liberty*. London: Routledge, 1998.

GREIDER, W. *One World, Ready or Not*: The Manic Logic of Global Capitalism. New York: Simon & Schuster, 1997.

GWIN, C. *U.S. relations with the World Bank, 1945-1992*. Washington: Brookings Institute, 1994.

HAGGARD, S. The Political Economy of the Philippine Debt Crisis. In: NELSON, J. M. (Org.). *Economic Crisis and Policy Choice*: the Politics of Adjustment in the Third World. New Jersey: Princeton University Press, 1990.

HAGGARD, S.; KAUFFMAN, R. Introduction: Institutions and Economic Adjustment. In: HAGGARD, S.; KAUFFMAN, R. (Orgs.). *The Politics of Economic Adjustment*. Princeton: Princeton University Press, 1992.

_____. The Politics of Stabilization and Structural Adjustment. In: SACHS, J. (Org.). *Developing Country Debt and The World Economy*. Chicago: The Chicago University Press, 1989.

_____. Economic Adjustment and the Prospects for Democracy. In: HAGGARD, S.; KAUFMAN, R. (Org.). *The Politics of Economic Adjustment*. Princeton: Princeton University Press, 1992.

_____. The Political Economy of Inflation and Stabilization in Middle--Income Countries". In: HAGGARD, S.; KAUFMAN, R. (Org.). *The Politics of Economic Adjustment*. Princeton: Princeton University Press, 1992.

HARALZ, J. The International Finance Corporation. In: KAPUR, D. et al. (Orgs.). *The World Bank*: its First Half Century. Washington: Brookings Institution Press, 1997.

HARVEY, D. *Condição pós-moderna*. 7.ed. São Paulo: Loyola, 1989.

HAYEK, F. A. *Democracia, justiçia y socialismo*. Madrid: Unión Editorial, 1997.

HELLBRONER, R. *A história do pensamento econômico*. São Paulo: Nova Cultural, 1996.

HELLEINER, E. A Bretton Woods Moment? The 2007-2008 Crisis and the Future of Global Finance. *International Affairs*. v.3, 2010.

_____. *States and the Reemergence of Global Finance*: from Bretton Woods to the 1990s. Ithaca: Cornel University Press, 1994.

_____. From Bretton Woods to Global Finance: A World Turned Upside Down. In: STUBBS, R.; UNDERHILL, G. R. D. (Org.). *Political Economy and the Changing Global Order*. London: The Macmillan Press, 1994. p.45-59.

HELLEINER, E.; PAGLIARI, S. The End of an Era in International Financial Regulation? A Postcrisis Research Agenda. *International Organization*. n.65, 2011. p.169-200.

HIRST, P.; THOMPSON, G. *Globalização em questão*. Petrópolis: Vozes, 1988.

IANNI, O. *Teorias da globalização*. 4.ed. Rio de Janeiro: Civilização Brasileira, 1997a.

_____. *A era do globalismo*. 3.ed. Rio de Janeiro: Civilização Brasileira, 1997.

IZURIETA, A.; VOS, R. Ajuste Estrutural e Costo Social en América Latina. *El Trimestre Econômico*, México, set. 1995.

JAMES, H. From Grandmotherliness to governance – the evolution of IMF conditionality. *Finance and Development*. v.35, n.4, dez. 1998.

KAHLER, M. Bargaining with FMI: two levels strategies in developing countries. In: EVANS, P. et al. (Orgs.). *Double-Edged Diplomacy*. Berkeley: University of California Press, 1993. p.363-95.

_____. International Governance and IMF Performance. In: TRUMAN, E. M. (Eds.). *Reforming de IMF 21th Century*. Institute for International Economics.

_____. Orthodoxy and its alternatives: explaining approaches to stabilization and adjustment. In: NELSON, J. M. (Org.). *Economic Crisis and Policy Choice*: the Politics of Adjustment in Third World. New Jersey: Princeton University Press, 1990.

_____. External Influence, Condictionality, and the Politics of Adjustment. In: HAGGARD, S.; KAUFMAN, R. (Orgs.). *The Politics of Economic Adjustment*. Princeton: Princeton University Press, 1992.

KAPUR, D.; LEWIS, J. P.; WEBB, R. (Orgs.). *The World Bank*: its First Half Century. Washington: Brookings Institution Press, 1997. v.1.

KAUFMAN, R. R. Stabilization and Adjustment in Argentina, Brazil and Mexico. In: NELSON, J. M. (Org.). *Economic Crisis and Policy Choice*: the Politics of Adjustment in the Third World. New Jersey: Princeton University Press, 1990.

KEOHANE, R. *Despues de la hegemonia*: cooperación y discordia en la política económica mundial. Buenos Aires: Grupo Editor Latinoamericano, 1988.

_____. O. International Institutions: Two Approaches. *International Studies Quaterly*. v.32, n.4, 1988. p.379-96.

_____. Realism, Neorelism and the Study of World Politics. In: KEOHANE, R. (Org.). *Neorealism and Its Critics*. New York: Columbia University Press, 1996.

_____. Theory of World Politics: Structural Realism and Beyond. In: KEOHANE, R. (Org.). *Neorealism and Its Critics*. New York: Columbia University Press, 1986.

KEOHANE, R.; NYE, J. S. *Power and Interdependence*. 3.ed. New York: Longman, 2001.

KEYNES, J. M. Prefácio à edição francesa de "As consequências econômicas para a paz". In: KEYNES, J. M. *As consequências econômicas para a paz*. São Paulo: Imprensa Oficial do Estado/UnB-IPRI, 2002.

_____. A. *Teoria geral do emprego, do juro e da moeda*. São Paulo: Nova Cultural, 1985.

KINDLEBERGER, C. *Manias, pânico e crashes*: um histórico das crises financeiras. Rio de Janeiro: Nova Fronteira, 2000.

_____. *Power and Money*. 2.ed. Nova York: Basic Books, 1970.

KRUEGER, A. Reformas orientadas para o mercado e a economia internacional na década de 90. In: ZINI Jr., A. A. (Org.). *O mercado e o estado no desenvolvimento econômico nos anos 90*. Brasília: IPEA, 1993.

KUCINSKI, B.; BRANFORD, S. *A ditadura da dívida*: causas e consequências da dívida latino-americana. 2.ed. São Paulo: Editora Brasiliense, 1987.

LAFAY, J.-D.; LACAILLON, J. *The Political Dimension of Economic Adjustment*. Paris: OECD, 1993.

LANCASTER, C. The World Bank in África Since 1980: the Politics of Structural Adjustment Lending". In: KAPUR, D. et al. (Orgs.). *The World Bank*: its First Half Century. v.2. Washington: Brookings Institution, 1997.

LICHTENSZTEJN, S.; BAER, M. *Fundo Monetário Internacional e Banco Mundial*: estratégias e políticas do poder financeiro. São Paulo: Brasiliense, 1987.

LIMA, M. L. L. M. P. *Instabilidade e criatividade nos mercados financeiros internacionais*: condições de inserção dos Países do Grupo da América Latina. São Paulo: Editora Bienal, 1997.

LIMOEIRO-CARDOSO, M. Ideologia da globalização e (des)caminhos da Ciência Social. In: GENTILI, P. (Org.). *Globalização excludente*. Petrópolis: Vozes/Clacso, 1999.

MARTIN, L. L. Interests, Power, and Multilateralism. *International Organization*. v.46, n.4, 1992. p.765-792.

MARX, K. *O Capital*. Livro 1, v.1. São Paulo: Difel, 1984.

MASON, E.; ASHER, R. E. *The World Bank Since Bretton Woods*. Washington: The Brookings Institution, 1973.

MEDEIROS, C. A. de. Globalização e a inserção internacional diferenciada da Ásia e da América Latina. In: TAVARES, M. C.; FIORI, J. L. (Orgs.). *Poder e dinheiro*. Petrópolis: Vozes, 1997.

_____. Rivalidade estatal, instituições e desenvolvimento econômico. In: FIORI, J. L.; MEDEIROS, C. (Orgs.). *Polarização mundial e crescimento*. Petrópolis: Vozes, 2001.

MEDEIROS, C. A. de; SERRANO, F. Inserção externa, exportações e crescimento no Brasil. In: FIORI, J. L.; MEDEIROS, C. (Orgs.). *Polarização mundial e crescimento*. Petrópolis: Vozes, 2001.

MELO, J. M. de; BELLUZZO, L. G. de M. Reflexões sobre a crise atual. In: BELLUZZO, L. G. de M.; COUTINHO, R. (Orgs.). *Desenvolvimento do capitalismo no Brasil*. 3.ed. São Paulo: Brasiliense, 1984.

MICHALET, C.-A. *O capitalismo mundial*. Rio de Janeiro: Paz e Terra, 1983.

MICHALOPOULOS, C. World Bank Programs for Adjustment and Growth". In: CORBO, V. et al. (Orgs.). *Growth-Oriented Adjustment Programs*. Washington: IMF/World Bank, 1987.

MILLER, M. *¡No basta enfrentrarse a la deuda!* La crisis de la deuda internacional y los papeles del Banco Mundial y el Fondo Monetario Internacional. México: Fondo de Cultura Económica, 1989.

MILLS, C. W. *A elite do poder*. 4.ed. Rio de Janeiro: Jorge Zahar, 1981.

MILNER, H.; KEOHANE, R. *Internationalization and Domestic Politics*: An Introduction. Cambridge: Cambridge University Press, 1997. p.3-25.

_____. Internationalization and Domestic Politics: An Introduction. In: MILNER, H.; KEOHANE, R. (Eds.). *Internationalization and Domestic Politics*. 3.ed. New York: Cambridge University Press, 1997.

MINELLA, A. C. *Hegemonia e controle financeiros no capitalismo contemporâneo*. Fórum Social Mundial, POA, 25-30 jan. 2001.

MINSKY, H. P. *Estatibilizando uma economia instável*. Osasco: Novo Século, 2009.

MORAES, Reginaldo. *Neoliberalismo: de onde vem, para onde vai?* São Paulo: Senac, 2001

MORAES, R. C. C. de. Liberalismo e Neoliberalismo – uma introdução comparativa. *Primeira Versão*. Campinas, Unicamp-IFCH, n.73, nov. 1997.

_____. O liberalismo clássico, o mercado e a intervenção estatal. In: *Educação e Sociedade*. n.57, 1996.

MORTEN, B. Governance as Multilateral Development Bank Policy: the cases of the African Development Bank and the Asian Development Bank. *The European Journal of Development Research*. v.10, n.2, dez. 1998.

NELSON, J. M. Introduction: the Politics of Economic Adjustment in Development Nations". In: NELSON, J. M. (Org.). *Economic Crisis and Policy Choice* – the politics of adjustment in the Third World. New Jersey: Princeton University Press, 1990a.

_____. Conclusions. In: NELSON, J. M. (Org.). *Economic Crisis and Policy Choice*: the Politics of Adjustment in the Third World. New Jersey: Princeton University Press, 1990b.

_____. The Politics of Adjustment in Small Democracies: Costa Rica, The Dominican Republic, Jamaica. In: NELSON, J. M. (Org.). *Economic Crisis and Policy Choice*: the Politics of Adjustment in the Third World. New Jersey: Princeton University Press, 1990c.

_____. Poverty, Equity, and the Politics of Adjustment. In: HAGGARD, S.; KAUFMAN, R. (Orgs). *The Politics of Economic Adjustment*. Princeton: Princeton University Press, 1992.

NICOLAIDES, P. The Changing GATT System and the Uruguay Round Negotiations. In: STUBBS, R.; NDERHILL, G. R. D. (Orgs.). *Political Economy and the Changing Global Order*. London: The Macmillan Press, 1994.

OCAMPO, J. A. La reforma financiera internacional. *Revista de La CEPAL*. n.69, dez. 1999.

_____. Más allá del Consenso de Washington: una visión desde la CEPAL. *Revista de La CEPAL*. Chile, n.66, dez. 1998.

OLSON, M. *The Logic of Collective Action*. Harvard: Harvard University Press, 1971.

ORGANIZAÇÃO do GBM. Disponível em: <http://web.worldbank.org/WBSITE/EXTERNAL/EXTABOUTUS/0,,pagePK:50004410~piPK:36602~theSitePK:29708,00.html> Acesso em 30 maio 2012.

OVERBEEK, H.; PIJL, D. van der. Restrutucturing Capital and Restructuring Hegemony. Neo-liberalism and the Unmaking of the Post-War Order". In: OVERBEEK, H. (Org.). *Restructuring Hegemony in the Global Political Economy*: the Rise of Transnational Neo-Liberalism in the 1980s. London: Routledge, 1983.

PAULY, L. *IMF Surveillance and the Legacy of Bretton Woods*. First Annual Garnet Conference Center for International Studies, University of Toronto, Amsterdam, 27-9 set. 2006.

_____. W. *Who Elected the Bankers?* Surveillance and Control in the World Economy. London: Cornell University Press, 1997.

PINTO, A. S. C. As raízes do experimento ortodoxo chileno. *Novos Estudos do CEBRAP*. São Paulo, n.27, 1990.

PLIHON, D. A ascensão das finanças especulativas. *Economia e Sociedade*. Campinas, n.5, dez. 1995.

_____. Desequilíbrios mundiais e instabilidade financeira. *Economia e Sociedade*. Campinas, n.7, dez. 1996.

POLANYI, K. *The Great Transformation*: the Political and Economic Origins of our Time. Boston: Beacon Press, [s. d.].

POLAK, J. The World Bank and the IMF: A Changing Relationship. In: KAPUR, D. et al. (Orgs.). *The World Bank*: its First Half Century. v.2. Washington: The Brookings Institution, 1997. p.473-523.

POU, P. Argentina's Structural Reforms of the 1990s. *A Quarterly Magazine of the IMF*. v.37, n.1, mar. 2000.

POULANTZAS, N. A noção do Estado em Marx. In: CARDOSO, F. H.; MARTINS, C. E. (Orgs.). *Política e Sociedade*. v.1. São Paulo: Editora Nacional, 1983.

_____. *Estado, poder e socialismo*. Rio de Janeiro: Graal, 1980.

PREBISCH, R. O desenvolvimento econômico da América Latina e alguns de seus problemas principais. In: BIELSCHOWSKY, R. (Org.). *Cinquenta anos de pensamento na CEPAL*. v.1. Rio de Janeiro: Record, 2000a.

_____. *Problemas teóricos e práticos do crescimento econômico*. In: BIELSCHOWSKY, R. (Org.). *Cinquenta anos de pensamento na CEPAL*. v.1. Rio de Janeiro: Record, 2000b.

PRZEWORSKI, A. *Democracia e mercado no Leste Europeu e na América Latina*. Rio de Janeiro: Relume-Dumará, 1994.

REICH, R. *The Work of Nations*. Preparing Ourselves for 21st-Century Capitalism. 2.ed. New York: Vintage Books/Ramdom House, 1992.

RICARDO, D. *Princípios de economia política e tributação*. São Paulo: Abril Cultural, 1982.

RUGGIE, J. G. International Regimes, Transactions, and Change: Embedded Liberalism in the Postwar Economic Order". In: KRASNER, S. (Org.). *International Regimes*. Ithaca: Cornell University Press.

_____. Multilateralism: the Anatomy of an Institution. *International Organization*. v.46, n.3, 1992. p.561-98.

SALAMA, P. Novas formas de pobreza na América Latina. In: GENTILI, P. (Org.). *Globalização excludente*. Petrópolis: Vozes/Clacso, 1999.

SALAMA, P.; VALIER, J. *A economia em decomposição*: ensaio sobre a hiperinflação. São Paulo: Nobel, 1992.

_____. *L'Amérique Latine dans la crise*: l'industrialisation pervertie. Paris: Nathan, 1991.

_____. *Pauvretés et inégalités dans le tiers monde*. Paris: La Découverte, 1994.

SCHUMPETER, J. *Capitalismo, socialismo e democracia*. Rio de Janeiro: Jorge Zahar, 1984.
SILVA, S. As propostas neoliberais, o mercado e a sociedade. *IDEIAS*. Campinas, n.1, 1994.
SIMON, H. Theories of Bounded Rationality. In: MCBUIRE, C. B.; RADNER, R. (Orgs.). *Decision and Organization*. Amsterdam: North Holland Publish Company, 1972. p.161-76.
SIMON, J.; KWAK, J. *13 Bankers*: the Wall Street Takeover and the Next Financial Meltdown. New York: Pantheon Books, 2010.
SKIDELSKY, R. *Keynes*. Rio de Janeiro: Jorge Zahar, 1999.
_____. Keynes, Globalization and Bretton Woods Institutions in Light of Changing Ideas about Markets. *World Economics*. v.6, n.1, jan./mar., 2005. p.15-30.
SMITH, A. *A riqueza das nações*. v.1. São Paulo: Nova Cultural, 1985.
STALLINGS, B. International Influence on Economic Policy: Debt, Stabilization, and Structural Reform. In: HAGGARD, S.; KAUFMAN, R. (Orgs.). *The Politics of Economic Adjustment*. Princeton: Princeton University Press, 1992.
_____. Politics and Economic Crisis: A Comparative Study of Chile, Peru and Colombia. In: NELSON, J. M. (Org.). *Economic Crisis and Policy Choice*: the Politics of Adjustment in the Third World. New Jersey: Princeton University Press, 1990.
STERN, N.; FERREIRA, F. The World Bank as "intellectual actor". In: KAPUR, D. et al. (Orgs.). *The World Bank*: its First Half Century. v.2. Washington: Brookings Institute, 1997.
STIGLITZ, J. Rumo ao pós-Consenso de Washington. *Política Externa*. São Paulo: Paz e Terra, v.7, n.2, set. 1998.
_____. What I learned at the World Economic Crisis – The Insider. *The New Republic*, 17 abr. 2000.
_____. O FMI perdeu a oportunidade. *Valor Econômico*, 13 set. 2001.
_____. Entrevista. *Istoé*, 18 set. 2002a.
_____. *A globalização e seus malefícios: a promessa não cumprida de benefícios globais*. São Paulo: Futura, 2002b.
STRANGE, S. *The Retreat of the State*: the Diffusion of Power in the World Economy. Cambridge: Cambridge University Press, 1997.
TAVARES, M. da C. A retomada da hegemonia americana. In: TAVARES, M. da C.; FIORI, J. L. (Orgs.). *Poder e dinheiro*. Petrópolis: Vozes, 1997.
_____. *Acumulação de capital e industrialização no Brasil*. Campinas: Editora da Unicamp, 1985.
_____. *Da substituição de importações ao capitalismo financeiro*. Rio de Janeiro: Jorge Zahar, 1972.
TAVARES, M. da C.; ASSIS, J. C. *O Grande Salto para o caos*. 2.ed. Rio de Janeiro: Jorge Zahar, 1985.

TAVARES, M. da C.; FIORI, J. L. *Desajuste global e modernização conservadora*. Rio de Janeiro: Paz e Terra, 1993.

TAVARES, M. da C.; MELIN, L. E. Pós-escrito 1997: a reafirmação da hegemonia norte-americana. In: TAVARES, M. da C.; FIORI, J. L. (Orgs.). *Poder e dinheiro*. Petrópolis: Vozes, 1997.

TAYLOR, L. The Revival of the Liberal Creed – the IMF and the World Bank in a Globalized Economy (Editorial). *World Development*. v.25, n.2, 1997.

_____. *Stabilization and Growth in Developing Countries*: A structuralist Approach. United Kingdom: Harwood Academic Publichers, 1989.

TEIXEIRA, A. Estados Unidos: a "curta marcha" para a hegemonia. In: FIORI, J. L. (Org.). *Estados e moedas no desenvolvimento das nações*. Petrópolis: Vozes, 1999.

THE WORLD BANK ANNUAL REPORT 2000. Disponível em <http://documents.worldbank.org/curated/en/home> Acesso em: 20 ago 2002.

THORP, R. *Progresso, pobreza e exclusão*: uma história econômica da América Latina no século XX. New York: Banco Interamericano de Desenvolvimento, 1998.

THORP, R. A Reappraisal of the Origins of Import-Substituting Industrialization, 1930-1950. *Journal of Latin American Studies*. v.24, 1992.

TILLY, C. *Coerção, capital e estados europeus*. São Paulo: Editora da Universidade de São Paulo, 1996.

TORRES FILHO, E. T. Japão: da industrialização tardia à globalização financeira. In: FIORI, J. L. (Org.). *Estados e moedas no desenvolvimento das Nações*. Petrópolis: Vozes, 1999.

TOUSSAINT, E. *A Bolsa ou a Vida* – a dívida externa do Terceiro Mundo: as finanças contra os povos. São Paulo: Editora Fundação Perseu Abramo, 2002.

TRUMAN, E M. Overview on IMF Reform. In: *Reforming the IMF for the 21th Century*. Institute for International Economics.

TULLOKC, G. Imperialismo Económico. [s. d.]

VAITSOS, C. V. *Radical Technological Changes and the New Order in the World Economy*. Review, v.12, n.2, 1989.

VELASCO E CRUZ, S. C. Restructuring World Economy: Arguments about "market-oriented reforms" in developing countries. *Primeira Versão*, Campinas, Unicamp-IFCH, n.68, fev. 1997.

_____. Um outro olhar: sobre a análise gramsciana das organizações internacionais. *Primeira Versão*. Campinas, Unicamp-IFCH, n.79, dez. 1998.

_____. Teoria e História. Notas críticas sobre o tema da mudança institucional em Douglas North. Campinas (Mimeo), 2001.

_____. Estado e Economia em Tempo de Crise – política industrial e transição política no Brasil nos anos 80. Tese de livre-docência. Unicamp-IFCH, Campinas, nov. 1992.

VILLAREAL, R. *A contrarrevolução monetarista*: teoria, política econômica e ideologia do neoliberalismo. Rio de Janeiro: Record, 1984.

WADE, R. Financial Regime Change? *New Left Review*. London, n.53, set.-out. 2008.

_____. Japan, the World Bank, and the art of paradigm maintenance: the East Asian Miracle in Political Perspective. *New Left Review*. London, n.217, maio.-jun. 1996.

WADE, R.; VENEROSO, F. The Asian Crisis: the High Debt Model vs. the Wall Street Treasury IMF Complex. *New Left Review*. London, mar.-abr. 1998. p.323.

WALTER, A."Global Economic Governance after the Crisis: The G2, the G20, and global imbalances. *Bank of Korea Working Papers*. 2011.

WALLERSTEIN, I. *The Politics of the World-Economy*. Cambridge: Cambridge University Press, 1984.

WALTZ, K. N. Anarchic Orders and Balances of Power. In: KEOHANE, R. O. (Org.). *Neoralism and Its Critics*. New York: Columbia University Press, 1986.

WEBER, M. A dominação. In: CARDOSO, F. H.; MARTINS, C. E. (Orgs.). *Política e Sociedade*. São Paulo: Editora Nacional, v.1, 1983.

WILLIANS, D. G. Governance and the Discipline of Development. *The European Journal of Development Research*. London, Frank Cass, v.8, n.2, dez. 1996.

WILLIANS, D.; YOUNG, T. Governance, the World Bank and Liberal Theory. *Political Studies*. v.42, n.1, mar. 1994.

WORLD BANK. *Adjustment Lending Retrospective*: final report. Operations Policy and Country Services. Disponível em: siteresources.worldbank.org. Acesso em: 15 jun. 2001.

_____. *Country Assessment and IDA Alocation*. Washington: 2000.

_____. *From Adjustment Lending to Development Policy Support Lending*: Key Issues in the Update of World Bank Policy. Operations Policy and Country Services, jun. 2002. (World Bank Site)

_____. *Investment Lend Reform*. Operations Policy and Country Services, 26 jan. 2009. Disponível em: <http://siteresources.worldbank.org/PROJECTS/Resources/40940-1240849279648/SecM2009-0026.pdf>. Acesso em: 2 dez. 2010.

_____. *The World Bank Group Historical Cronology*. Washington: World Bank, 2001.

WORLD BANK AND FMI. Synthesis Paper: New World, New World Bank Group. *Development Committee*. Abr. 2010. Disponível em: <http://siteresources.worldbank.org/DEVCOMMINT/Documen

tation/22553954/DC2010-0003%28E%29PostCrisis.pdf>. Acesso em: 16 abr. 2011.

WORLD BANK DEVELOPMENT REPORT 2000-2001. Disponível em http://documents.worldbank.org/curated/en/home. Acesso em: 20 ago 2002.

WORLD BANK ANNUAL REPORT 1974. Disponível em http://documents.worldbank.org/curated/en/home. Acesso em: 08 mar. 1999.

WORLD BANK ANNUAL REPORT 1975. Disponível em http://documents.worldbank.org/curated/en/home. Acesso em: 08 mar. 1999.

WORLD BANK ANNUAL REPORT 1976. Disponível em http://documents.worldbank.org/curated/en/home. Acesso em: 08 mar. 1999.

WORLD BANK ANNUAL REPORT 1977. Disponível em http://documents.worldbank.org/curated/en/home. Acesso em: 08 mar. 1999.

WORLD BANK ANNUAL REPORT 1990. Disponível em http://documents.worldbank.org/curated/en/home. Acesso em: 20 abr. 2000.

WORLD BANK ANNUAL REPORT 2000. Disponível em http://documents.worldbank.org/curated/en/home. Acesso em: 15 set. 2002.

WORLD BANK DEVELOPMENT REPORT 1978. Disponível em http://documents.worldbank.org/curated/en/home. Acesso em: 20 abr. 2000.

WORLD BANK DEVELOPMENT REPORT 1980. Disponível em http://documents.worldbank.org/curated/en/home. Acesso em: 20 abr. 2000

WORLD BANK DEVELOPMENT REPORT 1981. Disponível em http://documents.worldbank.org/curated/en/home. Acesso em: 20 abr. 2000

WORLD BANK DEVELOPMENT REPORT 1982. Disponível em http://documents.worldbank.org/curated/en/home. Acesso em: 20 abr. 2000

WORLD BANK DEVELOPMENT REPORT 1983. Disponível em http://documents.worldbank.org/curated/en/home. Acesso em: 20 abr. 2000

WORLD BANK DEVELOPMENT REPORT 1988. Disponível em http://documents.worldbank.org/curated/en/home. Acesso em: 20 abr. 2000.

WORLD BANK DEVELOPMENT REPORT 1989. Disponível em http://documents.worldbank.org/curated/en/home. Acesso em: 20 abr. 2000.

WORLD BANK.(2011) MULTIPOLARITY: THE NEW GLOBAL ECONOMY. IN Global Development Horizons Report. Washington, World Bank Press.

WORLD DEVELOPMENT INDICATORS DATABASE. Disponível em http://data.worldbank.org/data-catalog/world-development-indicators. Acesso em: 20 ago 2002.

ZELLICK, R. *O Fim do Terceiro Mundo?* Modernizando o Multilateralismo para um Mundo Multipolar. Woodrow Wilson Center for International Schollars, Washington, 14 abr. 2010.

ZINI Jr., A. A. Política cambial com liberdade de câmbio. In: BAUMANN, R. (Org.). *O Brasil e a economia global*. Rio de Janeiro: Campus/Sobeet, 1996.

Outros títulos da Coleção Estudos Internacionais

Acordos comerciais internacionais: o Brasil nas negociações do setor de serviços financeiros
  Neusa Maria Pereira Bojikian

A política externa brasileira: a busca da autonomia, de Sarney a Lula
  Tullo Vigevani e Gabriel Cepaluni

Brasil no mundo, o
  Sebastião Carlos Velasco e Cruz

Conflitos internacionais em múltiplas dimensões, os
  Reginaldo Mattar Nasser (org.)

Controle civil sobre os militares: e política de defesa na Argentina, no Brasil, no Chile e no Uruguai
  Héctor Luis Saint-Pierre (org.)

De Clinton a Obama: políticas dos Estados Unidos para a América Latina
  Luis Fernando Ayerbe

Negociações econômicas internacionais: abordagens, atores e perspectivas desde o Brasil
  Luis Fernando Ayerbe e Neusa Maria Pereira Bojikian (orgs.)

Novas lideranças políticas e alternativas de governo na América do Sul
   Luis Fernando Ayerbe (org.)

Novas perspectivas sobre os conflitos internacionais
   Reginaldo Mattar Nasser (org.)

Pensamento neoconservador em política externa nos Estados Unidos, o
   Carlos Gustavo Poggio Teixeira

Petróleo e poder: o envolvimento militar dos Estados Unidos no Golfo Pérsico
   Igor Fuser

Sob o Signo de Atena: gênero na diplomacia e nas Forças Armadas
   Suzeley Kalil Mathias (org.)

Trajetórias: capitalismo neoliberal e reformas econômicas nos países da periferia
   Sebastião Carlos Velasco e Cruz

SOBRE O LIVRO

Formato: 14 x 21 cm
Mancha: 23,7 x 40,7 paicas
Tipologia: StempelSchneidler 10,5/12,6
Papel: Off-set 75 g/m² (miolo)
Supremo 250 g/m² (capa)
1ª edição: 2012

EQUIPE DE REALIZAÇÃO

Assistência Editorial
Olivia Frade Zambone

Edição de Texto
Renata Gonçalves e Marina Lupinetti (Copidesque)
Elisa Andrade Buzzo (Preparação de original)
Aline Nogueira Marques (Revisão)

Capa
Andrea Yanaguita

Editoração Eletrônica
Eduardo Seiji Seki

Este livro foi impresso
pela Mundial Gráfica